KB055505

남편 네트, 나의 자녀 알레다와 마크,
나의 형제 매뉴엘, 베라, 맥스,
그리고 전문인으로서의 가족인 사울, 프랭크, 엘렌, 마조리,
헬렌, 젠, 데이지, 톰, 메어리에게
사랑과 존경을 담아 이 책을 바친다.

가족미술심리치료

Helen B. Landgarten 저 · 김진숙 역

학지사
www.hakjisa.co.kr

FAMILY ART PSYCHOTHERAPY
by Helen B. Landgarten
Copyright ⓒ 1987 by Helen B. Landgarten

All rights reserved.
Published by arrangement with Paterson Marsh Ltd. and
The Taylor and Francis Group.

Korean Translation Copyright ⓒ 2004 by Hakjisa Publisher
The Korean translation rights arranged with Paterson Marsh Ltd.

본 저작물의 한국어판 저작권은
Paterson Marsh Ltd와의 독점계약으로 학지사가 소유합니다.
신 저작권법에 의해 한국 내에서 보호를 받는 저작물이므로
무단전재와 무단복제를 금합니다.

감 사의 글

이 책이 완성되기까지 변함없이 지지해 준 나의 남편 네트에게 열렬한 감사의 뜻을 보낸다. 또한 이 책에 실린 사진과 가족들의 작품들을 찍어 준 나의 딸 Aleda Siccandi와 Laura Gates Kazazian에게 감사한다.

또한 본문의 대부분을 입력하고 이 책이 진행되는 것에 따르는 진통을 함께 한 로욜라 메리마운트 대학교의 나의 조교인 Lori Gloyd, 깊은 관심과 돌봄으로 편집을 해 주신 Anndeff, 관련재료들을 모으는 것에 도움을 준 세다스 의료원의 도서관 직원 Louise Lelah에게도 감사한다.

그 외에도 감사한 마음을 전하고 싶은 분들이 있다. International Journal of Family Psychiatry의 편집자로서 나의 논문 *Family Art Psychotherapy*(International University Press, New York에 의하여 출판됨)를 1981년에 vol. 2, 3/4에 편찬하도록 허락해 준 John Howells, 원고교정을 해 준 Darcy Lubbers, 조형물 사진촬영을 해 준 Adrienne J. Guss, 마지막으로 원고정리를 해 준 Carol Cordier, Janet Munoz, Irene MacLean, Heide Prout, 그리고 Pat Newkirk가 그들이다. 모두에게 감사드린다.

추 천의 글

폭넓은 임상경험을 토대로 명쾌하게 쓰인 이 책이 가족치료 분야에 중대한 공헌을 할 것을 확신하면서 가족미술치료에 대한 나의 소신을 밝히려 한다. 저자가 시행해 오던 미술을 통한 가족치료의 효율성을 접하게 되면서 필자는 어째서 미술치료가 이토록 자연스럽게 가족치료에 접목될 수 있는가를 생각하게 되었다.

가족치료는 인간관계와 지금-여기의 경험을 표명하도록 돕는 것이다. 이러한 치료적인 경험을 통하여 상실했던 가족 구성원 간의 상호관계성을 만회하게 되고, 새롭게 구조화된 가족 내의 관계성이 가져다주는 독특한 경험의 결과로 보다 성숙하게 살아갈 수 있는 기회를 제공받게 된다. 흔히 가족에게 문제가 되는 것은 부부 간의 정서적인 친밀함이다. 즉, 부부가 결혼 전에 가지고 있던 강한 느낌이나 친밀함은 오래 지속되기 어렵기 때문에 계속적인 관심과 돌봄의 노력이 필요하다. 피할 수 없이 다가오는 자녀양육에 대한 부담감, 부모의 죽음이나 경제적인 어려움, 원하던 바의 좌절 등 복잡다단한 사건들을 접하면서 가족의 삶은 불행하게도 "위협"이나 도전을 받게 된다. 그리고 이러한 도전에 따르는 영향은 부부에만 국한되지 않고 가족 구성원 전체에 미치기 마련이다.

특히 어린 시절 경험의 잔재를 가진 결혼대상자의 경우, 성인으로서 친밀한 관계를 유지하는 것에 한계를 느낄 것이고, 자녀를 효율적으로 양육하는 능력에도 영향이 있을 것이다. 정서적인 박탈감이나 미해결된 갈등들은 결혼생활에서 자신이 패배당했다는 느낌과 더불어, 인간관계 속에서 이러한 내용을 행동화하는 패턴으로 나타나게 된다.

예를 들어, 학대받았던 아이가 부모가 된 경우, 피해자가 된 느낌으로 점철된 어린 시절 가족 내의 관계성이 현재 가족 내에서 재연되게 된다. 너무 일찍 어른이 되어버린 아이의 경우, 어른이 되어서도 은근히 의존하기를 소망하지만 현실이 그것을 허용하지 않기 때문에 의존하기보다는 배우자나 자녀들을 지나치게 통제하려 하게 된다. 지나치게 도덕적인 것에 얽매여 있던 아이가 어른이 되어 자신에게나 배우자, 자녀, 고용인 등 주위사람들에게 완벽하기를 요구하며 억압적이 되는 등 어린 시절의 경험들은 명백하게 또는 미묘한 양상으로 나타나는 것을 볼 수 있다. 이 책에서는 이러한 양상 외에도 다른 여러 임상적인 상황들이 방대한 가족치료 관련 문헌과 함께 다루어지고 있다.

가족미술치료에서는 그림을 그릴 때마다 타인과의 상호적인 반응이 일깨워지게 된다. 따라서 왜곡된 관계성이 드러나게 되어 치료적인 변화에 중요한 계기가 되지만 악순환적인 행동 때문에 변화가 쉽지 않고, 또 변화하더라도 언제나 고통이 수반되기 마련이다.

가족치료가 발달하기 이전에는 정신분석학적으로 훈련된 많은 치료사들 역시 치료상황에서 지금-여기 현상을 중요하게 보았다. 그들은 치료적인 변화를 위해서 정서적인 주입과 작업이 필수적이라고 보았다. 치료를 위한 지금-여기 현상을 활용하는 작업은 인간관계성에 초점을 맞춘 설리반의 이론과, 신체행위적인 기법을 치료상황에 도입한 초기시절의 게슈탈트 치료작업, "교정적인 정서경험"을 발달시킨 알렉산더, 사이코드라마를 통하여 극적으로 작업하는 모레노와 그와 뜻을 같이 하는 사람들, 심리학 분야의 이론들을 적용한 집단치료기법, 그리고 일반적인 상호소통이론을 인간관계의 과정에 적용한 작업들이 그 예가 될 것이다. 이러한 관점으로 치료하는 많은 치료사들이 공유하는 교육적인 개념으로서 아동의 정서생활을 간결한 상호소통방법이나 시각적인 상징으로 전환할 수 있었던 프레드릭 알랜이나 도날드 위니캇 같은 아동심리치료사들의 가르침을 들 수 있다. 아동을 치료하는 경우, 즉각적인 사건이 치료세션 안에서 작업될 수 있다는 것에서 그림 그리기, 인형놀이, 점토놀이 등 특수한 접근방법이 일찍부터 사용되고 있다가 이러한 방법을 중심으로 "미술치료"라는 새로운 임상전문분야가 생기게 되었다.

미술을 전공한 뒤 미술 전공으로, 아동뿐만 아니라 성인들에 이르는 폭넓은 임상적인 경험을 가지고 있는 랜드가튼 교수는 이 책에서 미술치료라는 새로운 분야를 그녀의 탁월한 교육적인 방법과 경험을 통합하여 놀랍도록 명쾌하게 소개하고 있다. 또한, 가족치료를 수행하는 것에 있어서 임상가로서 지녀야 할 필수적인 사항과 자신의 작업을 매우 세부적으로 묘사하고 있으므로 여기서는 간략하게 논하겠다.

미술치료를 통하여 가족문제를 도와줌에 있어서 치료사에게 요구되는 것은 무엇보다 미술매체의 치유성에 대한 깊은 믿음이 있어야 한다는 것이다. 내가 관찰한 바에 의하면 미술치료사는 자신 없어할 필요가 없다. 가족치료에 있어서 미술은 권위적(authoritarian)이지 않으면서도 믿을 만한(authoritative) 매체로써 강력한 교육적인 면모를 지닌 치료법이라고 본다. 가족미술치료사는 치료상황에서 가족 구성원 전체를 강하게 인도해 나가는 것과 더불어 각 구성원들에게 다양한 과제물을 주는 등 자유롭게 가족을 다룰 수 있어야만 한다. 구성원 간에 무엇이 일어나고 있으며, 무엇이 상호소통되고 있고, 서로의 연결점이 어떻게 조작 혹은 회피되고 있는지, 누가 누구와 친하고 누가 누구에게 대항하는지를 알아야 하고, 그러면서도 모든 것을 사려 깊게 다루면서 필요로 하는 임시적인 대안을 적절하게 제시해 줄 수 있어야 한다. 또한 매 치료세션의 첫 단계에서 재료를 준비하고 작업을 시작하는 것에 강하게 구조화되어 있어야 한다. 이러한 접근은 가족들로 하여금 은연 중에 강한 메시지를 인상 깊게 받아들이게 한다. 거기에 함축된 메시지는 아마도 "우리가 여기에 함께 모여 공통된 작업을 통하여 매우 진지한 목적을 수행하려고 한다"는 것으로, 가족이 변화를 소망하게 하는 촉매제가 된다.

나아가서 이 메시지는 "여기에 우리가 다시 함께 작업하고, 서로에게 정직하며, 이것을 통하여 우리 사이를 차단하는 것이 무엇인지를 배우는 기회가 주어졌다"라는 것이다. 가족미술치료는 가족들이 보이기 힘들어하는 느낌들인 수치스러움, 아픔, 분노, 그리고 사랑이 부정되거나 회피되기 보다는 표현되어지고 수용되도록 할 수 있다. 이렇게 하는 데는 불편도 따르지만 즐거움도 동반되며 이를 계기로 희망이 도래하게 된다.

표현된 정서는 필연적으로 지금−여기 상황의 힘든 관계 속에 있던 가족이 새로운 방식의 관계를 가지게 되는 가능성을 동반하게 되고 만약 미술매체가 가족치료에서 적절하게 사용된다면 이러한 치료가 가능하다고 볼 수 있다. 미술적인 접근은 시각적이고 비언어적이며 마치 아기가 어머니의 눈을 바라보듯이, 걸음마 아동이 부모의 얼굴표정을 유심히 확인하듯이, 성인들이 주위 사람들의 얼굴 속에서 사랑, 적의 혹은 위험스러움을 점검하듯이 인간경험의 깊은 층으로부터 정서를 솟아나게 한다는 점에서 그 치료적인 의의를 찾을 수 있다.

문명의 이기로 편리하게 살아갈 수 있게 되었음에도 불구하고 인간이 가족 내에서 살아가는 것에 따르는 요구는 지속되고 있다. 가족들이 만족스러운 삶을 영위하는 데 필수적인 방도를 개척하는 작업은 이제 겨우 걸음마 단계로서 많은 노력과 연구를 필요로 한다. 이러한 맥락에서 이 책은 가족관계에서 오는 문제의 치료와 고통을 예방하는 작업을 전진시키는 최적의 방편을 제시하고 있다는 점에서 중요하게 다루어져야 한다고 본다.

사울 브라운, M. D.
미국 로스앤젤레스 캘리포니아 의과대학교 교수
Cedars Sinai Medical Center 정신과 과장

역 자서문

이 책의 번역이 시작된 것은 약 8년쯤 전이다. 그 당시 역자는 오랜 미국에서의 생활을 마감하고 국내에 들어와 미술치료 관련교육 및 활동을 하면서 임상에서 일하는 미술치료사에게 필수적인 가족미술치료 분야의 자료가 부족하다는 것을 절감하게 되어 번역을 시도하게 되었다.

개인치료나 집단치료를 실시해 본 임상전문가들이라면 심리적인 문제가 그 개인의 배경에 있는 가족들과 무관하지 않음을 알고 있을 것이다. 역자 또한 지난 20년간의 다양한 예술치료 경험을 통하여 가족치료적인 이해와 접근 없이는 심리치료라는 노력이 일회용 반창고 수준에 머물 수밖에 없다는 것을 알게 되었다.

이러한 이유에서 미국에서는 일찍부터 미술치료 대학원에서 가족치료를 필수과목에 포함하고 있고 필자가 수학하던 25년 전만 해도 한 학기 이상을 공부해야 했고, 지금은 더 강화된 것으로 알고 있다. 특히, 캘리포니아 주의 경우, 법적으로 모든 심리치료 및 복지관련 임상전문가들이 소정의 가족치료교육을 이수해야 하도록 되어 있다. 이 책의 저자인 랜드가튼 교수 역시 그러한 풍토에서 잔뼈가 굵은 임상 미술치료사로서 그녀의 작업이 어떻게 가능했는가를 짐작하게 한다.

이 책은 가족미술치료 사례중심으로 쓰였다. 물론 초반에 가족치료이론에 대한 간단한 소개가 있으나 독자들이 가족치료에 대한 전반을 이미 알고 있다는 전제하에 쓰인 만큼 초보자들은 관련 문헌을 따로 탐구해야 할 것이다. 다행스럽게도 국내에 중요한 가족치료서적이 다수 번역되어 있고, 가족치료학회와 개인연구소 등지에서 활발하게 연구·보급되고 있다. 그러나 이론 및 특정한 관점을 중심으로 한 서적이 대부분이고 사례 위주의 자료가 상대적으로 부족한 편이다. 그동안 접어두었던 번역작업을 재계하게 된 것에는 이러한 자료의 필요성을 인식하고 계셨던 학지사 김진환 사장님의 도움이 컸다는 것을 밝힌다.

이 책의 번역에는 여러 사람들의 도움이 있었다. 8년 전 이 책의 일부를 초벌 번역한 동국대학교 〈아동과 가족〉 전공 대학원생들과 최근 2년간 이어진 번역작업에서 컴퓨터 작업을 도와 준 엄주인 조교, 원고교정을 도와 준 김유정 조교에게 감사드린다.

2004년 여름
후박나무 숲속의
명지대 연구실에서
역자 김진숙

저 자서문

나는 1967년부터 가족미술치료사로서 일해 왔다. 내가 처음 일하게 된 곳은 로스앤젤레스에 있던 사이나이 의료원(현재 새다스 사이나이 의료원)이었다. 가족미술치료사로 일해 온 지난 20여 년 동안 나는 가족미술심리치료를 통해 정확하게 진단을 내릴 수 있었고, 효율적으로 치료할 수 있었으며, 치료기간 동안 그린 작품을 다시 보면서 적절하게 치료를 종결하는 놀라운 경험을 했다.

나의 첫 저서인 《Clinical Art Therapy : A Comprehensive Guide》에서 다양한 연령의 치료대상들과의 작업에 필요한 이론과 접근방법을 다루면서 다양한 개인들을 위한 부부치료, 가족치료와 집단치료 그리고 다양한 치료기관에서 이루어지는 미술심리치료를 소개했다면, 이 책에서는 미술을 가족의 진단과 치료과정에 적용한 사례를 소개하고 있다.

비록 이 책을 쓰게 된 동기는 가족미술치료를 가르치는 데 필요한 교육재료 부족에서 비롯됐지만, 이 책의 일차적인 목표는 미술치료학도들에게 필요한 교재를 제공하는 것에 머물지 않고, 미술치료가 곤경에 처한 가족의 문제를 돕고 있는 전문인들의 작업을 보다 강화하고 시야를 넓혀줄 수 있다는 나의 믿음을 펼치는 데까지 나아간다. 임상경험을 통하여 나는 가족미술심리치료가 Ackerman, Bowen, Whitaker, Minuchin, Satir, Haley 외 다른 이론가들의 치료작업과 연관될 수 있다는 결론에 도달하게 되었고, 미술심리치료가 현존하는 모든 가족치료이론들에 동조적인 심리치료기법으로 이해되어야 한다고 보게 되었다.

이 책에서 소개될 사례들은 임상적인 미술치료가 왜, 그리고 어떻게 가족치료과정에 실제적인 자산이 되는가를 여실하게 보여 줄 것이다. 미술심리치료사의 치료목표와 치료계획이 다른 임상전문인들의 것과 비슷할 수는 있지만 미술이 가지는 치료적인 의미는 다르다고 볼 수 있다. 미술작업을 통해 치료한 사례들이 가지는 고유성은 가족 구성원들이 함께 참여하도록 고안된 가족미술작업이 직접적인 치료의 도구로 사용된다는 것에 있다. 이 책이 이미 가족치료 전반에 대하여 알고 있는 전문인들을 위한 것인 만큼 이 책에는 전반적인 가족치료이론에 대한 내용을 포함시키지 않았다. 따라서 초보자인 경우에는 가족치료 기초문헌을 읽어 볼 것을 강력하게 권고한다.

이 책에서의 사례들은 가족치료 상황에서 드러나는 가족 구성원들의 다양한 연령과 문제들을 포함하고 있으며, 일회적, 단기적, 장기적으로 치료한 사례들로 구성되어 있다. 후반에 소개되는 5장과 7장에서는 복잡한 가족관계의 치료세션에 수반되었던 개별적인 치료세션도 함께 다루어지면서 사례들이 더 세부적으로 소개되고 있다. 또한 소개된 사례에 나오는 작품의 비밀을 보장하기 위하여 적절하게 위장했음도 미리 밝혀둔다.

각 장에서 다루는 사례에서 세부적인 묘사가 빠져 있는 부분들이 있다는 사실을 독자들이 알아주길 바란다. 따라서 나의 작업이 실제 치료상황보다 단순하고, 덜 복합적이며, 덜 개입된 것으로 보일 수도 있을 것이다. 이것이 비록 내가 의도한 바는 아니었다 하더라도 이러한 결함에 대하여 양해를 구한다.

1장 입문에서는 다양한 가족치료이론에 입각한 가족치료에서 가족미술심리치료가 상승적인 작용을 가능하게 하는 매체라는 것을 묘사하면서 각 미술매체가 가지는 치료적인 역할도 포함시켰다.

2장에서는 가족미술치료 표준평가방법을 세부적으로 소개한다. 여기에서 두 개의 짧막한 가족치료 장면이 소개된다. 먼저 아이와 어머니가 함께 미술작업을 하는 것이 소개되면서 아이를 양육할 수 없는 가학적인 부적응 어머니의 모습이 즉각적으로 나타나는 것을 보게 될 것이다. 두 번째 장면은 5명으로 구성된 가족을 미술작업을 통해 진단하는 것이다. 잠복기에 있는 과잉행동의 두 아이들의 부모가 도움을 요청해 왔고, 한 치료세션 동안 미술작업에서 가족 구성원들의 부적절한 역할이 드러났다. 이 장에서는 치료과정 중의 진단단계에서 관찰되어야 하고 해석되어야 하는 특정한 역동을 지침을 통하여 소개한다.

위기중재는 치료사의 실무에 중요한 부분을 차지한다. 이는 가끔 철저하면서도 간결하고 치료에 필수적이다. 이에 3장에서는 낯선 사람에 의하여 성적으로 학대받은 한 7세 소년을 치료한 사례가 소개된다. 저자는 부모 및 아이 모두와 함께 작업하면서, 학대받았던 상황에서 경험했던 외상에 대한 작업을 가족이 함께 하도록 하고 법정에서의 증언을 준비하는 것을 묘사한다.

이혼의 사례가 증가함에 따라 부모로서의 분리와 상실에 대한 이슈가 치료상황에 자주 등장하게 된다. 이에 4장에서는 이혼수속과정에 있는 부모를 두고 있는 잠복기의 두 자녀들을 어떻게 도와 주어야 하는가를 다루고 있다. 이 치료에서는 이혼을 앞둔 부모를 가진 자녀들이 나타내는 반응 및 두 개의 핵가족의 삶의 형태를 준비하게 한다. 여기에는 공동양육에 대한 부모의 계획도 포함된다.

배변장애 환자에게 가족치료적인 접근은 필수적이다. 5장은 바로 이러한 주제를 다루고 있다. 환자는 9세의 소년이다. 가족치료에서 주로 초점을 맞춘 것은 상호소통, 성찰, 그리고 자기관리였다. 이 환자를 위한 개별적인 치료에서 다루어진 것은 성찰, 자기관리, 그리고 그의 마음 저변에 깔려 있던 분노와 두려움의 표현이었다. 이 사례는 장기적으로 실시된 가족치료를 세부적으로 다룬 예로 제공되고 있다.

부모로부터 유기당하는 것은 가족에 영향을 미친다. 이에 6장에서는 분노와 불안에 대한 반응으로 다양한 유형의 증상을 나타내는 개인을 미술치료한 사례가 소개된다. 이 사례는 남편의 가출로 의기소침하고 우울하여 무능력해진 어머니가 자녀들을 통제하지 못하는 가족의 경우다. 어머니가 의뢰한 내담자는 큰아들로서 학교에 적응하지 못하고 반항적인 과잉행동을 보이는 사춘기 소년이었다. 작은아들은 밤에 악몽을 꾸고, 손톱을 물어뜯으며, 집 주위를 미친 듯이 빙빙 돌아다니는 등의 통제할 수 없는 문제증상들을 통해 가족 전체의 불안을 대변했다. 막내는 언어적으로 철수한 여자아이로서 중요한 메시지는 쪽지를 통해서 전달하는 위축행동을 보였다.

이 가족을 돕기 위한 저자의 일차적인 목적은 아버지의 상실과 상실에 대한 느낌들을 다루는 것이었으나 가족이 연합한 강력한 저항으로 치료사의 계획은 무산되었다. 치료의 초점은 상호 소통과 가족 구성원들 각자가 보여 주고 있던 문제들에 맞추어졌는데, 증상이 없어지게 되면서 치료가 종결되었다. 저자는 이 사례에 대해 가족이 유기의 이슈에 대한 작업을 부정하고 "건강으로 도피(flight to health)"한 것으로 보아 이를 실패한 사례로 단정했다.

7장에서는 두 명의 사춘기 소녀를 둔 모범가족을 치료한 사례가 소개된다. 큰딸이 교통위반을 비롯한 여러 과시적 행동을 보이는 것이 치료에 의뢰된 이유였다. 딸의 개별화를 위한 몸부림이 아버지로 하여금 분리불안을 느끼게 하여 부녀가 갈등관계를 형성하게 되고 가족이 혼란에 빠지게 되었다. 여기에서 진술되는 모든 치료세션들은 정신내면적 작업과 인간관계적인 작업, 각자의 역할들을 바꾸는 작업으로 진행되었다.

8장에서는 3세대를 위한 가족미술심리치료가 소개된다. 치료의 초점은 가족이 곧 돌아가실 할머니와의 관계를 잘 대처하도록 도와주는 것으로 가정을 방문해야 하는 것이 치료의 한 부분이었다.

발달적으로 볼 때 이 책에서 소개되는 가족 구성원들은 잠복기 초기에서 노인에 이르기까지 다양하다. 여기에 소개한 사례들이 독자들로 하여금 미술심리치료가 가족치료에 적절하고 효율적인 치료형태임을 알게 하는 계기가 되었으면 한다.

차 례

제 1 장
가족미술심리치료 입문   21

제 2 장
가족치료에서의 평가   37

제**1**장　가족미술심리치료 입문

1. 가족치료의 개념들

저자가 실행한 가족미술치료는 가족체계이론(Ackerman, 1985; Bell, 1953; Bowen, 1960; Haley, 1971)과 정신 역동성에 기초한 미술치료이론(Naumberg, 1966)을 토대로 이루어졌다. 이러한 이론적인 배경으로 실시되는 가족미술치료는 진단과 치료에 사용되는 주요수단으로서의 미술작업으로 응용정신치료학에서 필요로 하는 기술로서의 기능을 지니고 있다고 하겠다.

모든 가족미술치료는 정신분석적, 경험적, 보웬학파적, 구조적, 전략적 의사소통이론과 행동수정적 이론들에 의하여 실시되며, 치료사에 따라 이중의 하나 혹은 여러 개의 이론들을 바탕으로 하고 있다. 이러한 이유로 가족미술심리치료는 이러한 모든 치료개념들과 상호의존적인 성격을 띠고 있다. 가족치료사가 심리치료사든, 심리학자든, 사회복지사든, 부부 및 가족상담가든, 이러한 미술적인 치료양식에 내재하고 있는 방법들은 임상전문가가 현재 사용하고 있는 치료법에 많은 도움을 줄 수 있다고 본다.

2. 목 표

여러 가족에 관한 이론학파들이 정립해 놓은 구체적인 목적에도 불구하고, 최근에는 두 가지 요점, ① 문제에 관한 해결과 ② 가족생활주기에서 발전 단계에 병행하는 가족의 작업을 편안한 방향으로 촉진(Duval, 1971; Howells, 1975)하는 것에 일치된 의견을 보이고 있다(30쪽과 31쪽에 있는 〈표 1-1〉, 〈표 1-2〉 참조). 증상완화와 가족의 장기적인 성장효과를 내기 위한 치료사들의 역할에 대해 언급하면서 Green(1981)은 다음과 같이 주장했다.

가족이 처해 있는 곤경들의 내용에 따라 다음 목적들 중 하나 혹은 전부가 해당될 수 있다. ① 핵가족 밖의 확대가족의 인물들과의 문제에 적절하게 개입, ② 명료한 의사소통과 의사소통에 대한 전폭적인 지지, ③ 자아의 개별화, ④ 갈등 해소를 위한 상호 협력적인 접근, ⑤ 자녀들의 양육과 가족체계 유지를 위한 적절한 지도력을 제공하는 강한 부모동맹과 부부 하위체계 강화, ⑥ 두 사람 사이에 갈등과 긴장이 생겨날 때 제삼자들을 끌어들이지 않고 직접 두 사람이 대면해서 문제해결, ⑦ 가족 구성원들의 독립성, 주도성, 자발성 획득, ⑧ 가족 구성원 간의 전이와 투사적인 왜곡 해소 및 현실을 그대로 인지할 수 있는 능력 획득, ⑨ 구성원 간에 정서적인 면을 자발적이고 자연스럽게 나눌 수 있게 함, ⑩ 가족의 삶이 보다 희망적이고 만족스러워지는 것 등이다.

3. 가족치료에서의 미술치료 적용

가족치료 과정에서 치료사가 '행동변화를 위한 조건들'을 어떻게 생각하고 있느냐가 치료방향을 설정하는 초점이 된다(Nichols, 1984). 이러한 치료적인 초점과 관계 없이 미술치료 작업들은 가족치료의 여러 가지 목적으로 사용될 수 있다. 그 예로서, 가족 구성원들의 체험을 조기에 풀어 내기, 가족의 근원 및 과거와 현재 탐구하기, 전의식 상태의 자료를 의식 화하기, 심리적인 방어 감소, 성찰능력 증진, 정서적 체험하기, 원인과 결과 이해하기, 교류분석적 배열 관찰하기, 역기능적 행동양식 드러내 기, 가족 구성원의 개별화와 갈등 드러내기, 부모교육과 문제해결 능력 증진 외에도 슬픔과 애도에 대한 작업 등을 들 수 있다.

　미술 작업이 활용되는 방법은 치료사가 치료상황에서 자신의 역할을 어떻게 파악하고 있느냐에 따라서 달라질 것이다. 예를 들어, 정신분석 학적인 가족치료사(Ackerman, 1966)인 경우, 중립적인 자세를 견지하면서 개인과 가족의 행동에 관한 해석을 하게 되는데 이러한 역할은 창작과정 이나 미술작업내용의 관찰을 통하여 달성할 수 있다. 경험주의자들(Satir, 1971; Whitaker, 1976; Whitaker & Keith, 1981)은 치료대상의 발달적 성장을 도우면서 치료에서 능동적인 역할을 하고 있는데 미술작업은 이들이 중 요하게 보는 정서적 느낌과 자발성 및 진실됨, 그리고 자각과 이해를 다 루는 것에 신선한 경험들을 제공해 줄 수 있다. 삼각관계를 강조하는 단 도직입적 스타일인 보웬(Bowen, 1978)의 추종자인 경우, 가족 미술작업 에 드러난 내용을 토대로 그들이 목표로 하고 있는 가족 구성원들의 개 별화 및 독립화를 촉구할 수 있다. 능동적으로 감독을 하는 치료스타일 의 구조주의자들(Minuchin, 1974)의 경우에는 미술작업을 통하여 가족의 평소 행동을 바꾸고 구성원들에게 자신의 역할을 재조정하도록 중재할 수 있다. 또한 실험적 가족 하위체계의 재편성과 경계를 바꾸기 위한 미 술치료 지도방법을 기획할 수 있다.

　한편, 상호소통 중심 치료사들(Jackson, 1961; Satir, 1967; Watzlawick, 1966)에서는 연쇄반응 효과를 보이는 순환적 인과관계 모델을 사용하는 '공동 미술체험'을 하도록 하면서 가족의 의사소통양상과 결정을 내리 는 방법들을 관찰할 수 있다. 치료라는 개념에는 명쾌한 의사소통과 문 제해결 능력을 가진 가족구조를 이루는 것이 포함된다. 전략적 관점의 가족치료사들(Haley, 1976; Macanes, 1981)은 그들의 체계적인 입장을 유지하면서 미술작업을 처방적이고 역설적인 개입을 위한 도구 내지는 수단으로 사용하여 문제해결을 도울 수 있다. 행동주의적 관점의 치료사들(Friedman, 1972)의 경우에는 바람직한 행동을 동기화하고 그것의 긍정적 강화 등을 교육목적으로 하여 미술을 도입할 수 있다.

4. 가족체계의 청사진

저자는 가족체계이론(Landgarten, 1981)을 중요하게 보기 때문에 가족치료를 구성원들의 작업과정에서 표출되는 행동양상들을 점검하는 맥락으로 이끌어 간다. 이러한 치료적 체계는 가족이 하나의 단위로써의 기능을 가지고 함께 미술작업을 하는 것을 통하여 검증된다. 가족치료에 있어서 미술작업이 가지는 치료적인 가치는 다음의 세 가지로 나누어 볼 수 있다.

① 미술과정이 가족문제의 진단을 돕고 상호작용을 증진시키며 리허설 도구가 될 수 있다.
② 미술작업이 무의식적인 의사소통과 의식적인 의사소통을 표출해 내는 수단이 될 수 있다.
③ 가족역동의 지속적인 증거가 될 수 있는 미술작품이 있다.

저자는 가족이 공동으로 만들어낸 최초의 작품을 가족의 기본구조의 평면도로 이해한다. 첫 치료세션과 같은 초기단계에서 치료사는 가족이 깜짝 놀랄 정도의 직관적인 피드백을 해 줄 수 있다. 그리고 참가자들은 자신들이 독창적으로 만들어낸 산물이 그들의 상호 반응양식의 모형과 규칙들에 관한 정보를 제공해 줄 수 있는지 알아내고는 놀라게 된다. 가족 구성원들은 자신과 자신의 미술작업이 서로 관계가 있음을 이해하고 배우기 때문에 은유적인 가족 청사진 개념이 치료의 시작부터 쓰이게 된다. 이러한 치료적인 개념은 가족치료에 필요한 긍정적 전이를 촉진시키는 경향이 있어서 특히 효율적이라 할 수 있다.

가족미술심리치료사의 역할은 낡은 균형을 뒤집고 보다 만족스러운 가족체계를 만들기 위하여 가족단위의 체계를 흔들어 놓기 위한 '변화를 위한 행동대원'(Bell, 1964)을 도입하는 것이다. 미술작업 자체가 바로 그 방법으로써, 미술은 상황에 따라 적절한 매체를 도입할 수 있을 뿐만 아니라 임상적으로도 안전하다는 장점을 가지기 때문이다. 이 책에서 소개한 미술치료적 지시들이 즉흥적인 것이 아니고 단기 및 장기적인 치료 목적들을 염두에 둔 각 치료세션의 역동에서 비롯되었다는 사실의 중요성을 독자들이 명심했으면 한다.

가족이 하나의 대상을 함께 만들어 내기 위해 몰두해 있을 때 치료사에게 요구되는 것은 가족 구성원들이 자신들의 솜씨를 발휘하는 동안에 드러나는 미묘함과 섬세함뿐만 아니라 미술작품을 통해서 표현되는 메시지와 감추어진 메시지 또한 끊임없이 파악해 내야 한다는 것이다. 가족의 역기능은 미술작품에서뿐만 아니라 작품을 만들어 가는 과정에서도 드러날 수 있다.

① 미분화되어 뒤엉킨 자아(Bowen, 1978)가 존재할 수 있는데 이는 가족 구성원들 사이의 심리적인 경계가 흐려져서 서로 뒤엉켜 있음을 뜻한다. 가족을 하나로 합쳐서 이러한 가족에게 미술작업을 하게 하면 가족 구성원들이 서로 겹치고, 뒤엉켜 있는 그림을 그리게 되며 그 혼란양상은 누가 무엇을 그렸는지 판별해 내기가 어려운 그림으로 나타난다.

② 삼각관계(Bowen, 1978)가 표면화될 수 있다. 이것은 미술작업 과정에서 두 사람이 자신들의 불만을 제삼자에게 집중시키는 것으로 표현된다.

③ 부모화(parentification)가 존재할 수 있는데(Boszormenyi-Nagy & Spark, 1973) 이것은 작품을 만드는 과정에서 부모와 자녀의 역할이 부적절하게 뒤바뀌는 것으로 표현된다.

④ **결혼생활의 분열과 왜곡**(Lidz, Cornelison, Fleck, & Terry, 1957)은 미술 작업을 통하여 더욱 명백하게 드러날 수 있다. 부부가 '분열' 된 상태에서 일어나는 성격의 불일치는 갈등 및 적개심과 함께 드러 난다. 불일치한 부부가 미술작업을 하는 과정에서는 조화로운 그 림을 그릴 수 있는데 그 이유는 그들의 역할이 상호보완적이기 때 문이다. 주도권을 잡은 남편에게 의존심 많은 아내는 보완적일 수 있다.

⑤ **가성상호성**(Wynne, Ryckoff, Day, & Hirsch, 1958)은 외형적으로 긍정 적 관계를 지닌 가족의 모습을 보여 주고 있음을 의미한다. 이러한 가족이 서로 협력해서 하는 미술작업은 보상적이고 유쾌한 쪽으로 치우치는 경향이 있다. 이러한 가식적인 가족의 단란한 모습은 어 떤 의식을 흐리게 하여 정신을 쪼개는 현상을 초래할 수 있다. 이 러한 가족의 연대는 그들로부터 애정적 깊이를 빼앗아 갈 수 있다. 가면적으로 단란한 가족은 그것을 깨트리려고 하는 어떤 위협도 인정하지 않는 한편 친밀한 관계 또한 부정하게 한다. 이런 방식으 로 가족은 균형을 유지하고, 구성원들의 가족항상성(Jackson, 1957; Satir, 1967)을 지키기 위하여 가족치료 시 가족이 동맹을 하여 완강 하게 저항한다.

⑥ **이중구속**(Bateson, Jackson, Haley, & Weakland, 1956; Sluzki & Ransom, 1976)은 이것은 애매하고 모순되는 지시들을 함으로써 상대방을 덫 에 걸리게 하는 병적이고 혼란스러운 의사소통방법이다. 가족이 미 술작업에 몰두해 있는 동안 이중의 메시지가 나타난다. 하나는 표 면상의 의미고 반대의 메시지는 표면 밑에 숨겨져 있다. 이중 메시 지를 전달받는 사람은 '결코 이길 수 없는' 상황에 처하게 된다. 왜냐하면 표면에 드러난 지시를 따르면 이면적인 지시를 무시해야 만 하기 때문이다.

미술치료를 가족치료에 활용하기를 원하는 임상전문가들은 가족의 역할들, 연합관계들, 그리고 의사소통의 모형들과 구성원 집단의 형태 등을 관찰하여 환자들에게 적절한 미술재료를 선별할 수 있어야 한다. 가족치료에 미술을 사용하는 경우에는 미술작업을 통하여 표출된 정보를 이야기하거나 활용하는 데 적정량의 시간을 할애해야 한다. 또한 미술치료사는 미술체험이 가져다주는 두 가지의 잠재력을 이해해야만 한다.

첫째, 특정한 문제와 관련된 정서들은 미술작품의 구체성에 의해 더욱 분명하게 드러난다.

둘째, 미술작업의 결과물은 치료사뿐만 아니라 저자와 가족에게도 구체적인 증거를 제공해 준다.

이런 이유에서 미술작업이 마음 속에 숨겨놓은 내용을 은유적으로 표면화한다는 것을 명심하고 주의해야 한다. 따라서 저자는 임상가들이 강한 감정을 불러일으키고 정면대립을 초래하거나 가족이나 개인의 비밀을 알아내는 기법들을 사용함에 있어서 신중할 것을 강조한다. 각 치료사는 이러한 상황을 유도해 내는 치료적 가치를 생각해야 한다. 이러한 위험성에도 불구하고 미술체험은 상호관계를 촉진하고, 개방된 태도를 가지게 하며, 직관력을 키워 주고, 새로운 기술을 채택하는 데에 도움을 준다. 그것은 또한 가족에게 새로운 역할들과 의사소통 스타일을 연습해 볼 수 있는 무대를 마련해 주기도 한다. 왜냐하면, 미술치료 참여자들이 위협적이지 않은 미술체험을 통하여 새로운 방법으로 작업할 수 있는 기회를 가질 수 있기 때문이다.

가족들은 곧 자신들의 미술치료에서의 노력들이 가정에서 있을 수 있는 위험을 극복하기 위한 시도들임을 배우게 된다. 가족이 함께 하는 미술작업을 하게 하는 이유 중에 하나는 단순히 협력해서 하는 노력이 즐거울 수 있음을 경험하게 한다는 데에 있다. 이런 차원은 질병 예방적인 면모를 가진 미술치료가 가지고 있는 고유한 성격으로써 가족에게 자체적인 힘의 일부를 발견할 수 있는 수단을 제공해 주고 긍정적 변화를 위한 촉매제의 역할을 하게 한다.

가족미술치료를 작업 중심으로 이끌어 가는 이유는 미술재료들을 활용하기 위함이다. 미술이 가지는 창의적 기능 외에도 미술재료는 부가적인 목적들을 이루게 해 준다(Landgarten, 1981). 예를 들면, 피면접자의 정서상태를 높이거나 낮출 수 있고, 자유롭게 자기표현을 할 수 있게 하며, 심리적인 방어를 저하시킬 수 있다. 이러한 이유로 미술매체의 크기와 특성들이 고려되어야 한다. 미술재료들을 10개의 항목으로 나누어 가장 적게 통제받는 것에서부터 가장 많이 통제받는 것으로 나열하면 다음의 도표와 같다.

	젖은 점토	수채화물감	소상용점토	유성파스텔	묽은 사인펜	물감주	소상용점토	가는 사인펜	색연필	연필	
가장 적게 통제받음	1	2	3	4	5	6	7	8	9	10	가장 많이 통제받음

위의 도표 중 가족치료에서 가장 자주 쓰이는 매체는 번호 3에서 8까지다. 매체가 가지는 미술성, 공간성을 염두에 둔 지시방법은 치료의 목표들에 관련이 있어야만 한다. 예를 들면, 유리된 가족(Minuchin, 1974)은 미술작업에서 그들의 모습을 보여 준다. 가끔 치료 중에 소규모의 닫힌 공간이 요구되는 과제들은 이 단위(가족)를 물리적으로 또는 심리적으로 더 가깝게 함께 하도록 하기 위한 미술작업을 이용하여 달성할 수 있다. 이와는 대조적으로 뒤엉킨 가족(Minuchin, 1974)은 매체의 다양성과 가족의 자각을 불러일으키고 구성원들의 개별화를 지향하는 각자의 작업을 해야 할 것이 요구된다.

감정이 격해져 범람할 소지가 있는 구조와 경계를 필요로 하는 가족에게는 사각접시나 칸막이 상자들을 이용할 수 있다. 즉각적인 욕구충족이나 문제해결을 통한 가족 구성원의 자부심 증진이 요구되는 경우에는 사용하고 싶고 참여자들이 가능한 빨리 성공적으로 작업할 수 있는 매체를 제공하는 것이 좋다. 반면에 만족을 지연시키는 것이 치료적인 경우에는 세밀한 계획으로 많은 개입을 필요로 하는 프로젝트를 고려해 보아야 한다. 이런 경우 멀티미디어를 사용하는 복잡한 프로젝트가 적절할 것이다.

이러한 치료사의 미술작업의 취지와는 관계 없이 구성원들의 미술재료 사용양상과 재료에 대한 그들의 반응을 관찰하는 것도 중요하다. 이와 같은 관찰은 구성원 상호 간의 교류방식에 대한 부수적인 단서를 드러내게 된다. 예를 들어, 미술치료 평가과정에서 한 아동이 사용하기 어려운 매체에 대해 낮은 욕구불만을 나타내 보였다고 가정했을 때 아동의 행동에 대한 가족의 반응은 이런 부류의 상황이 가족 내에서 발생했을 때 어떻게 다루어지고 있는지를 그대로 보여 줄 것이다. 만약 부적절한 역할이나 행동이 드러날 경우, 치료사는 이후에 같은 미술과제를 함으로써 문제점을 재개방하여 다룰 수 있을 것이다.

요점을 다시 정리해 보면 다음과 같다. 미술치료사는 반드시 미술재료들, 치료지침들, 그리고 치료과정에 대하여 인지적인 관점을 지녀야 하는 동시에 평가와 치료기간 중 결정적인 치료인자가 되는 것을 두 가지 방향의 역할로 수행할 수 있어야 한다.

이 두 가지 역할 중 하나는 임상미술치료에 관한 지식에 근거를 두고 있어야 한다는 것이고, 다른 하나는 가족치료의 기초에 초점이 맞추어져 있어야 한다는 것이다. 이 두 이론들은 가족이 경험하는 문제적 증상제거와 그들의 삶의 질을 향상시키는 행동을 취하게 되는 실행과정에서 창조적으로 결합하게 된다.

표 1-1 가족의 삶을 주기로 본 발달이론

단 계	수행해야 하는 과업들
이성교제단계	결혼상대자를 선택함에 따르는 부모와의 논쟁; 정서적으로 자율적이고 분리된 정체감의 개발; 성적인 만족이 포함된 결혼준비; 부모로부터의 자유로워짐.
결혼초기단계	성적인 적응; 소원한 두 사람의 관계는 영구적인 것이 될 수 있음; 친척들과의 관계; 자녀를 가질 준비; 맞벌이 부부의 경우 자산 증대; 상호의존적인 관계
확장단계	자녀가 생김에 따라 부모역할을 하게 됨; 아내가 직장을 그만두어야 할 경우 수입이 줄어듦; 부부가 피임, 임신, 자녀양육 등의 문제에 서로 동의해야 함; 보다 많이 상호의존적이 됨; 자녀들 사이의 경쟁을 대처해야 함; 부모가 자녀에게 지나치게 개입하는 것에 대처해야 함.
강화단계	사춘기 자녀의 학교에서의 문제가 더해짐; 자녀들의 성적인 부분이 다루어져야 함; 부모의 소득증대로 자산이 보다 증대; 자녀들의 독립심이 강화됨; 부모와 자녀 세대의 충돌
계약단계	자녀가 집을 떠남에 따라 부모의 역할을 상실하게 됨; 새로운 관심대상의 필요성; 자녀와 함께 함을 상실; 경제적인 여유를 누릴 수 있음
최종적 파트너 단계	아내가 전에 직장이 있었다면 직장으로 다시 돌아감; 새로운 반려자로서의 역할; 두 사람만 남게 됨; 남편의 지위가 최고수준에 도달함; 경제적인 풍요
소멸단계	은퇴에 따르는 경제력 약화와 명예의 약화; 다른 사람들에 의존하게 됨; 반려자와 많은 접촉을 하게 됨; 반려자의 사별 등에 따르는 죽음, 애도, 고독함에 대한 문제

* J. C. Howells의 Principles of Psychiatry, Brunner/Mazel Inc. 1975에서 인용.

표 1-2 가족의 삶의 주기에 따른 발달단계에서의 과업

가족의 주기적 발달단계	구성원의 가족 내의 지위들	달성해야 하는 발달과업
1. 아이가 없는 신 혼부부	아내, 남편	서로 만족스러운 부부관계 확립하기 임신과 부모가 되는 것에 적응하기 친족관계에 참여하기
2. 자녀의 출산	아내-어머니 남편-아버지 아기-딸, 아들	유아가 발달하도록 환경을 조성하고 그에 적응하고 격려하기 부모와 유아에게 만족스러운 가정 만들기
3. 학령기 전 아동	아내-어머니 남편-아버지 딸-자매 아들-남자형제	성장을 촉진시키는 방법으로 학령기 전 아동이 가지고 있는 욕구나 흥미 에 적응하기 에너지의 고갈이나 사생활이 줄어드 는 부분에서 적응하기
4. 학령기 자녀	아내-어머니 남편-아버지 딸-자매 아들-남자형제	학령기 가족들의 공동체에 참여하기 아이가 학업부분에서 성취할 수 있 도록 격려하기
5. 청소년기 자녀	아내-어머니 남편-아버지 딸-자매 아들-남자형제	자유와 책임의 균형 유지하기 부모의 관심과 경력 형성하기
6. 중간세대가 되 는 시기	아내-어머니-할머니 남편-아버지-할아버지 딸-자매-이모/고모 아들-남자형제-삼촌	청년에게 적절한 예식과 필요로 하 는 도움을 주면서 떠나보내기 지지적인 가정의 토대를 유지하기
7. 중년기의 부모	아내-어머니-할머니 남편-아버지- 할아버지	결혼관계를 다시 확립하기 나이든 세대와 젊은 세대와 친족관 계 유지하기
8. 노년기	남편사별-과부- 아내-어머니-할머니 부인사별-홀아비- 아버지-할아버지	사별과 혼자 사는 것에 적응하기 가정을 종료하거나 노령에 적응하기 퇴직에 적응하기

참고문헌

Ackerman, N. W. *The Psychodynamics of Fmaily Life.* New York: Basic Books, 1958.

Ackerman, N. W. *Treating the Troubled Family.* New York: Basic Books, 1966.

Bateson, G., Jackson, D. D., Haley, J., & Weakland, J. Towards a theory of schizophrenia. *Behavioral Science, 1,* 251-264, 1956.

Bell, J. E. Family group therapy: A new treatment method for children. *American Psychologist, 8,* 515(7), 1953.

Bell, J. E. The family group therapist: An agent of change. *International Journal of Group Psychotherapy, 14,* 72-83, 1964.

Boszormenyi-Nagy, I., & Spark, G. L. *Invisible Loyalties: Reciprocity in Intergenerational Family Therapy.* New York: Harper & Row, 1973. (Second ed. published by Brunner/Mazel, New York, 1984).

Bowen, M. A family concept of schizophrenia. In D. D. Jackson (Ed.), *The Etiology of Schizophrenia.* New York: Basic Books, 1960, pp. 346-372.

Bowen, S. L. Family interviewing viewed in light of resistance to change. *Psychiatric Research Reports of the American Psychiatric Association,* No. 20, Feb. 1966, pp. 132-139.

Duvall, E. M. *Family Development,* New York: Lippincott, 1971.

Friedman, P. H. Personalistic family and marital therapy. In A. A. Lazarus (Ed.), *Clinical Behavior Therapy.* New York: Brunner/ Mazel, 1972.

Green, R. J. An overview of major contributions to family therapy. In R. J. Green & J. L. Framo (Eds.), *Family Therapy: Major Contributions.* New York: International Universities Press, 1981.

Haley, J. *Problem Solving Therapy.* San Francisco: Jossey-Bass, 1976.

Howells, J. G. *Principles of Family Psychiatry*. New York: Brunner/ Mazel, 1975.

Jackson, D. D. The question of family homeostasis. *Psychiatry Quarterly, 31*(Suppl.) Part I, 79-80, 1957.

Jackson, D. D. Interactional psychotherapy. In M. T. Stein (Ed.), *Contemporary Psychotherapies*. New York: Free Press of Glencoe, 1961.

Landgarten, H. B. *Clinical Art Therapy: A Comprehensive Guide*. New York: Brunner/Mazel, 1981.

Lidz, T. Cornelison, A., Fleck, S., & Terry, D. Intrafamilial environment of schizophrenic patients. II: Marital schism and marital skew. *American Journal of Psychiatry, 20*, 241-248, 1957.

Madanes, C. *Strategic Family Therapy*. San Francisco: Jossey-Bass, 1981.

Minuchin, S. *Families and Family Therapy*. Cambridge, MA: Harvard University Press, 1974.

Naumberg, M. *Dynamically Oriented Art Therapy: Its Principles and Practices*. New York: Grune & Stratton, 1966.

Nichols, M. *Family Therapy: Concepts and Methods*. New York: Gardner Press, 1984.

Satir, V. *Conjoint Family Therapy*. Palo Alto: Science and Behavior Books, 1967.

Satir, V. The family as a treatment unit. In J. Haley (Ed.), *Changing Families*. New York: Grune & Stratton, 1971.

Sluzki, C. E., & Ransom, D. C. (Eds.). *Double Bind: The Foundation of Communicational Approach to the Family*. New York: Grune & Stratton, 1976.

Watzlawick, P. A. A structured family interview. *Family Process. 5*, 256-271, 1966.

Whitaker, C. A. A family is a four dimensional relationship. In P. J. Guerin (Ed.), *Family Therapy: Theory and Practice*. New York:

Gardner Press, 1976.

Whitaker, C. A., & Keith, D. V. Symbolic experiential family therapy. In A. S. Gurman & D. P. Kniskern (Eds.), *Handbook of Family Therapy*. New York: Brunner/Mazel, 1981.

Wynne, L. C., Ryckoff, I., Day, J., & Hirsch, S. I. Pseudo-mutuality in the family relationships of schizophrenics. *Psychiatry, 21,* 205-220, 1958.

 추천도서

Andolfi, M., et al. *Behind the Family Mask.* New York: Brunner/Mazel, 1983.

Beavers, W. R. *Psychotherapy and Growth: Family Systems Perspective.* New York: Brunner/Mazel, 1977.

Bell, J. E. *Family Therapy.* New York: Jason Aronson, 1975.

Berger, M. M. (Ed.). *Beyond the Double Bind.* New York: Brunner/Mazel, 1978.

Bloch, D., & Simon, R. (Eds.) *The Strength of Family Therapy: Selected Papers of Nathan W. Ackerman.* New York: Brunner/Mazel, 1982.

Boszormenyi-Nagy, I., & Framo, J. L. *Intensive Family Therapy: Theoretical and Practical Aspects.* New York: Harper and Row, 1965. (2nd ed. published by Brunner/Mazel, New York, 1985.)

Bross, A. (Ed.) *Family Therapy: Principles of Strategic Practice.* New York: Guilford Press, 1983.

Brown, S. L. Family therapy. In B. Wolman (Ed.), *Manual of Child Psychopathology.* New York: McGraw Hill, 1972.

Brown, S. L. The developmental cycle of families: Clinical implications. *Psychiatric Clinics of North America, 3*(3), 369-381, Dec.,

1980.

Carter, E. A., & McGoldrick, M. (Eds.), *The Family Life Cycle: A Framework for Family Therapy.* New York: Gardner Press, 1980.

Dreikurs, S. E. Art therapy: An Adlerian group approach. *Journal of Individual Psychology, 1,* 69-80, 1976.

Farber, A., Mendelsohn, M., & Napier, A. *The Book of Family Therapy.* Boston: Houghton-Mifflin, 1973.

Framo, J. L. *Explorations in Marital and ·Family Therapy.* New York: Springer, 1982.

Hoffman, L. *Foundations of Family Therapy.* New York: Basic Books, 1981.

Jackson, D. D. (Ed.) *Therapy Communication and Changes.* Palo Alto: Science & Behavior Books, 1968.

Kwiatkowska, H. Y. *Family Therapy and Evaluation Through Art.* Springfield: Charles C Thomas, 1978.

Kwiatkowska, H. Y., Day, J., & Wynne, L. C. *The Schizophrenic Patient, His Parents and Siblings: Observations Through Family Art Therapy.* U.S. Dept. of Health Education and Welfare: Public Health Service, 1962.

Lidz, T. *The Family and Human Adaptation.* New York: International Universities Press, 1963.

Riley, S. Draw me a paradox: Family art psychotherapy utilizing a systemic approach to change. *Art Therapy, 2*(3), 116-125, Oct., 1985.

Selvini-Palazzoli, M., Boscolo, L., Cecchin, G., & Prata, G., *Paradox and Counter-paradox.* New York: Jason Aronson, 1978.

Sluzki, C. F., & Ransom, D. C. (Eds.). *Double Bind: The Foundation of Communicational Approach to the Family.* New York: Grune & Stratton, 1976.

Watzlawick, P., Beavin, J. H., & Jackson, D. D. *Pragmatics of Human*

Communication. New York: Norton, 1967.

Williams, F. S. Family therapy. In J. Marmor (Ed.), *Modern Psychoanalysis.* New York: Basic Books, 1968, pp. 387-406.

Williams, F. S. Family therapy: A critical assessment. *American Journal of Orthopsychiatry, 37*(5), 912-919, Oct., 1967a.

Zuk, G. *Family Therapy: A Triadic Based Approach.* New York: Behavioral Publications, 1971.

제2장 가족치료에서의 평가

1. 서 론

미술치료는 가족의 문제를 평가하는 데 효율적이다. 저자는 역동적인 체계이론의 관점에서 분석적인 틀을 제시하고 있지만 독자는 각자 나름대로의 이론적 관점과 유형에 맞는 방법들을 터득해야 할 것이다.

심리치료사와 가족은 미술작업을 통해서 탐색을 하게 된다. 평가단계 동안에 이루어지는 미술작업을 통해 가족 구성원들은 그들의 상호작용을 알게 된다. 이 기법을 사용함으로써 일차적으로는 작업과정에서, 이차적으로는 작품내용에서 가족 의사소통 유형이 드러난다. 심지어 한 번의 작업과정을 통해서도 치료사는 그 가족의 체계뿐 아니라 집단의 전체적인 형태를 알 수 있는 일련의 사건들을 목격하게 된다. 가족은 작품을 만들고, 치료사는 그들의 활동을 기록함에 있어서 작품을 근거로 가족의 상황을 기록한다. 이러한 작업에서 치료사는 문제행동의 인과관계를 관찰할 수 있고, 그 가족 전체가 지닌 강점과 약점, 그리고 각 가족 구성원의 강점과 약점을 평가할 수 있다.

2. 평가절차

미술심리치료를 통한 가족평가 절차는 간단하다. 치료사는 첫 만남에서 가족에게 창작예술과 유사한 활동을 하게 될 것이라는 것과, 작품이 만들어지는 방식이나 결과물은 아무래도 상관이 없다는 것, 그리고 예술 활동이 집단으로서 가족이 기능하는 방식을 알아보기 위한 기법에 불과하다는 것을 알려 준다.

1) 첫 번째 단계 : 묵언상태에서의 팀 작업

치료는 가족이 팀으로 나누어지면서 시작되는데 이런 과정에서 가족동맹을 알 수 있으며, 팀이 형성되는 방식을 통해 권력통제를 알 수 있다. 자신들의 팀을 나타내는 색깔을 선택하게 해서 전 과정에서 사용하게 한다. 그렇게 함으로써 치료사는 가족원 각자의 참여 정도를 관찰하는 것이 수월해진다.

팀 별로 하나의 종이를 주고 이들에게 함께 작업하도록 한다(색깔 있는 유성점토나 공작용 색종이가 유용하다. 각 팀은 계속해서 자신의 색깔을 사용해야 한다). 작업 중이나 끝났을 때 말이나 신호, 쪽지를 보내서는 안 되며, 작업이 완성되면 침묵을 깨고 각 팀들은 자신의 작품에 이름을 정하고 제목을 적도록 한다.

2) 두 번째 단계 : 묵언상태에서의 가족미술작업

전 가족이 하나의 종이 위에 함께 작업하면서 언어차원의 의사소통이 금지되며 작품에 이름을 붙일 때만 이야기를 할 수 있다.

3) 세 번째 단계 : 언어적 가족미술작업

전 가족이 참여하여 하나의 작품을 만드는 공동작업으로서 언어차원의 의사소통을 허용한다.

❖ 관찰할 점들

위의 과정을 치료사는 철저하게 관찰하고 기록해야 한다. 과정에서 나타나는 모든 비언어적인 표현들은 가족체계에 단서를 제공하기 때문이다. 다음 17가지에 주목해야 한다.

① 누가 그림을 시작했고 그 사람이 그림을 그리기 시작하게 된 과정은 어떠했나?
② 누구의 어떤 명령에 의해서 가족 구성원들이 작업에 참여하게 되었나?
③ 구성원들 중 누구의 제안이 유용했고 어느 것이 무시되었는가?
④ 각자의 역할에 참여하는 수준은 어느 정도였는가?
⑤ 누가 자신의 영역에 그대로 머물러 있고 누가 자주 움직였는가?
⑥ 누가 다른 사람의 작품 위에 자신의 이미지를 그림으로써 다른 구성원들의 영역을 침범했는가?
⑦ 어떤 종류의 상징적인 접촉이 일어나며 누가 이런 제안을 했는가?
⑧ 구성원들이 교대로 그렸는가, 혹은 팀으로 또는 동시에 작업을 했는가?
⑨ 만약 작업상에 변화가 있다면 무엇이 그 변화를 유도했는가?
⑩ 각각이 참여하는 위치가 중심, 끝, 구석, 전체 중 어디인가 ?
⑪ 각자가 차지하는 영역의 범위의 정도는 어느 정도인가?
⑫ 각자가 참여하는 상징적인 내용은 무엇인가?
⑬ 어느 구성원이 독립적으로 작업했는가?
⑭ 누가 처음 시작하는가?
⑮ 누가 추종자이고 반응자인가?

⑯ 정서적인 반응들이 있었는가?

⑰ 가족의 작업 스타일(협동적, 개인적)은 어떠한가?

위에서 언급된 관찰내용 외에도 언어적, 비언어적인 상호소통 방법의 관찰을 통해서 치료사는 구성원들의 자아의 강함이나 유약함, 각자에게 주어진 역할, 행동유형, 의사소통양식, 그리고 상호작용하는 가족체계의 전반적인 형태를 알 수 있다.

숙련된 미술치료사로서 미술품이 만들어지는 전 과정의 의미를 알고 있겠지만 가족 구성원들은 그들이 드러냈던 역동성을 민감하게 인식하지 못한다. 왜냐하면 미술작업은 자연스러운 의사소통의 방식을 나타내기 때문이다.

작품이 완성되었을 때 가족이 지금-여기의 경험에 초점을 두도록 도와 주는 것이 중요하다. 이 방법을 사용함에 있어서 주로 부모에 의해 시행되는 가족배경 진술은 생략되어도 좋다.

가족미술심리치료사가 가족에게 각자가 활동했던 역할에 대해 느꼈던 것들을 이야기할 때 가족은 자체적으로 자기 관찰적인 탐색을 할 수 있다. 저자는 각 치료세션이 끝나기 전에, 치료사가 현실적인 가족상황을 지원하기 위하여 구성원들이 치료과정에서 자신의 관찰을 말하는 것이 중요하다고 말한다. 그리고 치료 전 과정의 관찰과 작품을 토대로 하는 치료사의 언어적인 평가는 가족의 신뢰성을 얻게 된다. 미술치료사는 미술작품을 근거로 전이현상에서 치료사에 대한 전능적인 환상을 덜어주기 때문에 치료사의 통찰력의 근원이 된다. 이러한 평가를 위한 구체적인 방법은 다음 사례에서 묘사된다.

3. 평가사례 1

하트젤 부인은 6살짜리 조니의 어머니로서 등교거부와 위축된 행동과 학습장애를 가지고 있는 아들의 문제로 치료에 의뢰되었다. 치료사는 조니의 발달사에 관한 정보를 얻기 위해서 하트젤 부인을 만났다. 아이의 발달은 정상이었고, 혼외 임신으로 태어났다는 것을 알게 되었다. 비록 그녀가 조니의 친아버지와 살지는 않았지만 아버지는 아이와 계속 접촉했다고 했다.

1) 묵언상태에서 팀 작업

색깔 있는 점토가 모자에게 주어졌고, 어머니가 먼저 아들에게 작업을 시작하라고 무언의 신호를 주었다. 소년은 자신의 피부색과 비슷한 색의 점토를 선택하여 뭔가를 만들었고 어머니는 아들의 활동을 지켜 보고 있었다. 조니는 작은 알몸의 소년을 만들었고 그 다음 장난감 욕조를 찾아와서 조심스럽게 조각작품을 그 속에 넣었다.

그 순간 어머니가 아들의 작품에 갑자기 흥미를 가지면서 한조각의 점토를 돌돌 말아 재빨리 뱀과 같은 모양을 만들면서 재미있다는 듯이 웃기 시작했다. 세 가닥의 점토를 장난감 욕조의 세 면에 늘어놓으면서 그녀는 다시 아들을 보고 웃었다.

조니가 당황하여 "왜 뱀을 소년의 둘레에 놓았나요?"라고 물었으나 그녀는 여전히 웃으면서 질문에는 대답하지 않고 "그래, 그것이 뱀인 것을 알아챘구나!"라고 말했다. 그 아이는 어머니의 반응에 불안해 하고 좌절한 듯 어머니를 외면했다(그림 1).

여기에서 아이 어머니가 자신의 아들에게 하는 부적절한 반응은, 치료사로 하여금 아이가 위험하거나 보호받지 못하는 환경에 처해 있다는 점을 즉시 알아차리게 했다. 그녀가 은유적으로 드러내는 위협적인 표현을 통해 치료사는 그녀가 수동적이면서도 아동학대 가능성이 있다는 것을 파악하게 되었다. 어머니의 역할은,

① 처음에는 자신의 아들에게 시작하라는 사인을 주고 아들이 시작하

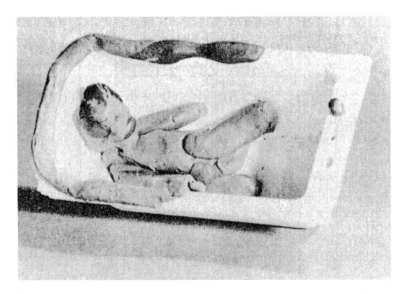

[그림 1] 위험스러운 환경

는 역할을 하도록 했다.

② 하트젤 부인은 지켜보는 동안은 소극적이었다. 어머니는 반응자의 역할을 하기 위해 아들을 이용한 것이다.

③ 그 아이가 위험에 처해 있을 때 보인 웃음은 하트젤 부인의 가학성을 나타내 준다.

④ 조니가 자신의 어머니인 그녀에게 행동의 이유를 물었을 때, 그녀는 대답을 회피하거나 거절함으로써 방어적으로 대처했다.

상호 관계에서 나타난 조니의 역할은,

① 어머니가 그에게 신호를 보일 때까지 기다렸다.

② 시작하라는 암시가 주어졌을 때 자신과 동일시하는 듯한 어린 소년을 만들었다.

③ 어머니의 부적절한 반응에 대해서 즉각적으로 공포와 불안으로 반응했다.

④ 언어사용이 금지된 상황이었으나 그는 자신의 불안을 감소시키기 위해서 어머니의 행동에 대하여 설명해 줄 것을 요청했다.
⑤ 해명을 하지 않은 채 계속되는 어머니의 위협적인 행동은 그에게 두려움을 느끼게 했고 상처를 받게 했으며 결국 무력감으로 심리적인 위축을 야기했다.

2) 언어적 가족미술작업

하트젤 부인과 조니는 또 다른 작품을 함께 만들도록 지시 받았다. 이번에는 말하는 것이 허용되었다. 조니는 규칙에 따라 다시 같은 색깔의 점토를 집었지만 자신의 어머니가 허락을 할 때까지 다시 주저했다. 하트젤 부인은 규칙을 깨고 다른 색깔의 점토를 사용했다. 조니가 어머니에게 처음과 같은 색깔을 집어야 한다고 회상시켰지만 어머니는 비웃으며 아들의 충고를 무시했다.

소년은 어머니가 "이제 시작해."라고 할 때까지 가만히 있다가 어린 소년의 얼굴을 만들었다. 어머니가 그 작품에 코를 만들어 넣자 그 행동을 '무례한' 것으로 비난하면서 울기 시작했다. 하트젤 부인은 아들에게 그를 위해 나무를 만들려고 했었다고 말하면서 혼란시키려고 했다. 나무를 만든 후에 하트젤 부인은 소년의 작품을 집어서 나무 위에 앉혔다. 조니는 여전히 눈물어린 눈으로 어머니에게 왜 그런 짓을 했는지 물었으나 대답을 해 주지 않아 질문이 공허하게 되었다. 그 소년의 감정은 좌절감에서 거부당한 느낌으로 바뀌었다. 그의 정신적인 에너지가 붕괴될 때 그는 위축되었고, 우울하게 침묵하는 모습이 역력했다.

3) 역동성

언어적 작업과정에서 나타난 모자의 역동성은 대화의 기회가 제공되었음에도 불구하고 어머니가 대화를 하지 않았던 것으로 드러났다. 그녀의 비언어적인 표현들이 파괴적인 측면을 보였다는 것에서 치료사는 아동학대의 문제에 대해 걱정하게 되었고, 신체적인 학대나 방임의 문제가 서서히 드러나게 되었다. 이러한 과정에서 나타난 심리적인 문제는 다음과 같은 것을 포함한다.

① 아들에 대한 어머니의 무관심
② 어머니가 아들을 보호받지 못하는 환경에 방치한다는 것
③ 아들의 불안반응 및 무력감과 우울증

치료사는 어머니에게 일상생활에서 아들에게 행하는 자신의 일련의 행동과 작품에 나타난 모습의 유사한 점을 찾도록 촉구했다. 예를 들어, 어린 아들을 혼자 길을 건너게 하는 것, 아이가 다루기에는 부적합한 부엌용품들에 접근을 허용하는 것, 의자나 침대 위에서 노는 것 등을 들면서 아들이 위험한 영역에 있다는 것을 깨닫지 못하고 있다는 사실을 지적했다. 몇 회의 부차적인 평가단계에서 치료사는 계속적인 아동학대와 신체적인 방임을 감지하게 되어 하트젤 부인과 아들은 방임아동 보호기관에 보고되었다. 조사에서 조니의 어머니는 부적합하고, 방임적인 부모이고 아들의 정신구조에 파괴적인 힘을 가지고 있다는 것이 증명되었다.

4. 평가사례 2

그레이 가족은 42세의 아버지, 40세의 어머니, 16세의 딸, 그리고 8세와 6세인 두 아들로 구성되어 있으며 그레이 부인이 자녀의 과잉행동에 대한 도움을 받기 위해 전화를 하여 만남이 이루어졌다.

1) 묵언상태에서의 가족미술작업

첫 방문 때 가족은 두 팀으로 만들어 보라는 지시를 받았고 자연스럽

게 여성팀과 남성팀으로 나누어졌다.

　다음은 묵언상태에서 진행된 가족미술작업 과정이다.

　(1) 여성팀

　먼저 어머니가 짙은 분홍색 사인펜을 선택해서 낙서하듯 종이에 휘갈
기는 그림을 그리기 시작했다. 10대인 딸은 그녀의 어머니와 유사한 색
깔인 빨간색을 선택해서 어머니가 그린 것에 테두리를 쳤다. 어머니는
딸이 선을 그리는 것을 보면서도 그 틀을 깨닫지 못하는 것으로 보였다.
딸은 상당한 관심을 가지고 어머니의 그림을 지켜 보면서 스스로 자제
했다. 그녀는 자신을 주장하기 전에 매우 조심스럽게 그림을 그리기 시
작했다. 딸은 어머니의 그림을 알아볼 수 있는 어떤 것으로 형상화했다
(그림 2). 그들은 이 작업이 끝났을 때 즐거웠다고 동의했다. 모녀는 그들
스스로가 '평등한 입장' 이었다고 말하면서 둘 다 파트너를 도왔다고 믿
었다. 그들은 그림의 제목을 '나눔' 이라고 붙이고는 즐거워했는데, 이

[그림 2] 딸이 구조를 첨가함

작업이 우호적인 협동을 나타내는 것이었다고 믿었기 때문이다.

(2) 남성팀

여성팀과는 대조적으로 남성팀은 다르게 기능했다. 아버지는 종이 중간에 집을 그리기 시작했다. 두 아들은 서로 싸우면서 많은 부분을 차지하려고 경쟁했다. 그들은 아버지와 접촉을 하기 위해서 서로 다투어 접근하려고 했다.

아버지는 완성된 그림에 대해 말할 때 참여하는 입장을 취하지 않고 물러났다. 자신의 아버지가 물러나는 것을 본 8세의 아들은 형이 그려 놓은 것에 낙서를 하기 시작했다. 동생은 형의 그림에 낙서를 하면서 보복을 했다. 짧은 순간에 두 소년은 그림 전체를 엉망으로 만들었고 두 아들은 흥분하며 화를 냈다. 세 명의 구성원은 작품의 제목을 '끔찍한 무엇' 이라고 붙이기로 동의했다.

(3) 역동성

여성팀에서는 어머니가 충동성을 드러냈다. 그녀는 딸이 주요 그림들을 테두리에 넣는 것에 반응하지 않았다. 어머니가 느슨하게 그림을 그리는 것에 위협을 느낀 딸은 그림 둘레에 "틀"을 만듦으로써 자신의 불안을 완화하려고 애썼다. 딸이 어머니의 태도에 실망했을 때 어머니가 그린 의미 없는 선들을 정해진 형태와 상으로 변형함으로써 자신의 힘을 발휘했던 것이다. 그런 태도는 그들의 작업이 대부분 전의식적인 수준에서 나타났으며, 그들의 개입도가 '평등' 했다는 것을 보여 주고 있다. 어머니가 스스로 구조화를 할 계획이었는지 아니면 단지 즐기고 있는 것인지는 알 길이 없다. 확실한 것은 어머니가 딸의 비언어적인 의사소통에 무감각하다는 점이다.

남성팀에서는 아버지가 최소한의 참여를 보였다. 비록 아버지가 처음 시작했다 할지라도 과정 중에 단지 한 번만 참여했기 때문이다. 그는 작업에 참여하지 않는 동안 두 아들이 보인 혼란스러운 행동에 반응하는 것이 미흡했다. 그 소년들의 경쟁은 소란스러웠고 형은 아버지의 심리적인 철수에 분개하여 동생에게 자신의 그런 기분을 전가했다. 아버지가 신체적으로나 의미적으로 아들의 행동을 저지하지 않았을 때 두 아들은 과잉행동을 했다. 제목을 '끔찍한 무엇'이라고 정했는데 이런 제목은 팀 구성원 각자가 자신의 팀에 대한 불만을 나타내는 것이었다.

2) 묵언상태에서의 가족미술작업

가족 구성원들 모두 참여하여 묵언상태에서 그림을 그리도록 지시받았으며, 묵언상태의 팀 프로젝트와 같은 규칙이 제시되었다. 구성원 각자는 자신의 색깔만을 가지고 그려야 한다는 점을 덧붙였다. "그림은 한 장에 그려야만 하느냐?", "우리가 함께 그리기를 원하느냐, 번갈아 가면서 그려야 하느냐?"는 등의 많은 질문이 있었다. 치료사는 구체적으로 대답하는 대신에 그들이 원하는 대로 그리라고 했다.

부모가 동시에 그림을 그리기 시작했는데 아버지는 자동차를 종이 오른쪽 하단 가장자리에 그렸고 어머니는 남편의 차 그림과 반대 방향으로 가는 추상적인 이미지의 배를 그렸다.

두 아들은 아버지에게 서로 다가가려고 하면서 그림 가까이 가기 위해 서로 떠밀기 시작했다. 8세의 아들은 아버지 그림 바로 뒤에 자신도 자동차를 그렸다. 형은 그 그림 위에 빗방울을 그렸다. 동생은 이런 행동에 다시 그림의 오른쪽 위에 태양을 그려 넣음으로써 상징적인 행동을 취했다.

마지막으로 그림을 그린 사람은 10대인 딸이었는데 그 아이는 어머니의 배 밑에 물결을 그려넣고 아버지의 자동차 그림 밑에 길을 그려 넣었다. 그리고 그림 가운데 '멈춤'이라는 교통 표지판을 그려 넣었다.

제목을 정하라고 하자 8세 아들은 '비가 오고 차는 서로 충돌한다'를 추천했고, 아버지는 별 생각 없이 '움직이는 탈 것들'이라고 말했다. 어머니는 '각자의 길을 가는 모든 사람들'을 예로 들며 이런 식으로 인격

[그림 3] 가족화

화해야 한다고 말했다. 남동생에게도 원하는 제목이 무엇이냐고 물었으
나 형이 그림을 그릴 때 양보하지 않은 것에 분개해서 대답을 거부했다.
몇 분간의 침묵이 흐른 뒤 딸은 해결책을 찾는 데 어려움을 느끼고 제목
을 '날씨와 관계 없는 교통수단'이라고 지었다. 더 이상의 제안이 없자
딸이 자원하여 자신이 만든 제목을 써 넣었다(그림 3).

❖ 역동성

묵언상태에서 가족이 한 팀이 되어서 한 미술작업에서 가족 구성원의
역할은 어머니의 역할만 제외하고는 묵언상태의 팀 작업에서의 역할과
일치했다. 다시 한 번 아버지는 자동차를 처음으로 그리면서 아주 간단
하게 지도자 역할을 했다. 어머니는 자신의 남편의 이미지에 반응하면서
비록 추상적이긴 하지만 남편과는 다른 교통수단으로 배경은 칠하지 않
은 채 배가 남편의 차와 반대 방향으로 가는 것을 그렸다. 이것은 자기
딸과 함께 공동작업을 할 때 그렸던 그림과는 대조적이었다. 또한 어머

니는 딸과 함께 그림을 그릴 때 보였던 즐거움을 보이지 않았고, 두 아들은 여전히 아버지의 관심을 끌려고 했다. 8세 아들의 적대적인 몸짓에도 불구하고 두 아들의 관계가 적대적이지는 않았다. 딸의 행동은 아버지와 어머니의 그림에 밑그림을 넣고, 제목을 정하고, 가족의 부정적인 행동을 멈추기 위해 가족에게 메시지를 전달할 목적으로 "멈춤"이라는 글자를 넣는 등 여전히 권위적인 역할을 유지했다. 이때 치료사는 가족들과 어떤 대화를 하거나 관찰된 것을 함께 이야기하지 않고 계속 탐색을 하기 위해 세 번째 기법인 언어적 가족미술작업을 하게 했다. 비언어적인 작업과 언어적인 작업을 대비시키는 것은 두 양식에서 일치하는 것과 부조화하는 것이 있는지를 알아보기 위한 것이다.

3) 언어적 가족미술작업

다음 단계는 대화가 허용된 가족미술작업이었다. 그레이 가족은 공작용 색종이로 조형물을 만들도록 지시받았다. 각자에게 가위와 풀을 제공하면서 공작용 색종이는 5장이 아니라 4장을 주었다. 1장이 모자라게 준 이유는 가족이 그 상황을 어떻게 해결하는지 보기 위해서였다. 이러한 기법을 사용할 때 조심해야 하는 것은 가족이 그런 상황을 다룰 정도로 충분한 자아의 힘이 있는지의 여부를 먼저 평가해야 한다는 것이다.

이 작업은 두 아들이 동시에 종이 한 장씩을 집어 드는 것으로 시작되었다. 아버지가 다음으로 한 장을 집었고, 어머니와 딸을 위해서는 한 장의 종이만 남겨져 있었다. 어머니는 낙담한 듯 보였지만 아무 말도 하지 못하고 있었는데, 딸이 종이 한 장을 반으로 접고 잘라서 어머니와 나누어 가졌다.

누구에게도 관심을 보이지 않았던 아버지는 원뿔 모양을 재빨리 만들었고 그것을 테이블 가운데 놓으면서 "티피(북미원주민의 원뿔 모양의 전통적인 가옥 : 역주)"라고 말했다. 그의 딸은 작은 사람을 만들기로 결심하고 그것을 아버지의 '티피' 위에 붙였다. 잠시 후 어머니는 나선형 모

양의 긴 선을 잘라 냈으나 그것으로 무엇을 할지는 결정하지 못하다가
바로 자기 앞에 있는 탁자 위에 놓았다.

부모가 자신들의 작업에 열중하고 있을 때 딸은 두 동생이 두 개의 프
랑켄슈타인 모양을 오리고 있는 것을 지켜 보고 있었다. 소년들은 아버
지의 "티피"를 옆으로 밀쳐 내고 그들이 오려 낸 두 작품을 중심에 갖다
놓았다.

잠시 생각에 잠겨 있던 딸이 기다란 어머니의 작품을 집어 들어서 동
생들의 작품인 프랑켄슈타인의 몸 둘레에 휘감았다. 딸의 이러한 행동은
동생들의 비난을 받았다. 그들은 부모에게 불만을 터뜨렸지만 어떤 지지
나 훈계도 받지 못했다. 부모의 반응이 없어 좌절된 동생들은 서로 밀치
기 시작했다. 화가 난 8세 아들은 자기가 오려 낸 프랑켄슈타인을 집어
서 찢었다. 저자가 그 조형물의 제목을 붙여 보라고 제안했으나 두 아들
은 거절했다. 아버지는 "하나의 프랑켄슈타인이 파괴되었다."라고 했고,
어머니는 "나선형의 문제"라고 제안했다. 딸은 "인디언 보호구역에 있는
프랑켄슈타인"이라고 했고 마지막은 8세 아들이었는데 "괴물은 강하다."

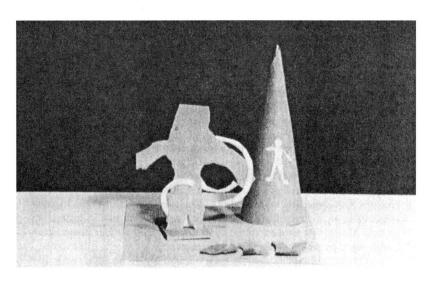

[그림 4] 역할 정의를 구축함

라고 중얼거렸다. 의논 없이 마지막으로 결정을 내린 사람은 딸인데 "나선형 모양의 작품 때문에 프랑켄슈타인이 파괴되었다. 왜냐하면 괴물이 강해지도록 방치한 인디언 보호구역에서 살았기 때문이다."라고 했다. 전 가족 구성원들은 이것에 동의했다. 왜냐하면 그녀가 모두의 생각을 종합했기 때문이었다(그림 4).

제시된 제목들뿐 아니라 작품의 내용은 가족역동성에 대한 자료를 추가해 주었다. 그러나 평가단계 초기의 경우, 치료사는 무엇을, 그리고 어느 정도의 정보를 공유해야 하는지에 대한 결정을 해야 한다.

치료사가 초기에 평가목적으로 실시한 미술작업에서 관찰한 것은 가족의 일상생활을 은유적으로 보여 주기 때문에 치료과정에 유용한 정보가 될 수 있다.

❖ 역동성

아버지는 종이가 부족하다는 것을 깨닫지 못했다. 비록 작업을 먼저 시작하긴 했지만 그 이후에는 아무와도 상호작용하지 않았다. 아버지는 자신의 작품이 두 아들에 의해 중앙에서 옆으로 밀려나는 것을 허용했다. 그의 수동성은 대화에서도 나타났다. 그는 미술을 통해서나, 신체를 통해서나, 언어차원에서 아무와도 연관을 가지지 않았다.

어머니는 자신의 공작종이가 없는 예기치 않는 상황에 혼자 남겨졌을 때 자신의 의존욕구를 드러내면서 무기력하게 행동했다. 그녀를 돌본 사람은 딸이었다. 게다가 그녀는 나선형의 작품을 만들었는데 그것을 밖으로 밀쳐 냄으로써 우울증의 가능성과 자신에 대한 분노를 나타냈다. 어머니는 어떤 감정을 억누르려고 은유적인 분노의 표시로 자신의 작품을 바로 앞에 놓았다.

딸은 모든 가족 구성원과 연락하면서 개별적인 가족의 욕구에 반응했다. 이것은 자신의 작품을 아버지의 '티피' 안에 놓음으로써 나타났다. 종이를 나누어 사용함으로써 분명히 어머니가 무시되지 않았다는 것을 느끼게 했다. 동생들의 프랑켄슈타인의 놀이에 대해서는 상징적인 제한을 가함으로써 반응했다.

부모의 역할이 반대로 되었는데 아버지는 수동적이고 어머니는 의존적이었다. 딸은 어머니의 나선형 모양의 작품으로 자기 동생이 만든 프랑케슈타인을 감싸 안도록 주장할 때 권위적인 인물임이 드러났다. 뿐만 아니라 그림 전체의 제목을 정할 때도 가족이 보다 응집력 있는 단위가 되도록 역할을 하기도 했다. 딸은 자신의 욕구를 드러내지 않았는데, 그 이유는 그녀의 모든 행동이 다른 가족 구성원들을 지지하거나 저지하는 것으로 일관되었기 때문이다.

8세 아들은 빠른 동작으로 종이를 잡았고 맨 먼저 말을 했으며 요구를 하는 등의 공격성을 보였다. 그가 가진 전능감에 대한 환상은 그의 프랑켄슈타인을 통해 나타났다. 부모가 대화하지 않을 때 동생을 이용해서 자신의 좌절감을 없앴다. 소년의 견디기 힘들었던 욕구좌절이 프랑켄슈타인을 파괴함으로써 나타났다. 그러자 그의 누나가 저지하려 했다. 형제 간의 경쟁에 대한 증거는 둘 다 비슷한 것을 만들고, 한 지점에서 더 넓은 공간을 차지하려고 한 점, 그리고 더 중심을 차지하려고 했던 것이다.

6세 아들의 행동은 자신의 작품을 찢지 않았다는 것만 제외하고는 그의 형과 비슷했다.

그의 자발성이나 안도감을 은유적으로 나타낸 것은 어머니의 나선형 모양의 작품과 관련이 있다. 동생은 형의 자기 파괴적인 행동 때문에 위협을 받을 때 그의 아버지처럼 물러남으로써 제목을 정하는 데 참여하지 않았다.

그레이 가족의 치료에서 드러난 것은 부적응적인 행동들이었다. 그 내용은 부모의 권위부족, 두 아들이 필요로 하는 경계선의 부재, 딸에게 부여된 과도한 책임감 등이다. 치료사는 가족 구성원들에게 미술치료 경험에 대한 그들의 정서적인 반응과 거기에서 나타난 각자의 역할에 대하여 토론할 것을 촉구했다.

4) 실험적인 작업 : 경과를 예측하기 위한 후속

치료사가 가족의 변화능력에 대한 예측을 평가하고자 하는 경우 최소한의 위험이 있는 기법이 이용될 수 있다. 그레이 가족의 경우 '세대 간의 불분명한' 경계를 바꾸는 것에 초점을 두었다. 부모의 소극적인 권위적 역할, 딸에게는 부적절한 부모 역할, 그리고 두 아들의 과도한 행동을 다루려는 시도로 치료방향이 정해졌고, 거기에는 부모가 어린 두 아들을 통제하는 것도 포함되었다. 이것은 가족에게 담겨짐의 의미를 내포하는 납작한 접시를 제공하는 것으로 이루어졌다. 치료사는 두 아들에게 그 접시 안의 공간 중에 자기가 어디를 얼마나 차지하고 싶은지 말해 보라고 했다. 그런 다음 치료사는 너희 부모가 각자의 영역을 공정하게 판단할 것이며, 부모의 판단에 의하여 각자의 영역이 사인펜으로 표시될 것"이라고 말했다.

두 아들이 가장 많은 공간을 차지했을 때 치료사는 부모에게 각 가족 구성원들을 위해 적당한 양의 영역을 할당하기 위해 두 아들이 협상하도록 도우라고 격려했다. 부모의 판단으로 가족 각자의 영역이 그려졌고, 이렇게 부모가 권위의 입장에 놓이게 함으로써 그들이 가족상황을 다루는 능동적인 역할을 담당하게 되었다.

통찰력과 가족탐색을 증진시키기 위하여 후속기법이 소개되었다. 치료사는 가족 구성원들에게 점토나 다른 기타 재료로 뭔가를 만들어서 그것을 부모가 정해 준 각자의 영역에 놓도록 요청했고, 어머니와 아버지에게는 가족 각자가 각자의 조형물을 각자에게 주어진 영역에만 놓는지 감독하도록 했다.

가족은 지시를 잘 따랐고 두 아들이 비교적 덜 다투었다. 작업이 끝났을 때 그들은 작품에 대해서 그리고 그 활동에서 경험한 느낌들에 대해서 이야기했다. 대화는 가족 구성원 각자에게 자기 인식을 할 수 있게 했고, 개인적인 정보를 개방하는 방향으로 이끌어졌다. 아버지는 그 기법을 통해서 자신의 역할이 더 필요함을 알게 되었다고 했다. 그는 오래 전 아내의 잔소리 때문에 권위를 행사하는 역할을 포기했다고 실토했다. 또한 집에서 자신의 두 아들의 행동을 통제하는 일보다 신문 뒤로 숨어 버리는 것이 더 쉬웠다는 것을 깨달았다고 말했다.

어머니는 '접시활동' 동안에 남편과의 협상경험이 자신에게 확신을 주었다고 인정했다. 그녀는 이제까지 남편이 지지해 주지 않음으로 인해 당황스러웠고, 무능력감을 느꼈으며, 자신을 평가절하했고, 자신의 모든 권위를 포기했다고 말했다. 그녀는 이런 느낌들이 표출되지 못해 분노를 일으켰고, 자신은 그 분노의 감정을 위축과 우울로 대처해 왔다는 것을 알게 되었다고 말했다.

딸은 그 활동을 통해 어떤 '안도감'을 경험했다고 했다. 부모와 자식의 역할반전이 그녀에게는 과도한 짐이었다. 그녀는 자기 동생들이 싸울 때나 이들을 떼어놓으려고 할 때 동생들로부터 부당한 언어적, 신체적 학대를 받았다고 말했다. 딸은 자기 부모가 "변화를 위한 책임을 질 것"이라고 했을 때 매우 기뻐했다.

8세의 아들은 치료사에게 자신이 화났음을 표현했다. 그 소년은 접시활동은 "바보 같고 공정하지 않다."고 공격적으로 말했다. 자기는 공간을 더 차지하고 싶고, 자기의 색깔이 마음에 안 든다고 말했다(전에는 색깔에 대해서는 언어적으로 자신의 불만을 말한 적이 없었다). 그리고 이 아들은 미술치료에 참여하는 것을 좋아하지 않는다고 단호하게 말했다. 심지어 그 아이에게는 가족체계에서 권위자의 역할이 누나에서 부모로 바뀌게 된 것이 참을 수 없는 일이었다. 왜냐하면 부모에게 권위적인 역할을 줌으로써 자신의 힘이 감소된 것으로 받아들였기 때문이었다.

반면에 6세의 아들은 아버지가 관여하게 된 것을 즐거워하면서 "어머니랑 아버지랑 하는 작업이면 좋다."고 했다. 공간을 제한하는 것은 좋지 않았지만 "아버지가 그 게임의 일부였다."는 것이 좋았다고 했다.

그레이 가족의 사례에서 치료사와 가족은 가족체계 내에서 서로 상호작용하는 정서와 개별적인 반응들을 이해할 수 있었다. 그리고 접시활동을 통해서 점검해 본 가족체계의 변화를 위한 예측은 긍정적인 것이었다.

5) 치료계획

치료계획안에서 탐색할 내용은 다음과 같다.

(1) 아버지

① 가족 내에서의 현재 역할
② 권위적인 역할을 할 때 생기는 느낌 점검
③ 자기방어로서의 그의 무관심
④ 아내와의 동맹이 어떻게 자신의 결혼과 가족체계에 영향을 주고 있는지에 대한 이해

(2) 어머니

① 자신의 유약한 자아상을 정당화하기 위해 부모로서의 권위를 양도하고자 하는 욕구
② 남편에 대한 분노
③ 무의식적인 대리욕구로서의 아동의 과도한 행동 인정
④ 책임을 지는 것과 의존하는 것이 가족에게 미치는 영향에 대한 이해
⑤ 결혼갈등을 다른 가능한 것으로 전향시키기 위해 자녀를 이용할 수 있다는 사실 이해

(3) 딸

① 부모역할을 하게 된 이유
② 어머니를 보호하기 위한 욕구
③ 성장을 위한 핵심으로서 개별화의 필요성

(4) 8세 아들

① 우울증이나 불안을 감추기 위한 자신의 공격적인 행동
② 전능적인 느낌과 낮은 자아존중감

③ 욕구좌절을 참지 못함

④ 형제 경쟁

⑤ 자기파괴적 행동

⑥ 원인과 결과를 이해하는 것

(5) 6세 아들

위에서 언급된 형의 목록에서 4번까지 해당됨

5. 요 약

가족체계를 평가하기 위해서 참여자는 다음의 세 가지 작업에 참여한다. 즉, ① 침묵상태에서의 팀 작업, ② 침묵상태에서 전 가족이 함께 참여하는 작업, ③ 대화를 하면서 전 가족이 협동해서 함께 하나의 작품을 만드는 작업을 포함한다.

일차적으로 이 작업을 통해 치료사는 가족이 상호작용하는 정보를 얻을 수 있다. 17가지의 관찰목록이 있다.

기법과 치료사의 개입에 대한 것은 두 편의 사례를 통해서 제시되었다. 첫 사례는 한부모와 아들의 모자 치료세션이다. 어머니는 무의식적으로 부모로서 가학적인 파괴성을 지닌 자신의 모습을 보였다. 두 번째 사례는 세 명의 자녀가 있는 가족이다. 여기에는 과잉행동을 보이는 잠재기 연령의 두 아들과 청소년기의 딸이 참여했다. 미술작업은 아버지의 수동성, 어머니의 성숙도 부족, 가족체계의 비구조화로 생긴 과잉행동을 보이는 두 아들, 딸의 부모역할 등의 역기능성을 보였다. 이에 가족체계이론을 근거로 한 미술치료를 통하여 정확한 치료계획이 만들어졌다.

추천도서

Ackerman, N. W., & Behrens, M. L. The family group and family: The practical application of family diagnosis. In J. H. Masserman & J. L. Moreno (Eds.). *Progress in Psychotherapy*, Vol. 3. New York: Grune & Stratton, 1959.

Anthony, E. J., & Bene, E. A Technique for the objective assessment of the child's family relationships. *J. Ment. Sci., 103*, 541-555, 1957.

Bing, E. The conjoint family drawing. *Family Process, 9*, 193-194, 1970.

Blehar, M. C. & Reiss, D. Family styles of interacting. *Families Today*, I, 171-185, U.S. Dept. of Health, Education and Welfare.

Boss, P., & Greenberg, J. Family boundary ambiguity: A new variable in family stress theory. *Family Process, 23*(4), 535-547, 1984.

Brown, S. L. Clinical impressions of the impact of family group interviewing on child and adolescent psychiatric practice. *Journal of American Academy of Child Psychiatry, 3*(4), 688-696, 1964.

Brown, S. L. Family interviewing as a basis for clinical management. In C. Hofling and J. Lewis (Eds.), *The Family Evaluation and Treatment*. New York: Brunner/Mazel, 1983.

Burns, R. C., & Kaufman, S. H. *Actions, Styles and Symbols in Kinetic Familly Drawings*. New York: Brunner/Mazel, 1972.

Cromwell, R. E., & Olsen, D. H. (Eds.). *Power in Families*. New York: Wiley, 1975.

Fisher, L. Dimensions of family assessment: A critical review. *Journal of Marriage and Family Counseling, 2*(4), 367-382, 1976.

Giddes, M., Medway, J. The symbolic drawing of family life space. Family Process, *6*, 67-80, 1967.

Greenspoon, D. Multiple family group art therapy. *Art Therapy, 3*(2), 53-60, 1986.

Jacob, T., & Davis, J. Family interaction as a function of experimental task. *Family Process, 12*(4), 415-429, 1973.

Kwiatkowska, H. Y. Family art therapy. *Family Process, 6*, 37-55. 1967.

Landgarten, H. B. Initial family interview: Diagnostic techniques. *Clinical Art Therapy: A Comprehensive Guide.* New York: Brunner/Mazel, 1981, pp. 25-30.

Levick, M., & Herring, J. Fmily dynamics as seen through art therapy. *Art Psychotherapy, 1*(1), April 1983.

Machover, K. *Personality Projection in the Drawing of the Human Figure.* Springfield, IL: Charles C Thomas, 1949.

Mosher, L. R., & Kwiatkowski, H. Family art evaluation. *The Journal of Nervous and Mental Disease, 3,* 165-179, 1971.

Naumburg, M. *Dynamically Oriented Art Therapy: Its Principles and Practices.* New York: Grune and Stratton, 1966.

Rabin, A. J. *Assessment with Projective Techniques.* New York: Springer Publishing Co., 1981.

Reznikoff, M., & Reznikoff, H. R. The Family Drawing Test. *Clinical Psychology, 12,* 167-169, 1956.

Safilios-Rothschild, C. Study of family power structure: 1960-1969. *Journal of Marriage and the Family, 32,* 539-552, 1970.

Shearn, C. R. & Russel, K. R. The use of family drawing as a technique for studying Parent-Child Interaction. *Journal of Projective Technique and Personality Assessment, 33*(1), 35-44, 1969.

Sherr, C., & Hicks, H. Family drawings as a diagnostic and therapeutic technique. *Family Process, 12*(4), 439-461, 1973.

Szyrynski, V. A new technique to investigate family dynamics in child psychiatry. *Canadian Psychiatric Association Journal, 8,* 94-103, 1963.

Wadeson, H. Conjoint marital art therapy techniques. *Psychiatry, 35,* 89-98, 1972.

Williams, F. S. *Family Interviews for Diagnostic Evaluations in Child Psychiatry.* Paper presented to the American Orthopsychiatric Association. New York: Unpublished, 1967.

Wolfe, D. M. Power and authority in the family. In D. Cartwright (Ed.), *Studies in Social Power.* Ann Arbor, MI: University of Michigan, Institute for Social Research, 1959.

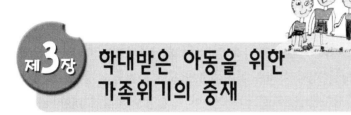

제3장 학대받은 아동을 위한
가족위기의 중재

1. 들어가는 글

1985년 여름 미국의 LA 타임즈는 "조사대상 아동의 22%가 학대를 받고 있다는 것이 밝혀졌다."라는 기사를 대서특필한 바 있다(Timnick, 1985). 보도기자는 연구대상이 성인남녀 2,627명이었고 전국의 일간지에서 다룬 여론조사의 결과를 토대로 했음을 밝히면서 응답자들의 22%가 아동기 시절 성적 학대를 겪었음이 드러났고, 그 중 27%는 여성이었고 16%는 남성이었다고 했다. 가해자들 중 가장 높은 비율을 차지한 것은 친구와 친지들(41%), 다음이 낯선 사람들(27%), 그리고 친척들(23%)임이 드러났다.

연구결과는 사회교육의 부족으로 인하여 희생자들이 그들의 학대경험을 혼자만이 겪은 특수한 체험으로 여기고 있음을 지적하면서 그들은 많은 사람들이 유사한 체험으로 고통받고 있다는 것을 깨닫지 못하고 있다고 했다.

비록 전문 학술지 등에서 친척이나 자신들이 알고 있는 사람들에 의해 희생당해 온 아동들을 치료한 논문들을 싣고 있지만 낯선 사람에 의해서 일회적인 학대를 경험한 아동을 치료하는 것에 관한 연구는 아주 드물다. 일회적인 학대경험을 한 경우, 성적 공격에 대한 혐오감이 가족 모두에게 영향을 미치기 때문에 가족치료에는 위기중재모델이 가장 적합하다. 아동이 당한 성적 학대는 가족에게 엄청난 감정의 소용돌이를 불러일으킨다. 가해자를 향한 분노와 더불어 위협적인 환경에 대한 공포와 불안이 그것이다. 이 괴롭히는 감정에 자신들이 사전에 예방하지 못한 무능에 기인하는 부모들의 죄책감이 더해지게 되기 때문이다.

미술치료는 학대 희생자들과 가족들을 위한 효과적인 치료방법이 된다. 위기중재를 위한 치료는 미술치료와 병행하는 것이 좋으며 여기에는 아동을 위한 개인치료, 부모를 위한 부부치료, 그리고 가족을 위한 치료 세션들이 포함된다.

여기에서 소개될 미술작업들은 당면한 문제에 직접적이고 신속하게 초점을 맞추도록 특별히 고안된 것이다. 치료사는 심리역동적 지금-여기방법을 활용한다. 아동을 위해서 숨겨진 소재는 은유를 통해서 다루어지고 드러난 목표들은 언어적인 양식과 비언어적인 양식을 통하여 분명하게 다루어진다.

일반적으로 제공해 주어야만 하는 일상적인 상담이 가져다 주는 치료 성과와는 별도로, 미술적 접근은 두 가지의 특별한 효과를 부가적으로 제공해 준다.

첫째, 아동이 법정에서 입을 수 있는 외상에 대처할 수 있다는 것이다. 성적 학대를 받은 아동들의 미술작업에서 그들이 법정에서 입은 상처가 성적 학대 사실보다 더 상처가 되는 체험이었음이 묘사되는 것을 흔히 볼 수 있다. 이런 이유로 치료사는 아동으로 하여금 미리 법정 장면을 그려 보고 판사와 증인들의 좌석배치를 제시해 보는 교육적 체험을 하게 했다.

아동들의 법정에 대한 친숙성은 '미지의 것'에 대한 불안감을 낮추어 주고 법정에서 발생할 수 있는 정신건강에 해로운 심리적인 상처를 감소시킬 수 있다.

두 번째 미술치료가 가지는 치료성은 아동의 미술작품 자체의 내용이 범죄자를 식별해 내는 데 인정받을 만한 증거가 될 수 있다는 것이다. 아동은 미술작품에 종종 가해자의 얼굴, 신체, 그리고 의복을 자세하게 묘사한다. 또한 그림 속에서 학대자의 비정상적 성적 행동이나 학대가 있었던 장소에 대한 정보를 제공해 주기도 한다.

불행하게도 아이들은 사건이 발생하고 오랜 시간이 지난 후에야 끔찍했던 일을 기억해서 사건의 전말을 자세히 설명할 것을 요구받는다. 따라서 희생자의 미술작품은 학대 현장의 시각적 기록으로서 아동이 법정에서 정확한 과거에 대한 회상을 요구받았을 때 이 기억을 되살리는 도구로 사용되거나 유리한 입장에 설 수 있는 증거가 될 수 있다.

2. 사례소개

이 장에서 소개되는 사례는 성적 학대를 받은 한 어린이에게 적용한 위기중재모델로서의 가족미술심리치료에 관한 것이다. 치료세션은 개인, 부부, 그리고 가족치료세션으로 이루어졌으며 6주에 걸쳐 행해졌다.

❖ 치료에 의뢰된 경위

여덟 살의 도니 아버터스는 낯선 사람에게 잠시 유괴되어 성적 학대를 받았다. 이 사건으로 인하여 도니는 충격을 받았고 분노에 차 있었는데 이는 당연하고 자연스러운 반응으로 볼 수 있다. 그의 부모는 격분했고 아들에게 미칠 심리적 영향을 염려하여 사건 발생 다음날 치료사에게 연락을 취했다.

첫 만남은 ① 어머니와 아버지의 부부치료, ② 도니를 위한 개인치료, ③ 가족치료의 3부로 나뉘어졌고 세 시간 동안 진행되었다. 여러 인터뷰를 거치는 동안 부모와 어린이에 의해서 보고의 상당 부분이 반복되었으므로 중복을 피하기 위하여 여기에서는 요점만 소개한다.

1) 제1회 치료세션

(1) 제1부-공동 인터뷰 : 아버터스 부부

공동인터뷰 동안에는 미술치료를 실시하지 않았다. 부부는 교양 있고 잘 적응된 부부로서 치료사에게 적절한 정보를 제공했다. 미술작업은 인터뷰 시간을 지연시킬 뿐만 아니라 부부에게 불안감을 더해 줄 수 있기 때문에 첫 시간에는 생략하기로 했다. 부부가 인터뷰에서 제공한 정보는 다음과 같다.

도니는 학교에서 네 블록 정도 떨어진 집을 향하여 걸어오고 있었다. 평소에는 이웃집 친구인 조니와 함께 다녔는데 사건이 일어났던 날에는 조니가 학교에 가지 않아서 도니 혼자 집으로 돌아오고 있었다. 혼자서 돌아오던 도니는 돌을 주워 모으는 데 몰두해 있었다. 특별히 크고 아름다운 돌을 발견했을 때 그는 신이 났다. 그러다가 그는 자신이 들고 가기에 돌이 너무 무거워 보여서, 집에 가서 카트를 가지고 와야 할지를 궁리하면서 서 있었다.

그때 경기용 자동차를 탄 한 청년이 도니 옆에 차를 멈추더니 길을 물어 왔다. 낯선 사람에게 말을 하지 말라고 배워 온 도니는 모른다고 대답했다. 어떤 좋지 않은 느낌을 받은 도니는 더 이상 머뭇거리지 않고 가능한 한 빨리 집으로 돌아가야겠다고 마음먹었다.

그 낯선 사람은 천천히 차를 몰아 도니 옆을 따라오면서 거듭해서 말을 걸었으나 도니는 대답하지 않고 앞만 보며 갔다.

집에서 겨우 한 블록 떨어진 곳에 이르렀을 때에 도니가 낯선 사람에게 "이제 집에 다 왔어요. 우리 어머니한테 물어보세요. 어머니가 당신이 알고 싶어하는 것을 말해 줄 거예요."라고 말했다. 아이로부터 자신의 집에 가까이 왔다는 말을 들었을 때에 낯선 사람은 신속히 움직이기로 결심을 한 듯 했다. 그는 도니에게 "차에 타거라. 그러면 내가 너를 집에 데려다 주고 너의 어머니에게 물어 볼게."라고 했고 도니는 "사양하겠습니다."라는 말로 침착하게 거절했다.

그 순간 차가 아이 옆에 바싹 다가왔고, 위험을 느낀 도니가 달리기 시작했지만 그가 자동차 핸들을 꺾어 앞을 막아섰다. 그 낯선 사람은 재빨리 자동차의 문을 열더니 팔을 뻗어 아이를 들어올려서 잽싸게 운전석 뒤의 공간에다 던져 넣었다. 그는 도니에게 말을 듣지 않으면 "다치게 할 것"이라고 위협하며 "꼼짝 말고 얼굴을 바닥에 대고 있어라."라고 경고했다. 너무나 놀란 나머지 아이는 자신을 껴안고 웅크리고 있었다.

자동차가 '덜컥거리는 지점'에 이르렀을 때, 도니는 그곳이 자신이 놀았던 근처 공원임을 알았다. 학대자가 아이를 차에서 끌어냈을 때, 도니는 정확한 위치를 알기 위해 사방을 둘러보려고 했지만, 남자는 도니를 땅바닥에 쓰러뜨리고 성폭행을 했다.

자신의 욕구를 채운 그는 도니를 집에서 겨우 몇 블록 떨어진 곳에 데려다 놓았다(아동은 부모에게 성적 행위 자체에 대한 자세한 이야기는 하지 않았다).

아버터스 부부는 자신들의 분노와 공포의 감정들을 털어놓았다. 그들은 자식의 심리적 장애를 염려하며 이 끔직한 체험이 평생 동안의 상처가 되지 않을까 두려워하면서 여러 가지 질문을 했다. 자녀에 대해 관심과 애정이 깊은 부모였기에 지나치게 과잉보호하지 않나 걱정되기도 했다. '성적 학대'가 더 이상 뉴스거리나 영화 속의 이야기가 아니기 때문에 다시 이러한 끔직한 일이 아들에게 일어나지 않을까 하고 염려했다. 어버터스 부부는 아들이 정신적인 충격으로 꿈 속에서 여러 번 비명을 지르고 울었다고 했다.

이 사건이 경찰에 보고되었을 때 도니 자신이 사건을 설명했다. 그의 부모는 경찰이 만일 학대자를 찾아냈을 경우 자신들의 삶이 노출될 것에 대하여 걱정하고 있었다. 그들은 아들이 법정에서 학대자를 식별해 내는 일을 두려워하리라고 믿고 있었다. 그럼에도 불구하고 아버터스 부부는 학대자가 처벌받도록 하여 다시는 이런 범죄가 다른 어린이들에게 일어나지 않도록 막아야 한다고 결심했다. 이런 이유에서 그들은 스스로의 양심에 비추어 부끄럽지 않은 무엇인가를 하기로 결정했다.

(2) 제2부-개인치료 : 도니

치료세션의 제2부가 시작되었을 때, 치료사는 도니에게 '이곳에 나를 만나러 온 이유'를 알고 있는지 물었다. 부모에 의해 만반의 준비가 되어 있던 아이는 "어제 무슨 일이 일어났는지 당신에게 이야기하고 내 느낌을 말씀드리기 위해서지요. 당신은 문제가 있는 사람들을 도와 주는 분이예요."라고 말했다. 치료사는 적절한 그의 대답을 듣고 나서 종이, 사인펜, 유성점토와 장난감 소품들을 아이에게 제시하며 "네가 하고 싶은 작업을 하면서 내게 말해도 좋다."라고 말했다. 지체하지 않고 도니는 즉각 그림을 그리면서 한 대의 자동차와 자기를 움켜 잡고 있는 한 남자, 성적 학대에 대해서 이야기했다. 그는 학교에서 자신이 집으로 걸어온 일과 자신에게 질문을 해 온 그 남자에 대해서는 자세히 설명했지만, 학대 그 자체에 대해서는 간단하게 설명했다. 그가 여러 차례 "이야기하기가 너무 구역질나요. 그 일에 대해서 생각만 해도 속이 메스꺼워요. 너무 구역질나요. 생각만 해도 구역질나요."라고 강조해서 말했다.

아동학대는 자기 혼자만이 겪은 체험이 아니라는 것을 도니가 깨닫는 일은 꼭 필요한 일이었다. 무엇보다도 그 사건의 경위를 감추고 억압하는 아이의 고통을 덜어 주는 일이 시급했다. 따라서 치료사는 아주 부드러운 어조로 "너와 비슷한 끔찍스러운 체험을 한 네 또래의 다른 애들이 나랑 상담할 때 들려준 건데, 그 애들은 자신을 납치한 남자가 어떻게 자기 성기를 그들의 입 속에 넣는지 내게 이야기해 주었단다."라고 아이에게 알려 주었다. 도니는 치료사가 그런 사건들을 알고 있다는 사실과 자기와 같은 체험을 한 다른 어린이들이 있다는 사실에 놀라 두 눈이 휘둥그레지면서, 눈에 띄게 안도감을 나타내고는 동의한다는 뜻으로 고개를 끄덕였다. 치료사는 계속하여 "그 아이들은 내게 낯선 사람이 가끔 그들의 입 속에다 사정한다는 것도 이야기해 주었단다. 그 말은 그들의 성기에서 하얀 액체가 나온다는 뜻이야."라고 했다. 아이는 진심에서 하는 소리인지를 확인하기 위해 치료사의 눈을 똑바로 쳐다보았다. 그 말이 진실임을 확인한 아이의 얼굴에 감사하는 마음이 뚜렷이 나타났다.

도니의 자기표현을 촉진하기 위해서 유성점토를 도니 앞에 놓았다. 별다른 지시가 없었는데도 아이는 분홍색 점토를 굴려서 커다란 성기를 만들었다. 치료사는 아무런 해석도 해 주지 않고 아이가 자신의 미술작업을 계속하도록 했다. 그는 작업을 마쳤을 때 빈 시가상자를 발견했고 거기에 자기가 만든 조형물을 올려놓기로 했다. 그러나 갑자기 마음을 바꾸어 조각의 절반은 상자 속에 놓고 절반은 밖으로 나오도록 했다. 그는 성기를 바라보더니 "아냐, 이건 맞지 않아─너무 커요. 이걸 잘라내야겠어요."라고 말했다. 그는 상자의 뚜껑을 꽝 닫아서 그 조각을 두 동강으로 만들었다. 은유적으로 시가상자는 거세하는 입으로써 학대자를 처벌하려는 무의식적인 수단의 역할을 했다. 그는 미술작업을 모두 끝냈을 때 "이것으로 끝이야."라고 하면서 손을 닦으며 매체에서 자신을 깨끗이 하려고 애를 씀으로써 자신의 인격에 가해진 성적 공격에서 심리적으로 자신을 정화시키려 했다.

도니는 다음으로 학대자에 관한 질문을 받았다. 구두로 대답을 하는 대신 그는 차 오른쪽 흙받이에 움푹 팬 자국이 있는 빨간 자동차를 그렸다. "그 남자는 어떻게 생겼니?"라고 치료사가 물었다. 아이는 자신이 반항했음에도 불구하고 가해자가 위협적으로 아이에게 자신의 바지를 내리도록 말하고 있는 검은 머리의 남자의 모습을 그리는 것으로 대답했다 (그림 5).

그림에 있는 사람의 나이를 물었을 때 그는 자기 아버지(30세)만큼은 나이 들어 보이지 않았지만 고등학교에 다닐 정도는 되었다고 말했다(동네에 고등학교가 하나 있어서 고등학교 연령을 판단할 수 있었다). 가해자는 이십대 초반인 것 같다고 했다. 자신이 만든 작품에 자랑스러움을 느낀 도니는 자기가 '나쁜 사람의 티셔츠'에 있었던 그림을 그릴 수 있노라고 뽐냈다. 해 보라고 격려해 주자 그는 파도타기를 하는 사람을 그려 냈다

[그림 5] 가해자의 차에 난 흠집

(그림 6). 게다가 도니는 '내 친구 조니의 것과 같은' 흰색과 파란색의 조 깅신발도 그려 냈다. 이 아이가 지니고 있는 비상한 관찰력에 놀란 저자 는 법정에서 증언해야 할 경우 이 그림들이 도움이 되리라는 것을 확신 했다.

    가해자에 대한 자신의 느낌을 표현해 보라는 요구를 받았을 때 도니에 게는 별도의 지시나 격려가 필요 없었다. 그가 검정머리의 '구역질나는

[그림 6] 티셔츠의 디자인을 알아냄

[그림 7] 가해자를 지적해냄

나쁜 사람'을 그리기 시작하자, 종이 위에 그림이 쏟아져 나왔다. 도니는 그 다음 빨강색 크레용을 집어 들고 종이에 그려진 그 남자 위에 'X'표를 했다.

치료사가 뭐라 하지 않았는데도, 어린이는 계속해서, "경찰이 그자를 붙잡았으면 좋겠어요. 경찰이 그를 찾아냈으면 해요! 그자에게 앙갚음을 하기 위해서 법정에 가고 싶어요. 그자가 다른 사람에게 그처럼 구역질나는 짓을 못 하도록 해야겠어요!"라고 하면서 그는 무엇인가를 지적하는 둘째손가락을 그렸는데, 그는 다시 무의식적으로 성기를 만들어 내고 있었다(그림 7). 그는 이 손가락이 범죄자를 지적하는 자신의 손가락이라고 하면서 흥분한 어조로 덧붙이기를, "알다시피 그 남자는 구역질나는 짓들을 했고 나를 납치하기까지 했어요!"라고 했다. 그는 집을 그리면서 다소 진정이 되었는데 그는 그 집이 자기네 집이라고 설명했고, 그곳에서 겨우 몇 블록 떨어진 곳에 '그 나쁜 남자'가 자기를 데려다 놓았다고 했다.

치료사는 아버티스네 식구들의 위기중재치료에 종결이 필요하다고 보고 도니와 부모님에게 일정한 기간의 가족치료를 제안하게 되었다.

(3) 제3부-가족치료 : 가족 모두 참석

이 세션에서는 마감이라는 작업을 필요로 하고 있었다. 비록 치료사가 종결을 위한 '계획'을 제시하지는 않았지만 도니가 잘 이끌어갔다. 부모가 치료실로 들어오자 도니는 즉시 자신이 만든 미술작품을 보여 주었다. 먼저 그는 자신이 만든 거세된 성기를 표현한 조형물을 아무렇지도 않은 듯 보여 주었다. 그 다음에는 '일어났던 구역질나는 일' 에 대해서 그린 그림을 가리키며 덧붙이기를, "랜드가튼 여사(치료사)가 나쁜 남자들이 자기들한테 나쁜 짓을 하게 한 다른 아이들을 알고 있다고 했어요. 그 남자가 내게 무슨 짓을 했는지도 알고 있어요!' 라고 말했다. 그가 저자의 공감적인 지식에 대해서 자랑하는 동안 아버터스 부부는 안도의 모습을 보이면서도 그 정보가 아들이 다른 애들과 별로 다름이 없다는 걸 느끼게 해 줄지 염려하고 있는 눈치였다.

　도니가 미술작품에 관한 이야기를 끝냈을 때, 치료사는 부모에게 움푹 들어간 차의 흙받이와 가해자의 티셔츠와 조깅신발을 그린 그림들이 법정에서의 증언에 쓰일 수 있다는 것을 알려 주었다. 추행장면을 그린 그림 역시 명백하게 법정에 증거로 제출할 수 있다고 했다.

　가족이 미술치료를 마치고 떠나기 전에 치료사는 도니에게 스케치북과 크레용 상자를 주면서 그가 원하는 주제에 맞추어 그리고 싶은 만큼 그리라고 말했다. 그는 다음 치료세션에 그 그림들을 가지고 올 것이었다. 이와 같은 지시는 아이로 하여금 스스로 표현해 보도록 도와 주며 승화를 촉진하고, 신뢰하고 있는 치료사와 심리적으로 연결하는 중간대상을 창출하기 위함이었다.

　다음 가족면담 약속은 다음날 오후로 정해졌다. 아침에는 도니가 범죄자들의 사진을 살펴 보러 경찰서에 가야했기 때문이다.

2) 제2회 치료세션-개인치료 : 도니

　사흘 후 도니가 두 번째 미술치료 상담을 받기 위해 왔을 때, 그는 경찰서에 가서 그 '나쁜 사람' 의 사진을 찾아냈다고 보고했다. 그는 사진들을 훑어보기 전에 경찰에게 자신이 가해자를 아주 똑똑하게 기억하고 있다고 말했고 그와 그의 자동차를 그리기조차 했다고 전했다.

　도니는 탁자 위에 있는 재료들을 살펴 보다가 소상용 점토를 집어 들었다. 우연하게 선택한 듯한 단단한 점토가 그의 분노를 표출시키도록 도와 준다는 점에서 이는 적절한 선택이었다.

　도니는 그 점토를 꽉 움켜쥐거나 세게 내리치고, 잡아당기고, 마구 두드려대면서 스스로에게 카타르시스적인 체험을 제공하고 있었다. 매체가 형태를 빚어낼 수 있을 만큼 충분히 부드러워지자 그는 장난감 돼지 소품에다 붙일 성기를 다시 만들었다. 그는 돼지를 뒷다리로 세워 놓고는 툭 튀어나온 성기를 돼지의 배 가운데에 붙였다. 그리고는 "그래, 이건 주둥이를 가진 돼지예요."라고 말했다(그림 8). 그리고 나서 이 작은 소년은 사무실을 둘러보더니 조그마한 장난감 병정들을 찾아냈다. 그는 그 뒤에다 탄환을 장착한 병정들을 배치시킨 요새화된 참호를 만드는 일에 매우 열중하게 되었다. 도니는 병정들을 엎드리게 하고 (무의식적으로 그들의 남성기관을 보호하면서) 돼지와 일방적인 전투를 벌이게 했다.

　곧추선 성기를 가진 동물에게 병정들이 탄환을 발사하는 동안 도니는 계속해서 다음과 같이 말하고 있었다. "너를 쏠 거야. 이 돼지, 이 추악한 돼지, 주둥이가 커다란 너를 쏠 거야. 꽉꽉, 쉭쉭. 이제 내가 너를 몇 번이고 죽일 작정이야(그림 9)." 이 대사를 거의 반 시간이나 되풀이하고

[그림 8] 은유로서의 돼지

[그림 9] 침입자를 죽임

나서야 '착한 병정들과 커다란 주둥이를 가진 추악한 돼지'에 관한 놀이를 충분히 한 것처럼 보였다. 도니가 치료사를 향하여 "이것으로 됐어요. 이제는 무엇을 할까요?"라고 말했다.

　도니는 종이와 사인펜을 받고 그리고 싶은 것을 그리라는 지시를 받았다. 그럼에도 불구하고 그는 저자가 어떤 아이디어를 주었으면 한다고 말했는데, 치료사는 그가 자신의 파괴적 환상들을 표현하고 난 후에 그것을 구조화하고 싶어한다는 것을 알게 되었다. 그래서 치료사는 만화책 모양의 칸을 만들어서 도니에게 그날 아침 경찰서에서 있었던 체험을 연속적인 그림으로 그려 보라고 했다.

　그림은 먼저 '마음씨 좋은 경찰'이 그에게 캔디를 주는 것을 보여 주었다. 한 경찰이 그에게 '사진 한 무더기'를 보여 주는 동안 그의 부모는 가까이 앉아 있었다. 다음 장면은 가해자를 식별해 내고 있는 자신을 그리고 있었다. 마지막 그림은 그 경찰이 도니에게 말하는 것을 그렸는데, 경찰은 "너는 아주 똑똑하고 착한 꼬마로구나. 어머니와 아버지가 매우 자랑스러우시겠다. 네가 이런 끔찍한 일을 당해서 무척 안됐구나." 라고 했다. 도니는 계속해서 "그 다음에는 아버지가 햄버거와 감자튀김 을 사주시기 위해 우리를 데리고 나가셨고 이리로 왔어요."라고 말했다. 아침에 있었던 일을 그린 것에 만족해 하면서 아이는 전날 저녁에 자기 가 그린 그림들을 치료사에게 보여 주고 싶어 했다. 스케치북에는 16개 의 그림이 있었는데 내용이 모두 비슷한 것들이었다. 대부분이 이런저런 방식으로 가해자를 물리적으로 처벌하는 도니의 모습들이 그려진 것이 었다. 상당수의 장면들은 사건의 기억을 파괴하거나 지워 없애려는 시도 로, "가위표" 치거나 글씨를 휘갈겨 씀으로써 마감되고 있었다.

❖ 며칠 후

아버터스 부인은 경찰이 가해자를 잡았다고 전화로 알려 왔다. 흙받이 가 푹 패인 빨간 자동차, 파도타는 사람의 티셔츠와 조깅신발을 그린 도 니의 그림들 때문에 도니가 재판과정에서 하게 될 증언은 특히 존중될 것이라고 경찰이 부인에게 알려 주었다고 했다. 경찰이 이런 물건들을 범인의 집에서 찾아냈기 때문이었다. 조만간 도니는 법정에 출두하라는 요청을 받을 것이었다.

3) 제3회 치료세션-가족치료 : 가족 모두 참석

법정에서 증언을 해야 하는 어린이들에게 일어나는 부정적 영향을 알 고 있는 치료사는 가족치료를 통해 일주일 후에 있을 법정증언에 익숙해 지도록 가족들을 돕기로 결정했다. 치료사가 직접 책상 뒤에 앉아 있는 판사와 증언석에 있는 도니와 기타 등등을 그리면서 아버터스 부부도 함 께 참여하도록 초대했다. 도니는 그림에 색칠을 하는 것으로 참여했다. 식구들이 법정증언을 위한 집단화를 함께 하게 되자 치료사는 관찰자의 역할로 되돌아갔다(그림 10).

치료사는 아버터스 부부에게 아들이 앞으로 겪을 체험에 따를 수 있

[그림 10] 법정환경

는 정신적 충격을 덜어주기 위하여 미리 법원구경을 시켜줄 것을 종용
했다.

4) 제4회 치료세션-가족치료 : 가족 모두 참석

한 달 후 도니와 그의 부모가 치료를 받으러 왔을 때, 그들은 치료사가
아이에게 주었던 스케치북과 아버터스 부인이 구입했던 스케치북을 함
께 가지고 왔다. 많은 그림들이 법정증언 전후에 아이가 가진 느낌을 나
타내고 있었다.

가장 최근의 그림은 한 어린 소년이 마당에서 놀고 있는 모습, 자전거
를 타고 있는 모습, 텔레비전을 보고 있는 모습을 그린 것이었다. 이런 그
림들은 도니에게 어울리는 행동으로, 긍정적인 예후를 암시하고 있었다.

부모의 사려 깊은 도움으로 도니는 미술을 통하여 자신의 분노의 감정
을 표현할 수 있었고, 결과적으로 우호적인 자기이미지를 유지하고 충격

적인 상황을 성공적으로 헤쳐 나갈 수 있었다.

위기중재치료의 종결을 위해 치료사는 가족에게 고통 중의 가족, 현재의 가족, 그리고 미래의 가족의 모습을 보여 주는 일련의 콜라주를 만들어 보도록 지시했다. 과제를 시작하기 전에 부모는 어떤 잡지사진을 선택할 것인지 잠시 의논했다. 그들은 분노, 불안 혹은 자신들의 과거의 감정을 표현해 주는 사람들이나 대상들을 찾아 내기로 했다.

현재의 가족그림은 '정상적인 삶'을 영위하는 모습을 원했고, 미래의 가족그림은 긍지와 행복을 나타내는 사진으로 찾고 싶어했다.

아버터스 가족은 콜라주를 즐겼다. 그들의 선택은 학대의 사실을 직면했을 때 느낀 그들의 감정을 잘 보여 주고 있었다. 떨리는 손의 그림은 도니에 대한 그들의 염려와 불안을 나타내고 있었다(그림 11). 그들의 현재의 그림은 '정상적인 삶'이라고 제목이 붙여졌는데, 디즈니랜드에 놀러 간 식구들의 모습, 낚시질 간 모습, 공놀이를 하고 칠면조 요리로 저녁식사를 하는 모습 등을 보여 주고 있었다. 미래의 가족그림은 조지 워

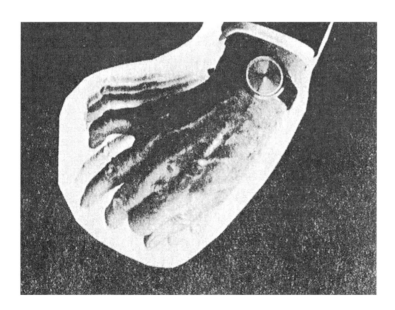

[그림 11] 과거 : 걱정과 불안

싱턴과 자유의 여신상이었다. 워싱턴은 도니가 법정에서 진실을 말하고 증언하는 용기를 나타냈다. 그리고 '자유의 여신상'은 정의를 나타내며 또한 과거의 사건으로부터 자유로워진 그들의 감정과 그들의 삶을 계속 할 '각오'를 나타내는 것이라고 말했다(그림 12).

[그림 12] 진리, 정의, 그리고 자유로워짐

5) 후속치료 : 6개월, 1년, 그리고 3년 후

6개월 후에 아버터스 부인이 치료사에게 도니를 위한 후속 미술치료 상담을 해달라고 요청해 왔다. 비록 아이가 잘 지내고 있지만 부모들은 미술치료적 평가가 가치 있고 안심을 시켜 준다고 믿고 있었다. 치료사 는 도니와 그의 미술작품을 평가해 보고 자신이 당한 학대와 관련된 공 포와 죄의식으로부터 소년이 벗어나고 있음을 발견했다. 자신의 성과 남 성에 대한 반응에서 심리적인 왜곡이 나타나지 않았기 때문에 치료를 더 받아야 할 필요가 없음이 드러났다.

일 년 후와 삼 년 후의 후속상담은 치료사 쪽이 전화를 걸어서 전화상 담으로 이루어졌다. 아버터스 부인의 말에 의하면 도니는 염려할 필요 없이 정상적인 발전속도로 자라고 있었다.

3. 요 약

학대받은 여덟 살의 소년에 대한 위기중재 목적의 미술치료 사례가 소 개되었다. 장시간에 걸친 첫 치료세션은 3부로 나뉘어졌다. 제1부는 부 모들에게 사건을 상세하게 이야기하는 것으로 진행됐고, 제2부는 도니와 의 개인면담으로 진행됐는데 여기서 도니는 자신의 체험을 그림으로 그 려 냈다. 자기표현과 분노를 밖으로 표출하기 위해서 소상용 점토의 사 용이 뒤따랐다. 아이는 또한 가해자를 식별해 내는 데 실마리를 제공해 준 여러 작품들을 만들어냈다. 제3부에는 모두가 참여했다. 도니가 자신 의 작품을 부모에게 이야기했을 때 가족이 그 작품들을 법정에서 증거로 서 제출할 수 있다는 것을 알게 되었다. 아동은 치료사와 공유하는 심리 적인 영역인 중간대상으로서 미술재료들을 집으로 가지고 가서 자기표 현을 계속하도록 격려되었다.

두 번째 면담에서 도니는 가해자를 상징적으로 거세하기 위해 계속해서 미술재료를 사용했고, 경찰서에서 있었던 일을 표현하는 일련의 연속적인 그림을 그리도록 미술치료를 구성했다. 다음 가족미술치료에서 그들은 도니와 그의 부모들이 법정에서의 정신적 충격에 대비한 준비를 하게 했다. 그들은 아이가 증언하는 동안 겪게 될 불안을 감소시키기 위하여 미리 그림들을 통해 법정환경에 적응하도록 했다.

위기중재치료에 종결을 가져 오기 위해 마지막 가족치료세션 동안 미술을 통하여 가족들의 시련 극복 과정을 평가했고 종결이 검토되었다.

 추천도서

Adams-Tucker, C. Proximate effects of sexual abuse in childhood: A report on 28 children. *American Journal of Psychiatry, 139,* 1252-1256, 1982.

Bender, L., & Grugett, A. E. A follow-up report on children who had an atypical sexual experience. *American Journal of Orthopsychiatry, 22,* 825-37, 1952.

Berliner, L., & Stevens, D. Harborview social workers advocate special techniques for child witness. *Response, 1*(2), December 1976.

Burgess, A. W., McCausland, M. P., & Wolbert, W. A. Children's drawings as indicators of sexual trauma. *Perspectives in Psychiatric Care, 19,* 50-58, 1981.

Burgess, A. W., Groth, A. N., Holmstrom, L., & *Sexual assault of children and adolescents.* Lexington, MA: D.C. Heath and Co., 1978.

Caplan, G. *Principles of Preventative Psychiatry.* New York: Basic Books, 1964.

DeFrancis, V. *Protecting the Child Victim of Sex Crimes.* Denver: The American Humane Association, Children's Division, 1966.

Ellerstein, N. S., & J. W. Canavan. Sexual abuse of boys. *American Journal of the Disadvantaged Child, 134,* 255-57, 1980.

Finkelhor, D. *Sexually Victimized Children.* New York; Free Press, 1979.

Kelley, S. J. The use of art therapy with sexually abused children. *Journal of Psychosocial Nursing and Mental Health Services, 22*(12), 12-18, 1984.

Koppitz, E. M. *Psychological Evaluation of Chlidren's Human Figure Drawings.* New York: Grune & Stratton, 1968.

Landis, J. Experiences of 500 Children with adult sexual deviances. *Psychiatric Quarterly Supplement, 30,* 91-109, 1956.

Peters, J. J. Children who were victims of sexual assault and the psychology of offenders. *American Journal of Psychotherapy, 30,* 398-421, 1976.

Shultz, L. G. *The Sexula Victimology of Youth.* Springfield: Charles C Thomas, 1979.

Schwartz, B., Horowitz, J. M., & Sauzier, M. Severity of emotional distress among sexually abused preschool, school-age and adolescent children. *Hospital and Community Psychiatry, 36*(5), May 1985.

Stember, C. J. Art therapy: A new use in diagnosis and treatment of sexually abused children. Sexual Abuse of Children, *Selected Readings.* Washington: Government Printing Office, 1980, pp. 59-63.

Tilelli, J. A., Turek, D., & Jaffe, A. C. Sexual abuse of children: Clinical findings and implications for management. *New England Journal of Medicine, 302, 319,* 1980.

Weakland, J. H., Fisch, R., Watzlawick, P., & Bodin, A. Brief Therapy: Focused problem resolution. *Family Process, 13*(2), 148-168, 1974.

제4장 이혼을 앞둔 가족

1. 들어가는 글

1985년 7월 15일자 뉴스위크지는 두 아이와 야구를 하고 있는 한 여성의 사진과 함께 '한 부모'는 기사를 대서특필한 바 있다. 기사내용은 "1990년에는 모든 미국 가정의 절반은 아마도 한부모가정이 될 것이다."라는 설명과 함께 "1984년 인구통계국의 자료에 의하면 미국에서 18세 이하의 자녀와 사는 가정의 25.7%가 한부모가정이라는 것이 나타났고… 1980년대에 태어난 아이들의 과반수가 한 부모와 함께 그들의 어린 시절을 보내게 될 것이다."라고 시사했다.

이와 같은 사회적 분위기 때문에 1985년 봄에 33개 주에서는 공동육아를 제도화하기에 이르렀다. 최근에 두 가정을 가진 많은 아동들의 경우에는 어머니와 아버지가 육아와 모든 의사결정을 공동으로 하는 것이 유익하다는 사실이 발견되었다. 이런 가정 속에 생활하는 자녀들은 그들 부모가 동등한 권리를 가진 것으로 인식하기 때문에 더 안정감을 느끼는 경향이 있다고 보고 있는 것이다.

치료에 있어서 예방이 최선의 선택이지만 이혼의 경우에 이는 거의 적용되지 않는다고 볼 수 있다. 불행하게도 가족치료사들은 육아문제가 해결되지 않아 부부가 서로에 대한 감정이 악화되어 재판을 하게 된 경우의 내담자와 접촉하게 되는 것이 보통이다. 가족의 이러한 상황은 아이들에게 죄책감과 고통을 가져다 준다. 따라서 가능한 한 빨리 부부가 별거하도록 하는 것이 가족을 위해서 유익한 일이다.

타협이 이혼 전에 이루어지든 이혼 후에 이루어지든 간에 치료사는 아이의 후견인 역할을 하면서 아이들의 복지에 도움이 되는 조치를 추천해야만 한다. 가족치료가 계속되는 동안 공동육아계획도 함께 다루는 것이 이상적이다.

이혼하려는 가족을 위한 미술치료는 두 가족체계의 현실적인 면과 감정적인 면 모두를 다루는 것에 중점을 두어야 하는 동시에 자녀들에게 새로운 생활방식에 적응하도록 돕는 것을 포함해야 한다.

2. 사례소개

이 장에서는 부모들이 이혼하려고 하는 상황에 놓여 있는 가족에게 어떻게 미술심리치료가 도움을 줄 수 있는지를 보여 주고 있다. 1주일을 기준으로 시행된 가족치료세션은 ① 가족 모두, ② 부모 중 한 명과 자녀, ③ 부모의 부부치료 등의 다양한 형태로 이루어졌으며 치료에 소요된 기간은 3개월이었다.

❖ 치료에 의뢰된 경위

6살인 펫시 맥셀라는 여러 달 동안 악몽에 시달려 왔다. 펫시는 자면서 흐느껴 울거나 소리 지르면서 어머니에게 '도움'을 청하다가 한밤중에 잠을 깨곤 했다. 최근 몇 주간 펫시의 악몽은 더 심해졌고 식욕도 줄어들었다. 부모의 별거에 따른 분리불안은 등교를 거부하는 형태로 나타낳고, 아이는 항상 불안해 했다. 맥셀라 부인은 이러한 딸의 문제로 치료사에게 전화를 하게 되었다. 그녀는 9살짜리 아들, 데런에 대한 언급은 하지 않았지만 아들의 반항적인 행동과 여동생을 못살게 구는 것에 대하여 힘들어 하고 있었다.

1) 제1회 치료세션-개별치료 : 어머니

첫 번째 만남에서 어머니는 외로워하는 모습으로 가족에 대하여 다음과 같이 진술했다. 그들 부부는 15년 전에 결혼했고 그들의 서로 다른 가치관, 생활양식 때문에 별거했다. 부부는 서로에게 우호적인 '친구'가 되려고 노력했지만, 금전적이고 법적인 문제가 그들을 자극하면서 강한 증오심으로 관계가 악화되어 갔다고 했다.

그러한 가운데 아이들의 양육문제가 중요한 쟁점으로 대두되었다. 어머니의 진술로 미루어 볼 때, 그들은 유리한 부모의 지위를 얻고 싶어서 아이들의 관심을 끌려고 경쟁하는 것 같았다.

양쪽 부모 모두 자녀들과 충분한 시간을 가질 것을 요구하고 있었고 데런과 펫시의 시간을 융통성 있게 나누는 것을 요구했다. 최근에는 아버지가 일주일에 두세 번 저녁식사를 함께 하기 위해 아이들을 데리고 나갔고 아침부터 밤까지 그의 아파트에서 아이들과 함께 지냈다. 부부가 아이들에게 잘하려는 노력에도 불구하고 아이들은 두 부모 사이에서 한 부모와 함께 있었던 일들에 대해 다른 부모에게 자주 보고를 해야 하는 부담을 가지고 있었다.

데런과 펫시의 신체적 · 정신적 발달은 대체로 정상이었고, 명랑한 아이들로서 공립학교 체계의 교육과정에 잘 적응했으며 미술을 포함한 많은 것에 관심을 가지고 있었다.

가족은 지난해 두 가지의 충격적인 사건을 겪었다. 하나는 외할아버지의 죽음이었고, 다른 하나는 아이들의 삶에서 중요한 인물이었던 가정부가 떠나간 것이었다.

어머니는 데런과 펫시가 자신이 남편과 격렬하게 다투는 것을 목격했다고 말했다. 대부분은 언어적인 것이었으나 어머니가 접시들을 깨고, 문을 꽝 닫고, 아버지의 옷가지들을 집 밖으로 내던지는 것도 몇 차례 보았다고 했다. 아버지는 문을 주먹으로 치거나 어머니 차의 모터를 분리시켜서 차를 못 쓰게 만드는 것으로 보복했다.

또한 아이들은 부모가 전화로 싸우는 것을 엿듣게 되었고 그들은 대화가 끝나기 전에 화가 나서 전화를 끊어 버리는 일이 자주 있었다고 했다.

부부가 자제심을 발휘하는 유일한 주제는 자녀에 관한 것이었다. 그들은 진실로 자녀를 위해 '최선'을 다하고 싶어했다. 이야기를 끝냈을 때 치료사는 어머니에게 가족미술치료는 가족평가에 중요한 부분이라고 말하면서 아이들의 아버지가 이혼이라는 기정사실에도 불구하고 가족치료에 응할 것인지를 물었다. 부부는 둘 다 자녀의 복지에 대단한 관심을 가지고 있었기 때문에 미술치료를 하겠다고 동의했다.

2) 제2회 치료세션-가족치료 : 가족 모두 참석

(1) 묵언상태에서의 팀 작업

미술치료의 구성과 목적을 설명한 후에 가족을 두 팀으로 나누어 보라고 했다. 데런이 제일 먼저 그의 아버지를 파트너로 선택하자 남겨진 펫시와 어머니가 자동적으로 한 팀이 되면서 그들은 만족해 했다.

묵언상태에서의 팀 작업 실행규칙은

① 두 사람이 한 장의 종이를 사용한다.
② 각자 한 가지 색깔의 화구만 사용할 수 있다.
③ 언어적 또는 비언어적인 의사소통을 하지 않는다.

남성팀인 데런과 아버지는 협동적으로 작업했다. 그들은 교대로 고속도로에서 달리는 차를 그렸다(그림 13). 여성팀의 경우, 어머니의 시선이 펫시로 하여금 먼저 시작하기를 독려하자 유령을 그리기 시작했는데 어

[그림 13] 여성팀 : 협조적

머니가 그것을 사람의 모습으로 바꾸었다. 그 다음 아이가 원을 그렸고 어머니가 그 속에 사람얼굴을 그려 넣었다(그림 14).

각 팀에게 작품의 제목을 붙이라고 했을 때 아버지와 데런은 제각기 제안한 것을 종합하여 '승리자의 질주'라는 제목을 붙였다. 반대로 여성

[그림 14] 여성팀 : 현실적으로 변함

팀에서는 어머니가 '소녀들' 이라고 이름붙일 것을 주장했고, 아이는 '유령' 을 고집했기 때문에 제목선정이 어려웠다. 결국 각자의 제목을 붙이기로 결정했다. 펫시는 그녀의 원래 제목인 '유령' 을 사용하게 된 것에 대해 만족해 했다. 그러나 어머니는 그녀의 딸과 우호적인 관계를 맺으려는 명백한 시도로 '그리고 소녀들' 이라고 덧붙였다.

❖ 가족의 역동성

가족은 재빨리 아버지를 선택한 데런에 의하여 어떤 논의도 없이 여성팀과 남성팀으로 나누어졌다.

남성팀은 협력해서 작업했다. 각자는 공통된 주제 속에서 자신만의 이미지를 만들었다. 그들은 함께 하는 작업을 즐거워했고 결과에도 만족했다. 제목은 각자의 제안을 수용한 것이다.

그러나 여성팀의 작업방식은 달랐다. 어머니는 딸이 먼저 시작하도록 했다. 펫시는 상상적인 이미지를 그렸고 어머니는 그것을 실제적인 이미지로 바꿨다. 펫시가 두 번째 시도로 그린 원에 어머니가 사람얼굴을 그려 넣음으로써 아이의 공간을 침범했다. 그리고 그들은 제목을 선택하는 동안 상대방의 제안에 불만을 나타냈다.

펫시는 둘 중에 하나씩을 선택하여 제목을 붙이자고 했지만 어머니는 두 사람이 함께 하나의 제목을 붙일 것을 주장했다. 어머니가 딸의 제안을 받아들이기로 하면서 문제는 해결되었다. 펫시는 '유령' 이라는 제목을 붙일 수 있었고, 딸의 메시지를 이해한 어머니는 '그리고 소녀들' 이라는 제목을 덧붙임으로써 딸과 우호적인 관계를 가지려고 했다.

각 부모와 자녀들의 상호작용을 관찰하기 위해 치료사는 어머니-아들, 아버지-딸이 한 팀이 되게 하고 다시 비언어적인 미술작업을 하게 했다.

(2) 묵언상태에서의 팀 작업 : 어머니-아들

두 사람은 동시에 한 장의 종이 위에 각자의 그림을 그려 가기 시작했

다. 데런의 그림은 근육들을 구부리며 자신의 힘을 과시하는 소년을 그
렸고, 어머니는 추상적인 디자인을 했다. 그녀가 아들이 그린 소년의 셔
츠에 색깔을 칠하려고 하자 아들은 어머니를 밀어내고 어머니의 그림에
색칠을 했다. 순간 어머니가 아들이 사용하고 있던 사인펜을 빼앗으려
했으나 데런이 빼앗기지 않으려 하자 그녀는 좌절한 나머지 화를 냈고,
함께 그림 그리는 것을 포기하기로 했다. 데런은 멋쩍은 웃음을 띤 얼굴
로 계속해서 어머니가 그렸던 그림 쪽에 색칠을 했다. 제목을 붙여야 했
을 때 화가 난 어머니는 뒤로 빠지면서 참여하지 않았고, 데런은 마치
승리자인 양 '이 세상에서 가장 힘이 센 소년'이라고 그림의 제목을 붙
였다(그림 15).

(3) 묵언상태에서의 팀 작업 : 아버지, 딸

아버지는 그의 딸을 쳐다보았고, 딸이 먼저 시작하는 것을 허락했다.
딸이 집 하나를 그렸다. 아버지는 굴뚝, 문, 산책로, 나무들을 추가했다.
펫시는 2층 창문에 커튼을 그렸고 행복한 듯 집의 세밀한 부분들을 채워

[그림 15] 이 세상에서 가장 힘이 센 소년(어머니-아들이 함께 그린 그림)

[그림 16] 어느 가족의 집(아버지-딸이 함께 그린 그림)

가기 시작했다. 아버지와 펫시는 '어느 가족의 집(그림 16)' 이라는 제목에 합의한 것에 대해 기뻐했다.

❖ 역동성

어머니와 아들이 함께한 팀의 권력경쟁은 처음부터 분명하게 나타났다. 데런이 표현한 신체적인 강인함은 그의 심리적 힘을 의미하는 것이다. 비언어적으로 그의 분노를 표출했고, 어머니의 그림에 색칠하는 것으로 권력을 획득하게 되면서 그녀와 맞섰다. 어머니는 자신의 권위가 방해받게 되자 아들과 함께 작업하던 것을 그만두었다.

아버지와 딸의 팀은 딸이 먼저 시작함으로써 시작되었다. 이들이 확실히 좋은 시간을 가지면서 작업하여 만든 작품, '어느 가족의 집' 은 그들 가족이 다시 합치기를 바라는 것을 나타냈다.

두 자녀 모두 그들 아버지에게는 친근하고, 호의적인 반응을 보였으나 어머니와는 다소 힘든 관계인 듯했다. 펫시와 데런은 어머니를 침입자로써 경험했던 것으로 나타났다. 펫시의 경우, 어머니가 자신을 변화시키려 했던 권위적인 태도에 대해 원망스러워하는 것에 반하여 데런의 어머니에 대한 반응은 적대적인 것이었다.

❖ 가족들의 논평

참가자의 관찰에 대한 논의는 치료사에 의해 시작되었다. 데런이 제일 먼저 "아버지와 나는 좋은 팀이었어요. 우리는 멋진 그림을 함께 그렸어요."라고 말했다. 치료사는 데런에게 어머니와 함께 그렸던 소감에 대해서 물었다. 머뭇거림 없이 그는 "이 근육이 보이죠? 나는 어머니보다 더 강해요. 어머니는 물러난 거예요."라고 대답했다.

다음은 어머니 차례였다. 그녀는 "나는 침범받기 싫어서 철수했어요."라고 말하면서 데런의 주장을 인정했다. 치료사는 데런에게 "네 그림에 색칠하려 했던 어머니의 의도가 무엇이라고 생각하니?"라고 물었고 그는 재빨리 "저는 어머니가 제 그림을 망치려고 했던 것을 알아요."라고 힘주어 대답했다. 어머니는 화내지 않는 평온한 어조로 데런에게 "네 그림을 더 보기 좋게 하려고 했던 것이야."라고 말했다.

비록 어머니가 아들을 억압하기 위해 한 말은 아닌 듯 했지만 데런은 그 말을 일종의 억압으로 받아들인 듯 입을 삐죽 내밀고 방을 나가려고 일어섰다. 아버지가 일어서는 데런의 어깨에 손을 얹으며 치료사에게 "미안해요. 아내는 데런이 즐겁지 않았나 봅니다. 그는 나와 함께 재미있게 작업했어요. 보다 정확하게 말한다면 아이들과 함께 그림을 그리는 것이 즐겁다는 것과 그들이 매우 재능이 있다는 것을 알았어요."라고 말했다.

열심히 듣고만 있었던 펫시는 아버지의 말에 동의하면서 덧붙여서 "그리는 것은 재미있었어요. 나는 우리가족 모두 함께 한 장의 그림을 그렸으면 좋겠어요."라고 말하면서 "우리가 그림을 함께 그릴 수 있을까요? 부디 할 수 있게 해 주세요."라고 간청했다. 치료사는 어머니와 아버지가 이혼하려고 하는 시기에 가족이 함께 그리는 것에 치료적인 가치가 없다고 보았으나, 펫시는 "아마 우리가족은 다시 한 가족이 될 거예요."라고 간절하게 말했다.

딸의 그와 같은 말은 어머니를 당황하게 했다. 그녀는 강한 어조로 "아니야, 펫시. 아빠와 나는 다시 함께 살려고 하는 게 아니야. 랜드가튼 선생님이 아빠와 내가 이혼하려고 하는 동안 우리 모두를 도와 주시려는 거야."라고 말했다. 현실에 직면한다는 것이 부담스러운 듯 펫시는 아버지의 무릎 위에 머리를 파묻었다. 아버지도 별거에 대해서 잊고 싶은 듯 어머니로부터 시선을 돌렸다. 슬픈 일이지만 어머니는 이혼하려고 결심했다.

맥셀라 부부의 가족은 통합된 가족이 아니기 때문에 전 가족이 비언어적·언어적 절차의 가족화를 함께 그리는 것은 부적절하다고 판단하여 실시하지 않았다.

다음 치료세션은 아이가 1개월 동안 캠프에 가기 때문에 5주 후에 하기로 했다.

❖ 어머니가 전화로 보고한 그동안의 가족상황

부부는 상대방이 재산에 대하여 속이고 있다고 믿고 있었기 때문에 서로에게 몹시 화를 냈고 일상적으로 언어적인 학대가 발생하게 되었다. 아이들이 캠프에서 돌아왔을 때 그들은 부모가 싸우는 것을 들었고 그 후에도 싸우는 장면을 자주 목격했다고 했다.

3) 제3회 치료세션-가족치료 : 가족 모두 참석

치료의 목적을 분명히 하기 위해, 개별적인 가족 구성원들에게 다음의 세 가지 주제를 제시하고 콜라주, 크레용, 점토 중 한 가지 매체를 선택하여 표현해 보도록 했다.

① 미술치료를 통해 얻고 싶은 것은 무엇인가.

② 미술치료를 통해 어떤 일이 일어날 것이라고 예상하는가.

③ 당신이 믿고 있는 치료결과는 무엇인가.

　데런은 어머니와 아버지가 미소를 지으면서 서로의 손을 잡고 있는 것을 재빠르게 그림으로써 치료의 목적에 대해 명백하게 알고 있는 듯 했다. 펫시의 그림 또한 그녀의 부모를 오빠와 그녀 자신을 포용하는 행복한 부부로 표현함으로써 오빠와 자신의 희망을 잘 나타냈다.

　이와 같은 아이들의 일치된 반응은 '치료를 통하여 얻고 싶은 것'과 '무엇이 일어날 것인지 예상하는 것'이라는 두 질문의 대답이 되었다. 그러나 세 번째 질문, 치료의 결과에 대한 그들의 생각은 달랐다. 펫시는 다시 가족들이 함께 있는 것을 그렸고, 거기에 몇 달 전에 사라진 그녀의 고양이를 포함시켰다(그림 17). 반면 데런은 그들의 집 한쪽에 있는 출입구에 서 있는 어머니와 그 반대편에 혼자 서 있는 아버지를 그리고 그림의 중앙에 수직선을 그렸다(그림 18).

　아이들의 그림은 예리하면서도 함축적인 의미를 가지고 있었다. 아버

[그림 17] 가족이 함께 살기를 원함

[그림 18] 이혼을 받아들임

지는 슬픈 눈으로 조용히 그림을 바라보고 있었던 반면 어머니는 펫시에게 "너는 이해해야만 해! 아빠와 나는 이혼하려고 해. 우리는 결코 다시 함께 살 수 없어."라고 자신의 생각이 확고함을 표현했다. 비록 그 부인의 목소리는 친절했지만 그 아이는 마치 어머니가 자신을 때린 것처럼 반응하면서 아버지 등 뒤에 숨으려고 방을 가로질러 뛰어갔다. 아버지는 펫시를 안정시키려고 애쓰면서도 "어머니의 말이 맞단다. 어머니는 너에게 화가 난 것이 아니고 실제로 일어나고 있는 것을 네가 믿게 하려고 애쓰고 있는 것이란다."라고 말했다. 데런은 동생에게 "펫시는 항상 알면서도 모르는 척 해."라며 부정적인 반응을 보였다.

데런이 펫시를 공격하는 것에 대하여 아버지는 "아니야, 펫시는 그런 아이가 아니야. 동생을 그렇게 괴롭히지 마라."라고 딸을 두둔했다.

별거문제를 언급하기 위해, 치료사는 펫시에게 왜 고양이를 가족그림에 포함시켰는지에 대해 말해 보라고 했다. 아이는 그 그림을 '모든 사람이 다시 함께 살게 될 집'에서 애완동물을 갖고 싶은 자신의 소망을 표현한 것이라고 설명했다. 고양이에 대하여 다룰 충분한 시간이 없음을 깨달은 치료사는 이를 다음 세션에서 다룰 것이라고 말했다. 이혼과 별거문제에 처해 있는 가족에게 고양이가 가지는 의미는 상실된 가족을 나타내는 대상으로 특히 중요하다고 보았기 때문이었다.

다시 미술작업으로 되돌아가서 아버지의 그림이 검토되었다. 그는 점토를 가지고 세 번이나 평화의 상징을 만들었다. 아버지는 치료에서 기대하는 것, 일어나리라고 예상하는 것, 그리고 거기에 예상되는 결과는 '관련된 모든 사람과의 평화로운 해결' 이라고 믿고 있다고 말했다. 그는 이혼으로 인해 전 가족이 겪어야만 했던 고통을 알게 되었다고 덧붙여 말했다.

부인은 남편의 말에 공감하면서 자원하여 외과의사를 오려 붙인 그녀의 콜라주를 설명했다. 그녀는 "가족을 이혼이라는 정신적인 충격으로부터 도와 줄 치료사를 원했다는 것을 의미하며 또한 아이들이 공포에 휩싸여 상처를 받는 것을 원하지 않는다는 것을 의미한다(그림 19)."라고 말했다. 부인은 가족이 어려운 시간들을 통해 모두 잘 해 나갈 것이며 미래에 보다 많은 개인적인 성숙을 경험할 것으로 믿는다고 말했다. 그녀는 치료사가 실행 가능한 협정을 해 주리라고 확신하고 있음을 나타내는 미술치료실의 정경을 그렸다(그림 20).

[그림 19] 이혼의 외상을 돕기 위하여

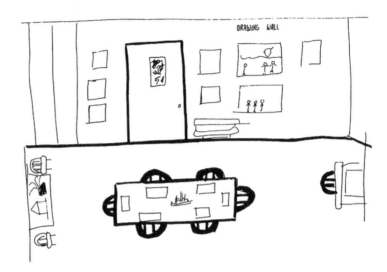

[그림 20] 치료사가 중재하게 될 것

치료세션을 마무리할 때 치료사는 지금하고 있는 치료의 중요성을 언급하면서 다음과 같은 치료목표를 설정했다.

① 부모들이 분노와 고통이 적은 가운데 별거하도록 돕는 것
② 아이들이 이혼하는 이유를 이해하도록 돕는 것
③ 부모의 불화에 데런과 펫시가 영향을 받지 않도록 돕는 것
④ 합리적인 공동육아를 위해 변호사에게 제출할 추천장을 만드는 것
⑤ 한 가정이 두 가정으로 변화함으로써 야기되는 새로운 상황에 아이들이 적응하도록 돕는 것

치료사가 목표에 대한 설명을 마쳤을 때 데런은 불쾌한 표정을 나타냈고, 펫시는 슬픈 표정을 지었다. 그러나 부모는 모두 만족한 표정이었다.

4) 제4회 치료세션-가족치료 : 가족 모두 참석

가족은 치료실에 들어와서 탁자 한 끝에 어머니가 앉고 맞은 편에 아

버지와 아이들이 앉았다. 아버지-데런-펫시 동맹의 역동성을 이해하기 위해 가족에게 도화지를 주고 가정에서 일어나고 있는 것을 그리도록 지시했다.

데런이 제일 먼저 가슴과 엉덩이가 풍만한 뚱뚱한 어머니를 그렸다. 그는 특히 어머니의 입을 크게 그렸는데 그것은 계속 잔소리하는 것을 나타내는 것이었다(그림 21). 비록 그는 아버지를 그리지는 않았지만 "아빠는 절대 엄마처럼 이것 해라, 저것 해라 하지 않아요."라고 덧붙여 말했다. 이러한 데런의 언어적 표현은 치료에 매우 중요한 것이었다. 그러면서도 그가 어머니를 그린 방식이나 언어적인 표현방식은 그의 오이디푸스 콤플렉스적 갈등을 보여 주는 듯 했다.

펫시는 점토로 만든 햄버거를 조심스럽게 보여 주면서 "아빠가 일요일에 우리에게 사 주신 햄버거와 우리가 늦게 집에 왔을 때 엄마가 몹시 화를 냈던 것을 의미한다."고 말했다(그림 22).

[그림 21] 어머니의 잔소리

[그림 22] 아버지가 잘해 줌

　어머니는 미술작업에 대해 자원하여 이야기했다. 그녀는 아이들을 상
징하는 몇 개의 삼각형에서 나오는 화살들이 자신을 나타내는 타원형을
가리키는 그림을 그렸고 '월요일'이라고 묘사했는데, 그것은 주말 동안
아이들이 아버지와 늦게까지 시간을 보내다가 돌아온 월요일을 나타낸
다고 설명했다(그림 23). 어머니는 토요일과 일요일에 '유쾌한 역할'을
하는 아이들의 아버지와는 대조적으로 자신은 훈육적이고 일상적인 역
할을 수행해야만 하는 것에 대한 분노를 토로했다.

　권투연습용 자루를 오렸던 아버지는 "이것은 불필요하게 화내는 아내
를 나타낸다."라고 말했다. 그는 계속하여 "영화가 늦게 끝나서 7시까지
아이들을 집으로 돌려보내는 것이 불가능했어요. 그게 그토록 화를 낼
나쁜 일인가요?"라고 말했다.

　미술작업은 가족들로 하여금 아버지와 아이들과의 주말 동안 있었던
일정에 관해서 이해할 수 있는 기회를 제공했고, 치료사는 캘리포니아
주 공동육아법의 관례에 따라 부모의 양육에 대한 평등권이 고려되어야
한다는 것을 깨닫게 되었다. 그러나 그러한 계획을 세우기 전에 부모는

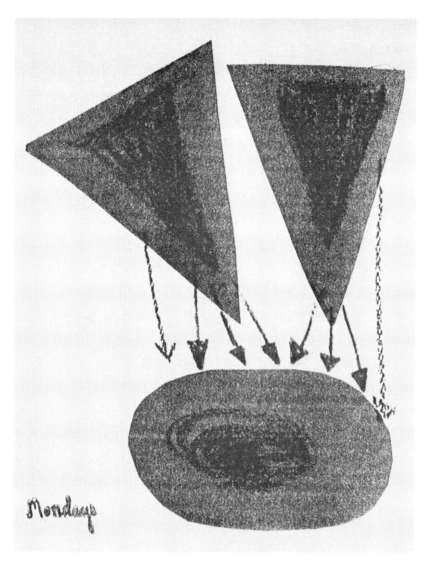

[그림 23] 화나는 월요일들

이러한 대안에 대해 충분히 생각할 시간이 필요하다고 생각되어 이 문제
를 생각하도록 하는 데 미술작업을 사용하기로 했다. 가족 모두에게 여
러 장의 종이를 주고 어떻게 하면 어머니가 일상적인 일에 대해 아이들

에게 그토록 화를 내지 않게 할 수 있는지, 각자의 생각을 그림으로 나타내도록 했다.

여기에 대한 반응으로 어머니는 남편의 행동을 주시하면서 책을 그린 자신의 그림을 가리키며, 남편이 아이들과 주말을 놀면서 보내는 대신 아이들의 숙제를 도와 줄 것을 요청했다. 그녀는 또한 남편이 펫시의 자전거를 수리하고 있는 그림을 보여 주었다.

어머니는 자신이 외출하고 없는 주말에는 아버지가 집에 와서 머물러 주기를 원한다고 했다. 어머니의 이야기를 듣고 아버지는 마음이 혼란스러워진 것 같아 보였다.

아버지는 일련의 사각형이 점차적으로 원으로 변화하는 모습을 그렸다. 그것은 아내의 '변화하는 태도'를 나타내는 것으로서 자신이 아이들과 너무 잘 지내기 때문에 아내가 질투한다는 것을 암시했다.

데런은 아버지의 그림이 의미하는 것에 동의하면서 두 집이 나란히 그려진 자신의 그림을 자랑스럽게 보여 주었다. 그림 속의 두 집은 '엄마와 아빠가 서로 이웃에 살고 있어서 펫시와 함께 두 집을 왕래할 수 있다.'는 것을 의미한다고 했다. 펫시의 그림도 오빠와 동일한 것이었다. 가족 모두가 만족할 만한 대안을 마련했다는 것에서 펫시는 '모두가 함께 사는 우리 집'이라는 그림을 자랑스럽게 보여 주었다. 어머니는 지난 세션에서처럼 펫시에게 부정적인 반응을 하지 않았다. 그 이유는 주말에 이사를 나가는 남편에 대한 일에 대해 골몰해 있었기 때문이며, 남편의 이사가 아이들의 생활에 큰 충격은 주지 않을 것이라고 믿고 있었기 때문이었다.

더 이상 토론하지 않고 치료세션을 끝냈다. 치료사는 부부에게 다음주에는 부부가 따로 치료에 참석할 것을 제안했다. 가족이 치료실을 떠날 때 어머니는 서둘러 나갔고 아버지가 그 뒤를 따라 나갔으며 마지막으로 아이들이 싸우면서 따라 나갔다.

5) 제5회 치료세션-부부치료 : 멕셀라 부부

이 세션은 지난 세션에서 그린 작품을 다시 보는 것으로 시작했다. 통합된 가정을 나타내는 펫시의 그림을 보면서 치료사는 두 사람에게 결합의 가능성에 대하여 질문했다. 어머니는 강한 어조로 "아니."라고 대답한 반면, 아버지는 별다른 반응을 하지 않았다. 이것은 그가 아내를 배려하면서 어떻게든 화해를 고려하고 있음을 나타냈다. 그럼에도 불구하고 부부는 비록 경제적 문제로 시간이 지연되었지만 현재 변호사들이 서로 타협하고 있으므로 이혼하게 될 것이라고 말했다. 이혼은 곧 명백한 사실로 드러날 것이기 때문에 치료사는 지난번 어머니의 작품에 관심을 가졌다. 그녀의 작품은 남편이 주말에 그들 공동의 집에 머물고 있는 것을 나타낸 것이었는데 치료사는 이러한 계획이 과연 바람직한 것인지 의문을 제기했다. 한 집에 부모가 함께 있는 것은 통합된 가족에 대한 환상을 가지게 할 수 있기 때문이었다. 두 사람이 각자의 집에서 분리된 생활을 하면 별거한 부모의 문제에 대한 혼란이 가중되지 않을 것이다. 오히려 그것은 현실적 상황을 더욱 분명하게 할 것이다.

부부는 부인의 제안에 장점이 없다는 사실을 인정했다. 그리고 그들은 아버지는 여기 있지만, 여기 없다는 이중 메시지가 아이들에게 심리적으로 위험하다는 것을 알게 되었다. 치료사는 그러한 협상이 아이들뿐만 아니라 부부에게도 어려움을 가져다 줄 것이라고 말했다. 주말 동안 부분적으로 가족이 한 집에 사는 것은 두 가족체계로 적응해야 하는 가족에게 방해요소가 될 것이다. 이전 생활의 상실을 슬퍼하고 새로운 생활에 적응해야 하는 것은 시련이 될 것이지만 선택한 상황에 적응하기 위해서는 필수적인 것이기도 했다.

아버지로 하여금 스스로의 거처를 마련하고 새로운 정체감을 형성하도록 돕는 것과 아이들에게 자신들이 어머니의 가정과 아버지의 가정을 가졌다는 것을 이해하게 하는 것이 무엇보다도 중요했다.

남편은 아내에게 화가 나지 않았을 때는 '불현듯 집으로 돌아오고 싶

다는 것'을 인정했다. 그럼에도 불구하고 그는 자신의 의존적 욕구에서
벗어나려는 시도로서 개별화가 필연적이라는 것과 두 개의 가정이 필요
하다는 점을 받아들였다.

6) 제6회 치료세션-가족치료 : 가족 모두 참석

전 가족이 치료실에 왔을 때 지난번 치료세션에서 그린 그림들이 제시
되었다. 작품들은 공동육아규정(이 장의 부록 참고)을 다루는 것을 유도하
기 위해 특별한 순서로 배열되었다.

논의되어진 첫 번째 그림은 모두가 함께 사는 어떤 집에 대한 펫시의
그림이었다. 가족에게 펫시의 소망에 대하여 이야기해 보라고 권했다.
어머니와 아버지는 딸에게 부드러우면서도 단호하게 그들은 곧 최종 이
혼서류를 받게 될 것이기 때문에 가족이 합쳐지는 것은 현실이 아니라는
것을 일깨워 주었다.

두 번째로 논의된 그림은 사각형들과 원을 그린 아버지의 그림으로,
어머니의 태도변화를 요구하는 것이었다. 아버지는 자신의 생각을 그림
에 나타냈으며 그는 자신이 '아내에게 부당했음'을 알게 되었다고 말했
다. 가족 분위기는 이전보다 훨씬 부드러웠고 화를 덜 냈으며 아이들은
아버지의 말에 대항하지 않았다.

세 번째로 논의된 그림은 어머니의 것으로, 아이들과 함께 있기 위해
두 부모가 현재 살고 있는 집에서 함께 살기를 원하는 아이들의 아버지
가 그들의 집 뜰에 서 있는 작품이었다.

아이들은 어머니의 제안에 대해 긍정적인 태도를 나타냈다. 데런은 그
림 속의 아버지는 과거에 '집에 계시던 아버지'와 비슷한 모습이라고 말
했다. 펫시는 '다시 집에서 주무시는 아버지'에 대한 그녀의 기쁨을 표
시하면서 갑자기 대화 중에 끼어들었다. 이 같은 모습들은 공동육아의
규정에 대한 타협이 아이들에게 미칠 바람직한 결과에 대한 치료사의 생
각을 확신시켜 주었다.

부모들이 그들이 재결합하여 통합된 가정을 이루는 것은 불가능하다는 것을 명백하게 이야기했을 때 데런은 어머니에게 "어머니는 우리가 함께 살 것이라고 말했고, 아버지는 부정하지 않았어요."라고 말하면서 대들었다. 그러자 남편은 부인에게 동조하면서 "우리는 생각을 바꾸어 그런 계획을 취소했단다."라고 말했다.

데런은 자신의 그림이 다루어질 때까지 화를 내고 있었다. 그는 입을 비죽거리면서 두 채의 집이 나란히 그려진 자신의 그림을 손가락으로 가리키며 아버지와 어머니는 이웃집에서 사는 것이 최상의 방법이라고 말했다.

아버지는 아들의 이야기를 귀 기울여 듣더니 고통스러운 듯 억지웃음을 지으며 그것은 불가능하다고 말했고, 치료사는 이웃집에 사는 것은 불가능한 계획이라는 부모의 생각을 지지했다. 그러나 아버지의 아파트가 아이들의 학군 내에 있어야 했는데, 그것은 공동육아에 대한 캘리포니아 법정의 권고 때문에 이루어진 것이다. 간혹 부모 두 사람이 서로 수마일 이내에 사는 것이 성공적이라는 연구가 나오고 있는 것이 사실이다. 따라서 부부가 가까운 곳에 살 수 있다면 자녀들은 쉽게 적응할 것이다. 그렇게 되면 아이들은 일주일 내내 이웃 친구와 함께 지낼 수 있고, 학습문제가 어느 한쪽 부모에게만 편중되지 않을 것이며, 아이들은 자신의 생활을 그대로 유지할 수 있을 것이다.

공동육아규정에 대한 상세한 설명이 뒤따랐다. 아이들은 토요일을 포함해서 일주일 중 나흘을 어머니 집에 머물 수 있었다. 이것은 어머니가 아이들의 수업 준비와 숙제를 돌볼 필요 없이 종일 아이들과 즐길 수 있도록 한 것이었다. 같은 이유로 토요일에 일을 하는 아버지는 일요일부터 화요일까지 사흘 동안 아이들과 지낼 수 있었다. 그가 주말에 근무를 하지 않는다면 이들을 돌보는 일은 충분히 가능할 것이다.

맥셀라 부부는 이러한 치료사의 제안에 대하여 확신이 서지 않은 듯했다. 아버지는 식사, 아이들 돌보기 등 여러 가지 타협안에 많은 의구심을 가지고 있었고, 어머니는 자신이 일주일에 사흘 동안이나 아이들을 포기할 수 있을지 의심스러워 했다.

치료사는 부모에게 공동육아에 대한 추가사항들을 제시하도록 했다. 그리고 그러한 작업은 다음 치료세션에서 논의되었다.

치료사는 부모에게 아이들을 돌보는 시간의 분배에 대해 각자 생각해 볼 것을 제안했다.

7) 제7회 치료세션–부부치료 : 멕셀라 부부

맥셀라 부부는 공동육아에 대한 계획을 이야기했다. 오랫동안 충분히 검토한 후에야 그들은 그 계획이 많은 장점을 가지고 있다고 믿게 되었다. 그들은 치료사로 하여금 그 계획을 다시 자세히 말하도록 했다. 그들에게는 심리치료사의 작업을 존중하는 각자의 변호사가 있었고 이러한 배경이 치료사로 하여금 계획을 세우는 것을 용이하게 했다. 법적인 관점에서 치료사는 아이들의 후견인이 되어 있으므로 치료사의 추천은 재판관의 인정을 받게 될 것이다. 뿐만 아니라 치료사의 법정출석은 별거한 부부들에게 흔히 나타나는 서로에 대한 분노의 중재와 아이들에게서 보이는 죄책감을 경감시켜주는 추가적인 효과가 있다.

8) 제8회 치료세션–가족치료 : 가족 모두 참석

가족 구성원들이 상실의 문제를 다루도록 하기 위하여 부모와 아이들이 함께 살았던 과거를 회상하도록 하는 것은 중요한 일이다. 과거의 상황과 비슷하거나 또는 은유적인 상황을 통해서 치료하는 것은 도움이 된다. 가족들에게 콜라주를 할 수 있는 자료가 들어 있는 상자가 주어졌고, 거기에서 각자 자신이 잃게 된 사람이나 동물의 그림을 두세 개 선택해 보라는 지시를 받았다.

펫시 어머니는 친정어머니처럼 보이는 늙은 여자의 사진을 선택했다. 그녀는 어머니가 살던 플로리다를 방문했던 일을 생각하고 있었다. 다른 하나는 전화하고 있는 한 남자의 사진이었다. 치료사의 지시와는 무관하게 그녀는 그림 속의 남자를 그날 아침에 전화통화를 했던 변호사라고 했다(그림 24). 어머니는 수주일 내에 이혼할 것이라고 말했다.

　아버지는 치료사의 지시를 완전히 무시함으로서 상실/별거와 관계되는 것에 저항했다. 그는 그동안에 있었던 아내와의 '말다툼'으로 인한 두통을 강조하는 콜라주를 보여 주었다. 그는 자신이 계획한 시간에 아이들을 학교에 데려다 주고, 데려 오는 것에 어려움이 많을 것이라고 설명했다. 다른 사진은 머리둘레에 돈 표시가 그려진 고민하는 한 남자의 모습이었는데 그는 그것이 변호사 비용으로 지불한 돈을 의미한다고 말했다. 아버지의 세 번째 사진은 미소 짓고 있는 아이들의 모습이었는데, 그는 이 사진이 자신의 자녀를 나타낸다고 하면서 그들이 그의 삶에 있어 유일한 행복이라고 말했다(그림 25).

　치료사는 아이들에게 아버지의 콜라주와 설명을 어떻게 생각하느냐고 물었다. 펫시는 주저하지 않고 "기분 좋아요."라고 말한 반면, 데런은 망

[그림 24] 이혼이 곧 마무리될 것

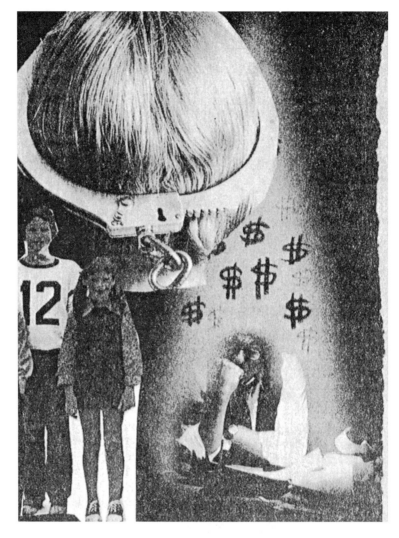

[그림 25] 문제와 쾌락

설였다. 아마도 말하는 것에 따를 책임감에 부담을 가진 듯 했다.

아들이 언짢아하는 것을 알아차린 아버지는 "애야, 너는 내가 의미하는 것을 알지 않니? 너는 내가 나의 일을 좋아하고, 좋은 친구들을 가지고 있으며, 너희들과 함께 하는 것을 좋아한다는 것을 알고 있지?"라고 말하면서 아들을 안심시키려고 애썼다.

　아버지는 그들 부부의 별거와 이혼소송이 아이들에게 죄책감을 일으켰다는 것을 통찰하게 되었다. 그는 아이들이 아버지를 행복하게 해 주어야 한다고 생각했기 때문에 아이들이 죄책감을 느끼고 있다는 것을 깨닫게 되었다.

　데런은 '야구코치' 사진을 선택함으로써 '상실'에 대한 치료사의 지시를 따랐다(그림 26). 그는 다른 학교로 전학하게 되었고 거기에 대한 슬픔을 나타냈다. 부모는 데런이 코치에게 애착을 가지고 있었다는 사실을 모르고 있었기 때문에 깜짝 놀랐다.

　펫시는 자신의 차례인 것을 깨닫고 "숙녀는 예쁘다."라고 말하고 있는 항공사 여자 안내원의 그림을 선택했다. 두 번째 그림은 마가린을 선전하는 광고전단에 버터와 맛을 구별해 내려고 애쓰는 한 남자의 그림이었다.

[그림 26] 야구코치를 그리워 함

비록 아이가 무의식적으로 선택한 그림이지만 치료사는 그 광고의 남자그림이 외형적으로 보이는 대로가 아니라는 것을 의미하는지 확신할 수 없으면서도, 이것이 부부가 법적으로는 별거 중이면서도 여전히 연루되어 있다는 것과 관련이 있을 것으로 보았다. 치료사는 이것이 이혼이 확정되기까지 가족이 거쳐야 하는 혼란스럽고 믿을 수 없는 상황을 나타내는 것이라고 지적해 주었다. 펫시가 마지막으로 선택한 그림은 고양이를 안고 있는 어린아이의 그림이었다. 그녀는 "그림 속의 소녀는 고양이를 가진 행운아다."라고 말했다(그림 27). 치료사는 자신이 펫시에게 고양이의 상실에 대해 이야기할 것을 약속했다는 것을 기억한다고 말하면서 가족에게 고양이에 대해 이야기하도록 격려했다.

대화의 내용은 주로 펫시와 고양이와의 관계였다. 펫시는 마치 인형처

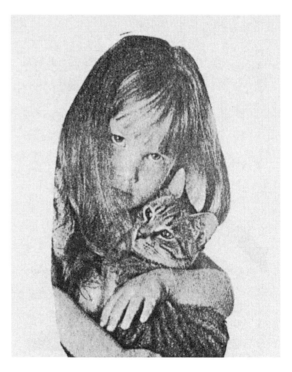

[그림 27] 고양이를 그리워함

럼 고양이에게 옷을 입혀 가며 놀았다. 고양이를 돌보는 일은 주로 펫시가 맡아서 했고 고양이는 거의 펫시 방에서 잤다. 실제로 가족 모두가 고양이를 좋아했고 매우 그리워했다.

가족이 상실감과 죄책감에서 벗어나도록 하기 위해 고양이의 상실을 그림으로 나타내도록 지시했다.

펫시는 점토로 고양이를 만들어 남자사진 위에 겹쳐 놓았다. 그녀는 "고양이는 집으로 돌아올 거예요."라고 희망에 찬 목소리로 말했다. 데런이 "고양이는 길을 잃고 헤매다가 굶주림으로 죽어가고 있다."라고 말했을 때 어머니와 아버지는 비밀스러운 시선을 서로 교환했다.

부부는 미술작업에 참여하지 않았다. 치료사가 참여하지 않은 이유를 묻자 아버지는 변명을 하기 시작했다. 어머니는 당황해 하면서 고양이에 대하여 아이들에게 사실대로 이야기하는 것이 최선이라고 생각하고 "고양이는 자동차에 치어 죽었다."라고 눈물을 흘리면서 말했다.

어머니의 이야기를 들은 펫시는 울음을 터뜨리면서 소리쳤으나 데런은 의자를 밀치는 것으로 어머니에 대한 분노를 나타냈다. 아버지는 데런이 화가 나서 어머니에게 욕을 퍼붓자 아내를 두둔했다. 그는 아들에게 "어머니와 나는 너희들에게 사실을 알리지 않는 것이 더 좋다고 생각했단다. 너희들이 어떤 희망을 갖는 편이 더 좋을 것 같았는데, 지금은 그것이 잘못된 일이었다고 생각한다."라고 말했다. 어머니도 사실대로 이야기하지 않았음에 대해 미안하다고 말했다. 그녀 또한 모든 사람들이 이 사실을 모르는 것이 나을 것이라고 생각했다고 말했다. 사건에 대해 상세하게 이야기하도록 했을 때 어머니는 다음과 같이 말했다.

출근하기 전에 고양이를 불렀어. 고양이가 나타나지 않아 집 바깥으로 찾아 나섰으나 찾을 수가 없었단다. 계속 불렀지만 돌아오지 않았어. 출근하기 위해 자동차에 시동을 걸고 집을 출발하여 거리로 나갔을 때 길 위에서 죽은 고양이를 발견했단다. 얼마나 끔찍한 광경이었는지 몰라. 나는 집으로 돌아와 상자를 가지고 나가 고양이를 상자에 넣었어. 우리가 갖고 있던 가장 훌륭한 상자에 고양이를 넣고 좋은 수건으로 그것을 감쌌단다. 나는 차를 타고 수의사에게 고양이를 데려 갔고 고양이를 매장하도록 했어. 지금까지 너희들에게 알리지 않아서 미안하구나. 엄마와 아빠는 정원에 있는 거북이 옆에 고양이의 유해를 매장했단다.

어머니는 이야기를 마치고는 펫시를 다정하게 끌어 안았고 아버지는 아들을 등을 부드럽게 쓰다듬었다. 치료사는 가족에게 고양이의 장례식을 표현하도록 지시했다. 펫시와 아버지는 점토로 고양이를 만들었다. 아버지는 조그마한 상자를 선택한 후 점토로 만든 고양이를 상자 안에 넣었다. 데런은 상자 뚜껑에 고양이를 그렸고, 어머니는 꽃을 만들어 관 위에 놓았다(그림 28). 펫시네 가족이 치료실을 떠나기 전에 관을 치료실에 있는 캐비닛에 넣고 잠갔다. 펫시는 슬퍼하기는 했지만 치료실을 떠날 때는 안심하는 것 같았다. 치료사는 펫시가 이제 더 이상 고양이를 기다리지 않게 된 것 때문에 안도감을 느꼈다고 해석했다.

데런은 분노하기보다 오히려 슬퍼하면서 별로 괴로워하지 않는 것 같았다. 부모는 정직하게 털어놓았다는 것과, 아이들에게 고양이에 대한 슬픔과 상실을 극복할 기회를 제공했다는 것에서 마음이 가벼워진 것 같았

[그림 28] 모의 장례식

다. 그들의 이 같은 공동경험은 이혼을 하면서도 가족 구성원들이 하나의
일체감을 느낄 수 있는 단위가 될 수 있는 가능성을 시사한다고 보았다.

9) 제9회 치료세션-가족치료 : 가족 모두 참석

고양이의 가상적인 장례식에 대한 느낌과 일상적인 인사를 나눈 후 치
료사는 가족들에게 이혼하게 된 이유를 묘사해 보도록 지시했고 어머니
는 시계를 그렸다. 그녀는 그들 부부가 아주 어린 나이에 결혼했다는 것
을 설명하면서 두 개의 시계바늘 중 하나에 자신을, 다른 하나에 남편을
그렸다. 최근 몇 년 동안 그들 부부는 각자가 서로 다른 것에 관심을 가
지게 되었다고 했다. 최근 어머니는 여성취업을 증대시키기 위한 활동에
참여해 오고 있다는 것과 직장에서 승진하고 싶은 그녀의 욕망에 대해서
이야기했다. 그녀는 "시계바늘 하나가 다른 바늘을 지나쳐 가는 것과 같
이 시계는 이제 변화를 위하여 전진해야 할 때라는 것을 의미한다."고
말했다(그림 29).

[그림 29] 이제는 나아가야 할 때

아버지의 주제도 어머니와 비슷했다. 그는 서로 다른 두 개의 차를 은유적으로 사용했다. 자신은 빠른 속도로 달리는 것을 좋아하는 세련된 사람이기 때문에 외제 경기용 차는 자신의 것이며, 느리지만 실용적인 국산 차는 아내의 것이라고 했다. 아내는 여성의 권익에 관심이 있었고 직장에서 승진하고 있었다. 그는 이제까지 자신의 직업적 성공에 자부심을 가지고 있었는데 최근에 아내가 그와 경쟁하려고 한다고 했다.

데런은 부모들이 이혼하게 된 이유를 은유를 통해 설명할 때 주의 깊게 들었다. 그의 차례가 되자 권투장갑을 낀 부모와 아이들이 있는 그림을 제시했다. 그는 그림에 대한 설명을 거절했지만 그림이 의미하는 내용은 너무도 명백했다.

펫시의 그림은 오빠와 그녀가 싸우는 부모와 함께 식탁에 앉아 있는 것이었다. 이혼한 가정의 아이들은 대개 자신이 부모의 분노의 근원이며 별거의 원인이라고 믿는다. 이와 같은 사실들을 고려하면서 치료사는 데런과 펫시에게 부모님들이 싸우는 이유에 대해 묘사해 볼 것을 제안했다. 그들은 벽에 붙어 있던 다른 환자가 만들었던 만화책 같은 순서로 그린 그림을 지적하면서 자기들도 그렇게 그리기를 원했다. 아이들은 재빨리 미술작업을 시작했다. 마치 그들은 미리 약속이나 한 것처럼 깊이 생각하지 않고 함께 서둘러서 작업을 끝냈다.

데런은 그림을 다 그리고 나서 불쾌한 표정으로 "나는 엄마와 아빠가 나 때문에 자주 싸운다는 것을 알아요."라고 말하면서 그림을 탁자 중앙에 놓았다. 이것은 특별한 사건을 순서대로 보여 주고 있는 일련의 그림이었다. 첫 번째 그림은 나쁜 아이들의 모임으로부터 집으로 오고 있는 그를 나타내고 있었고, 그가 부모에게 "나는 하이킹을 가기 위해 물통이 필요해요."라고 말하는 것이었다. 다음 그림은 어머니가 아버지에게 "나는 며칠 간 굉장히 바빠요. 당신이 사러 가세요."라고 말하고, 아버지는 "당신이 나보다 시간이 많지 않소."라고 대답하는 것을 나타내고 있었다. 그 다음의 그림은 부모가 소리치며 싸우는 것을 나타냈다. 마지막 그림은 어머니와 아버지가 서로 멀리 떨어져 돌아서 있는 것을 보여 주었다. 데런은 "가끔 부모님은 내가 동생을 괴롭히거나 제 시간에 자러 가지 않으려 했기 때문에 싸웠을 거예요."라고 덧붙여 말했다. 부모는 자신들의 싸움에 대해 아들이 죄책감을 느끼고 있다는 것에 충격을 받았다. 아들이 부모의 이혼에 대해 얼마나 죄책감을 느끼고 있는지 분명하게 드러났으나 그들은 그 사실을 믿을 수가 없었다. 치료사는 자기 노출을 한 데런의 불안을 없애 주기 위해 "부모가 이혼한 가정의 아이들은 간혹 이혼에 대한 책임의 일부가 자신에게 있다고 느낀단다. 내 경험으로 이것은 실제로 일어나고 있는 일이란다."라고 개입했다.

치료사는 데런과 펫시를 똑바로 바라보면서 "실제로 아이들이 부모를 화나게 한 것은 이혼의 원인이 아니란다. 어른들은 그들이 함께 지낼 수 없거나 어느 한 쪽, 혹은 양쪽이 더 이상 결혼생활을 하지 않는 것이 더 좋다고 판단하기 때문에 별거를 하는 것이란다."라고 말하면서 펫시의 그림으로 화제를 돌렸다.

치료사가 펫시의 그림에 대해 질문하자 그녀는 "충분히 먹었지만" 어머니가 계속해서 "더 먹어라."라고 말하고 있다고 설명했다. 마침내 아버지는 "아이를 가만히 놔두시오."라고 소리쳤다. 이어, 아버지와 어머니는 크게 다투었다. 펫시는 "어머니가 나를 방으로 가게 한 것은 내 잘못 때문이에요."라고 했다. 치료사의 도움으로 아이들의 생각을 알게 된 부모는 "우리의 이혼사유는 너희들에 대한 언쟁 때문이 아니란다."라고 반복해서 말했다. 치료사는 덧붙여서 "비록 아이들의 일로 싸움을 할지라도 부모들이 별거하는 것은 부부문제 때문이란다."라고 말했다. 이 말을 증명하려는 듯 어머니가 끼어 들어 "선생님의 말씀이 옳단다. 아빠와 나는 결혼한 이후로 변했어. 내가 그린 시계그림을 설명할 때 아빠와 내가 다른 것을 원하고 있다고 이야기한 것을 너희들도 들었지? 그것이 우리가 이혼하려는 이유야. 너희들은 이혼과는 아무런 상관이 없어."라고 말했다. 아버지는 아이들에게 "어머니의 말이 사실이란다. 이혼문제는 너희들과는 아무런 상관이 없단다."라고 말함으로써 아내의 말에 동조했다. 아이들은 죄책감으로 괴로워하던 일에서 벗어나게 되어 마음이 홀가

분해진 듯한 시선으로 서로를 힐끗 쳐다봤다.

가족들이 치료실을 떠날 때 어머니는 펫시와 다정하게 손을 잡았고, 아버지는 아들의 어깨를 감싸고 있었다는 것에서 그들이 서로 사랑과 위안을 느끼고 있다는 것을 확인할 수 있었다.

10) 제10회 치료세션-부부치료 : 멕셀라 부부치료

맥셀라 부부는 공동육아규정의 조항들을 살펴 보았다(이 장의 후반부터 부록으로 토론됨). 두 사람은 그 규정의 현실성에 대한 몇 가지 대안을 논의한 뒤 계획의 정당성에 동의했다. 아버지는 이미 그의 집에서 몇 마일 떨어진 곳에 아파트를 빌려 놓고 있었다. 치료사는 다음 가족치료 세션에 오기 전에 부모가 아이들과 함께 그 규정서를 자세히 검토해 볼 것을 제안했다. 그런 후에 규정서는 변호사에게 보내지게 될 것이다.

11) 제11회 치료세션-가족치료 : 가족 모두 참석

2주 동안 맥셀라 부부는 아이들에게 공동육아규정서를 보여 주면서 이야기했다. 아이들은 규정안을 일부 변경시켜 이전보다 더 나은 것이 되도록 했다. 아버지는 그들의 변호사가 앞으로 5년 동안 매년 저자에 의해 가족이 재평가되기를 원한다고 말했다.

치료사는 가족에게 매년 있을 정기적인 세션을 제외하고는 다음번의 가족치료가 마지막이 될 것이라고 말했다. 이 시점에서 다음과 같이 후속계획을 말했다.

① 한쪽 부모와 아이들을 위한 1개월에 한 번의 미술치료 세션
② 미술치료사의 필요에 의해 요청되는 사후 만남
③ 6개월 후와 12개월 후, 모든 구성원들과 가족이 함께 하는 후속 모임

12) 제12회 치료세션-가족치료 : 가족 모두 참석

마지막 '전체가족치료' 세션 동안 치료사는 미술치료 모임과 공동육아에 대해 토론하도록 했다. 아이들에게는 앞으로 하게 될 미술치료와 공동육아계획에 대해 반복해서 설명해 주었다.

치료사는 데런과 펫시에게 일정표를 주었다. 그리고는 아이들에게 '어머니와 보내게 되는 날의 어머니의 모습과, 아버지와 보내게 되는 날의 아버지의 모습'을 그리도록 지시했다.

치료실을 떠날 때, 특히 아이들은 가족에 대해 편안해진 것 같아 보였다. 아이들은 어머니와 함께 걷다가 나중에 아버지와 함께 걸었다. 그러한 그들의 모습은 미래에 펼쳐질 그들의 가족상을 보여 주는 것 같았다.

❖ **후속치료 : 3개월 후**

13) 제13회 치료세션-한쪽 부모와 아이들 : 어머니와 아이들

공동육아에 따른 결과를 평가하기 위해 가족에게 현재의 생활방식의 장단점을 묘사해 보도록 했다.

반항적 행동이 감소된 데런이 재빨리 공동육아의 장단점을 묘사하기 시작했다. 그는(데런은) 공동육아의 장점으로 아버지와 자신이 함께 있는 그림을 그렸다(그림 30). 그는 부모가 이혼하지 않았을 때보다 최근에 아버지와 훨씬 더 많은 시간을 보냈다고 이야기하면서 즐거워했다. 그는 어머니, 혹은 아버지, 둘 중의 한 분과 그 자신하고만 있었기 때문에 각 부모와 더 즐거운 시간을 보내고 있음을 묘사했다. 두 가정으로 분리된 것의 부정적인 면은 아버지의 아파트가 '작기' 때문에 프라이버시가 부족한 것이라고 했다.

펫시는 오빠처럼 잘 적응하지 못했다. 그는 단점부터 묘사했다. 그녀는 상당한 시간을 보낸 후에 슬픈 얼굴의 콜라주를 만들었다. 그것은 부모에 대한 상실감으로 그녀가 외로워한다는 것을 나타냈다(그림 31). 그

[그림 30] 아버지와 좀더 많은 시간을

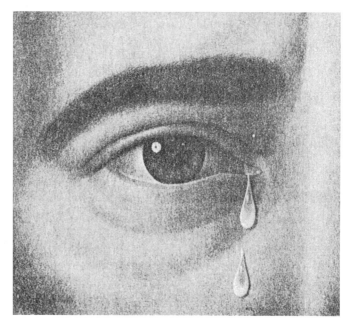

[그림 31] 부모를 잃는다는 것에 외로움을 느낌

럼에도 불구하고 그녀는 공동육아의 장점으로 '숙제를 도와주는 아빠'라고 마지못한 듯이 말했다(이전에 아버지가 하지 않았던 일이다).

어머니의 부드러운 파도그림은 이혼한 후 이완된 감정을 드러냈다(그림 32). 부정적인 면은 종이를 오려서 만든 눈물방울을 통해 제시되었다. 그것은 아이들이 아버지와 함께 있을 때 그녀가 얼마나 슬펐는지를 나타냈다(그림 33).

아이들이 부모의 이혼이 가져다 준 좋은 점에 대해 알도록 하기 위해 가족에게 이혼 전과 이혼 후의 부부에 대해 그리도록 지시했다. 펫시는 어머니가 침실문을 쾅 닫고 아버지가 그 문을 때리는 것을 이혼 전으로 나타냈다. 이와 대조적으로 이혼 후에는 부모가 앉아서 여름야영에 대한 계획을 세우고 있는 것을 나타냈다.

데런의 그림은 누이동생과 비슷했다. 현재상황에 대해서는 그와 여동생이 부모님과 편안하게 이야기하고 있는 것을 그렸고, 이혼 전을 나타내는 그림에서는 '싸우는' 부모를 표현했다.

[그림 32] 어머니가 이완됨

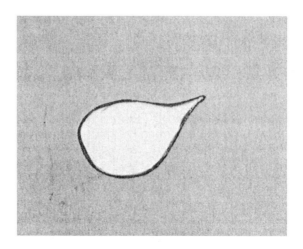

[그림 33] 아이들의 부재에 대한 슬픔

아이들은 어머니가 무엇을 만들었는지 궁금해 했으며, 그것을 통하여 어머니가 무엇을 경험하고 있는지를 구체적으로 알고 싶어했다. 어머니는 종이로 추상화적인 형태를 만들었는데, 그것은 그녀와 남편과의 과거와 현재의 상호작용을 의미했다. 과거를 나타내는 작품에서는 뾰족한 면이 있는 두 개의 추상적인 형태가 마주보고 있었다. 그녀는 "아빠와 나는 항상 서로에게 상처를 주고 화를 내곤 했단다."라고 말했다(그림 34).

그리고 나서 그녀는 현재상황을 나타내는 그림을 그렸다. 그것은 앞의 것보다 덜 뾰족한 두 개의 둥근형태가 서로 멀리 떨어져 있는 것이었다. 어머니는 아이들에게 그녀와 아버지는 일정한 거리를 유지해 오고 있으며 더 이상 화를 내지 않는다고 말했다(그림 35).

모든 작품을 나란히 늘어 놓았을 때 아이들은 자신들이 새로운 생활양식에 잘 적응하고 있음을 깨달았다. 펫시는 자발적으로 자신이 이제는 악몽을 꾸지 않는다고 말했다.

가족이 치료실을 떠나기 전에 치료사는 다음주일에는 아이들이 아버지와 함께 치료를 할 것이라고 알려 주었다. 아이들은 기꺼이 동의했을 뿐만 아니라 오늘과 동일한 주제에 대해 아버지와 함께 표현하고 싶다고

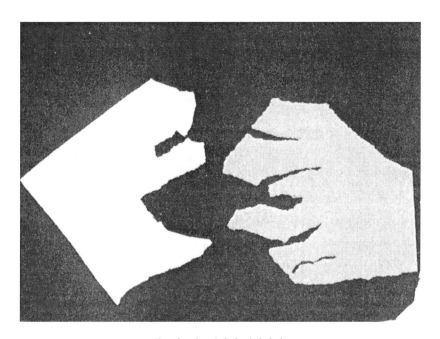

[그림 34] 이전의 인간관계

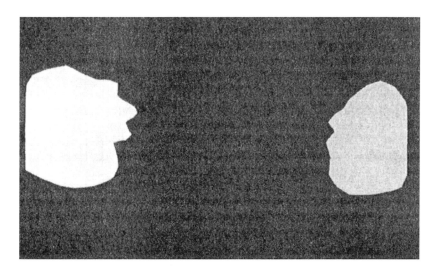

[그림 35] 화가 가라앉음

말했다. 치료실을 나갈 때 아이들은 어머니와 즐겁게 이야기했다. 아이들이 각기 어머니의 손을 잡고 그들의 그림에 대해 이야기하는 것을 들을 수 있었다.

14) 제14회 치료세션-한 쪽 부모와 아이들 : 아버지와 아이들

아버지와 아이들이 그 다음주에 치료실에 들어오자 데런과 펫시는 지난 세션에서 만든 작품들이 걸려 있는 벽 쪽으로 아버지를 이끌었다. 아이들은 아버지에게 최근 공동육아를 시행해 오면서 느낀 장단점을 그리도록 요구했다.

아버지는 데런과 펫시에게 작업을 하는 것을 도와 달라고 요청했다. 그들 셋은 진행과정 동안 농담도 하고 어린아이같이 즐거워했다. 아버지는 점토를 포함한 여러 가지 재료를 사용해 그가 살고 있는 집, 텔레비전, 아이들과 자신의 모습을 만들었다. 그리고 그는 "나는 너희들과 주변의 모든 것들을 사랑한다."라고 말하면서 사람모형을 소파 위에 놓았다(그림 36).

단점을 표현하기 위해 그는 아이들의 모형을 제거했다. 그것은 혼자서 외롭게 텔레비전을 보았다는 것을 의미했다. 세 사람이 각자가 가지고 있는 슬픈 감정들을 대처하는 다른 방법들에 대해 잠깐 논의한 후 펫시는 큰 종이를 사용해도 되느냐고 치료사에게 물었다. 아버지의 외로움이 죄책감을 불러일으켰던 것이다. 그녀는 방어기제로써 추상적인 그림을 그리고자 했다. 그녀는 자신의 손을 종이 위에 펴고 연필로 손 둘레를 그리면서 아버지와 오빠에게도 똑같이 하도록 했다. 그들이 작업을 마쳤을 때 펫시는 '손 모양을 오리도록' 지시했다. 펫시는 그들의 오려진 손 모양에 만족해 하면서 데런에게 그 다음 순서를 '진행' 해 줄 것을 제안했다.

데런은 자신이 주도적 입장에 있게 된 것을 기뻐하면서 자신의 손 모양을 종이 위에 붙인 뒤 동생과 아버지에게도 똑같이 붙이도록 지시했다. 펫시는 치료사에게 '이혼한 부모를 가진 아이들이 만든 훌륭한 작

[그림 36] 보다 많은 시간을 함께

품'의 본보기로 그들의 그림을 전시할 것인지 물었다(그림 37).

펫시의 가족이 치료실을 떠나기 전에 아버지는 아이들의 어머니와 여전히 의사소통에 어려움이 있다고 말했다. 그들에게는 여전히 분노를 부채질하는 경제적 문제가 남아 있었던 것이다. 이것이 아이들에게 어떤 영향을 미칠 것인가에 대한 질문을 하자 아버지는 바로 그 문제 때문에 전처에 대한 감정이 나빠졌음을 솔직히 인정했다.

펫시와 데런에게 부모의 감정이 그들과는 관계 없다는 것을 이해했는지 물어보았다. 아이들은 그것에 대해 아주 잘 이해하고 있었다. 실제로 펫시는 이따금 "아빠, 나에게 화가 나지요?"라고 질문함으로써 확인하곤 했다.

이와 같은 명료화는 긍정적인 강화로써 아버지는 자신의 '우울한 감정'이 아이들의 행동 때문이 아니었음을 아이들에게 알려 주게 되었다. 아이들은 두 가정 형태로 생활하는 것을 수용했다. 이와 같은 사실은 학교나 이웃 친구들과의 관계에 방해가 되지 않았다.

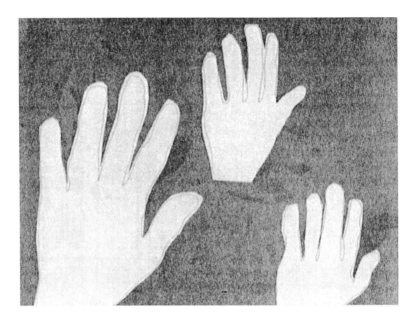

[그림 37] 이혼한 부모들을 가진 아동들의 그림

3. 요 약

본래 치료대상은 악몽을 계속 꾸었던 6세의 펫시다. 치료 초기에 이와 같은 증상이 부모의 이혼에 기인한 분리불안임이 밝혀졌다. 이러한 불안 은 9세인 오빠, 데런에게는 반항적인 행동으로 나타났다.

이 가족의 미술심리치료 평가결과는 이혼과 가족체계의 붕괴와 관련 된 어려움, 분노, 죄책감 등이었다.

가족 미술심리치료 세션들은 다음 목적들에 의해 진행되었다:

① 부모의 합법적인 이혼절차를 수월하게 하고 서로에 대한 분노를 경감시키는 것
② 아이들이 이혼하는 이유를 이해하고 죄책감을 완화하도록 하는 데 도움을 제공하는 것

③ 공동육아에 대한 규정을 만드는 것
④ 아이들이 하나의 가족체계에서 두 개의 분리된 가족체계로의 변화
 에 적응하도록 돕는 것

4. 부록 : 공동육아에 관하여

치료사는 어느 한 쪽 부모에게는 학습문제를 주관하도록 하고, 다른
쪽 부모에게는 '일상적인 일'을 하도록 하는 것이 좋지 않다는 것을 알
았다. 아이들을 돌보는 사람은 대개 어머니이기 때문에 아이들은 자주
어머니를 마녀같은 사람으로 인식한다. 미술치료 과정에서 어머니는 간
혹 마귀나 비열한 사람으로 묘사된다. 가족화에 나타난 어머니의 모습이
지나치게 과장되어 나타나는 것은 그녀의 권위와 힘의 불균형을 나타내
는 것이다. 공동육아를 실시하게 되면서 미술작업은 어머니로 하여금 그
녀의 역할을 더욱 현실적으로 인식하게끔 도와 준다.

한편 아버지는 토요일과 일요일에 아이들과 이전보다 더 많은 시간을
보냄에 따라 미술작업에서 일상보다는 유쾌한 시간을 보내는 오락자의
모습을 보여 주고 있다. 아버지의 주말활동들은 그에게 많은 계획과 수
고를 요구하고 비현실적인 역할을 부여하여 아버지로서의 권위적인 지
위를 유지하는 것을 어렵게 만들고 일상적인 일들에 대한 책임을 거부하
게 했다. 아버지가 학교에 가야 하는 날에는 부모-자녀관계에 있어서
반드시 필요한 의미 있는 상호작용과 문제해결을 해야만 했다. 이러한
상황을 증명하는 한 예로 가족화에서 아이들이 아버지를 어머니보다 더
작게 그렸고, 중앙에서 멀리 떨어진 위치에 표현했다는 점을 들 수 있다.
그러나 공동육아를 시행하는 경우, 아이들은 부모 두 사람을 비슷한 크
기와 위치에 그린다. 많은 경우에 가족화는 중앙에 아이를 두고 양쪽에
부모가 있는데 이것은 부모가 아이들에게 보호적이고 평등한 존재임을
나타내는 것이다.

공동육아규정은 자세하고도 명쾌해야만 한다. 특별한 날짜와 시기에 대한 규정은 필수적인 사항이다. 연간 일정표에 휴일, 생일, 어버이날, 방학 등에 관한 계획이 세워져 있을 때 가족들의 기대와 계획은 무리 없이 진행된다.

공동육아규정은 추천된 날부터 시작하여 최소 1년 이상 실행되며 많은 경우에 2~3년 계획이 제시된다.

자녀보호를 위해 맥셀라 가족에게 내려진 규정은 다음과 같다 :

어머니는 수요일 오후 3시에 아이들을 학교에서 데리고 와서 일요일 오전 9시까지 같이 지낼 것이다. 아버지는 일요일 오전 9시부터 수요일 아침까지 아이들과 함께 지낼 것이다. 각 부모에게는 지정된 요일에 아이들을 돌봐야 할 책임이 주어진다. 여기에는 등교시키기, 방과 후 활동, 숙제하기, 부재중일 때 아이를 돌보는 사람을 구하는 것, 의사와의 약속, 사회적 활동 등등이 포함된다.

아버지가 양육해야 하는 날에 아이가 학교를 결석하면 아버지는 수요일 오전 8시에서 8시 45분 사이에 어머니의 집으로 아이들을 데리러 가야 한다.

부활절 휴가 동안의 가족 스케줄이 조정되지 않고 그대로 남아 있었다. 부활주일에 아이들은 오후 3시까지 어머니와 함께 있어야 할 것이다. 이것은 아이로 하여금 교회에 가게 하고 어머니와 점심을 함께 할 수 있도록 할 것이다. 아버지는 오후 3시에 아이들을 데리러 올 것이다.

펫시의 생일은 5월의 어느 화요일에 있었다. 아버지는 다음주 일요일에 펫시의 생일을 축하할 것이다. 그 이듬해 생일은 펫시가 어머니와 함께 있는 주중의 밤이기 때문에 아버지는 허가 후에 아이들과 저녁 외식을 나갈 수 있다.

데런의 생일은 6월이다. 이번 생일은 어머니와 함께 지내는 토요일에 있었다. 아버지는 일요일에야 데런의 생일을 축하할 것이다. 일상적인 규정은 부모 두 사람에게 똑같이 적용된다.

아이들은 짝수 년인 올해의 생일에는 어머니와 함께 지낼 것이고 다음

해인 1987년부터 홀수 년에 아버지와 함께 생일을 지낼 것이다. 전술한 생일에 대한 규정시간은 오전 9시에서 오후 9시까지다. 앞에서 언급한 날의 주일이나 휴일을 함께 보낼 부모는 규정시간에 데리고 가서 규정시간에 돌려보내야 한다.

　부모의 생일과 어머니의 날, 아버지의 날은 각각 해당되는 부모와 함께 보내게 될 것이고 보통 일상적인 일과보다 우선시 되어질 것이다. 만일 이 같은 날들이 학교 가는 날에 있다면, 시간규정은 하교 이후부터 오후 9시까지로 제한된다. 아이들은 생일을 맞이하게 된 부모나 축하를 받아야 할 부모가 학교에서 데리고 갈 것이다.

❖ 여름방학에 대한 규정

① 여름방학 동안, 아이들은 처음 두 주간을 어머니와 보낼 것이다. 이 시간은 어머니가 아이들을 데리고 가는 월요일 오전 9시부터 아버지가 아이들을 데리고 가는 일요일 저녁 9시까지다.

② 아이들은 그 다음 두 주간은 평소처럼 보낼 것이다.

③ 아이들은 그 다음 두 주간을 아버지와 보낼 것이다. 이 시간은 일요일 오전 9시부터 어머니가 아이들을 데리러 오는 화요일 오전 9시까지다.

④ 아이들은 방학의 나머지 기간은 평소같이 보낼 것이다.
　캠프규정은 "정규적인 일과"에 따라 수행될 것이다.

　크리스마스 휴가 동안의 일정은 일상적 숙박규정에 준하지만 크리스마스이브와 당일은 예외가 된다. 양 부모는 아이들이 크리스마스이브를 아버지와 보내는 것과, 크리스마스 당일 오후 두 시까지 아버지가 어머니에게 아이들을 되돌려 보내야 한다는 것에 동의했다. 아버지가 양육해야 하는 화요일인 크리스마스 날 어머니는 아버지에게 아이들을 데려다 주어야 하고, 아버지는 그 다음날인 수요일 아침 오전 8시 30분부터 10시 30분 사이에 어머니에게 아이들을 되돌려 보내야 한다. 이러한 조정은 부모 모두 좋아했고, 다음 해까지 지속했다.

새해 첫날 및 전야를 포함한 신년휴가에 있어서 어머니는 아버지가 아이들을 스키여행에 데리고 가는 것에 동의했다. 다음 해에는 어머니가 아이들과 신년휴가를 보낼 수 있도록 했다.

외조부모의 생일과 기념일은 토요일에, 친조부모의 생일과 기념일은 일요일에 축하받게 했다.

부활절, 여름, 크리스마스, 공휴일 등의 휴가기간 동안 각 부모는 아이들을 돌봐 주어야 하는데, 여기에는 아이들에게 요구되는 다양한 교육과 사회적 활동에 참여하도록 하는 것이 포함될 것이다. 아이들은 어머니나 아버지에게 하루에 2번씩 전화를 걸 것이고, 각 통화는 15분 정도로 제한될 것이다.

❖ 독자들이 참고해야 할 내용

휴일이 갖는 특별한 의미는 가족에 따라서 다양하다. 고려되어야 할 날들은 다음과 같다. 신년 첫날, 아브라함 링컨, 조지 워싱턴, 마틴 루터 킹 탄생일, 재(ash)의 수요일, 성지(聖枝)주일, 유월절, 성(聖) 금요일, 부활주일, 어머니의 날, 전몰장병기념일, 아버지의 날, 독립기념일, 노동절, Rosh Hashanah(유대교 신년제), Yom Kippur(유대인의 명절), 콜럼버스의 날, 할로윈, 추수감사절, Hanukah(유대인의 명절), 크리스마스 이브와 크리스마스 당일 등이다. 이러한 종교적인 휴일 외에도 가족 구성원들이 기념할 만한 특별한 날들이나 생일, 결혼기념일들도 포함되어야 한다.

 추천도서

Abarbanel, A. Shared parenting after separation and divorce: A study of joint custody. American *Journal of Orthopsychiatry, 49*(2), 320-330, 1979.

Ahrons, C. R. Divorce: Before, during and after. In H. I. McCubbin & C. R.

Figley (Eds.), *Stress and the Family, Volume I: Coping with Normative Transitions.* New York: Brunner/Mazel, 1983, pp. 102-115.

Ahrons, C. R. The binuclear family: Two households, one family. *Alternative Lifestyles, 2,* 499-515, 1979.

Ahrons, C. R. Divorce: A crisis of family transition and change. *Family Relations, 29,* 533-540 1980(a).

Ahrons, C. R. Joint custody arrangements in the post-divorce family. *Journal of Divorce, 3,* 189-205, 1980(b).

Ahrons, C. R. Redefining the divorced family: A conceptual framework for post-divorce family system reorganization. *Social Work, 25,* 437-441, 1980(c).

Ahrons, C. R. The continuing co-parental relationship between divorced spouses. *American Journal of Orthopsychiatry, 5,* 415-428, 1981.

Benedek, E. P. Child custody laws: Their pshychiatric implications. *American Journal of Psychiatry, 129*(3), 326-28, 1962.

Berg, G., & Kelly, R. The measured self-esteem of children from broken, rejected and accepted families. *Journal of Divorce, 2*(4), 363, 1979.

Bohannan, P. (Ed.). *Divorce and After.* New York: Anchor Books, 1971.

Britan, S. D. Effect of manipulation of children's affect on their family drawings. *Journal of Projective Techniques and Personality Assessment, 34,* 234-37, 1970.

Brown, E. A model of the divorce process. *Conciliation Courts Review, 14,* 1-11, 1976.

Brown, P., & Manela, R. Changing family roles: Women and divorce. *Journal of Divorce, 1,* 315-328, 1978.

Chang, P. N., & Dernard, A. S. Single-father caretakers: Demographic characteristics and adjustment processes. *American Journal of Orthopsychiatry, 52*(2), 236-243, 1982.

Derdeyn, A. P. Child custody consultation. *American Journal of Orthopsychiatry, 45*(5), 791-801, 1975.

Derdeyn, A. P. A consideration of legal issues in child custody contests.

Archives of General Psychiatry, 33(2), 165-171, 1976.

Emery, R. Interparental conflicts and the children of discord and divorce. *Psychological Bulletin, 91,* 310-330, 1982.

Felner, R., & Farber, S. Social policy for child custody: A multidisciplinary framework. *American Journal of Orthopsychiatry, 50,* 341-347, 1980.

Foster, H., & Freed, D. Joint custody: A viable alternative. *Trial Magazine, 15,* 26-31, 1979.

Galper, M. *Co-Parenting.* Philadelphia: Running Press, 1978.

Gasser, R., & Taylor, C. Role adjustment of single-parent fathers with dependent children. *The Family Coordinator, 25,* 397-401, 1976.

Goldman, J., & Coone, J. Family therapy after divorce: developing a strategy. *Family Process, 16*(3), 357-62, 1977.

Goldstein, J., Freud, A., & Solnit, A. *Beyond the Best Interests of the Child.* New York: The Free Press, 1973.

Grief, J. B. Fathers, children, and joint custody. *American Journal of Orthopsychiatry, 49*(2), 311-330, 1979.

Grote, D., & Weinstein, J. Joint custody: A viable and ideal alternative. *Journal of Divorce, 1,* 43-53, 1977.

Hess, R., & Camara, K. Post-divorce family relationships as mediating factors in the consequences of divorce for children. *Journal of Social Issues, 35,* 79-96, 1979.

Hetherington, E. Divorce: A child's perspective. *American Psychologist, 34,* 851-858, 1979a.

Hetherington, E. Family interaction and social, emotional and cognitive development of children following divorce. In V. Vaughn & T. Brazelton (Eds.), *The Family: Setting Priorities.* New York: Science and Medicine, 1979b.

Hetherington, E., Cox, M., & Cox, R. The aftermath of divorce. In J. Stevens & M. Mathews (Eds.), *Mother/Child/Father/Child Relationships.* Washington, D.C.: National Association for the Education of Young Children, 1978.

Hetherington, E., Cox, M., & Cox, R. Play and social interaction in children following divorce. *Journal of Social Issues, 35,* 26-49, 1979.

Irving, H. H., Benjamin, M., & Trocme, N. Shared parenting: An empirical analysis utilizing a large data base. *Family Process, 23*(4), 561-570, 1984.

Kalter, N. Children of divorce in an outpatient psychiatric population. *American Journal of Orthopsychiatry, 47,* 40-51, 1977.

Kalter, N., & Renbar, J. The significance of a child's age at the time of divorce. *American Journal of Orthopsychiatry, 51*(1), 58-100, 1981.

Kelly, J. Visiting after divorce: Research findings and clinical implications. In L. Abt & R. Stuart (Eds.), *Children of Separation and Divorce.* New York: Van Nostrand Reinhold, 1981.

Kelly, J., & Wallerstein, J. The effects of parental divorce: Experiences of the child in early latency. *American Journal Orthopsychiatry, 46*(1), 20-32, 1976.

Kelly, J., & Wallerstein, J. Brief interventions with children in divorcing families. *American Journal of Orthopsychiatry, 47*(1), 23-39, 1977a.

Kelly, J., & Wallerstein, J. Part-time parent, part-time child: Visiting after divorce. *Journal of Clinical Child Psychology, 6*(2), 51-54, 1977b.

Keshet, H., & Rosenthal, K. Fathering after marital separation. *Social Work, 23*(1), 11-19, 1978.

Magrab, P. For thes sake of the children: A review of the psychological effects of divorce. *Journal of Divorce, 1,* 233-245, 1978.

McDermott, J. F. Divorce and its psychiatric sequelae in children. *Archives of General psychiatry, 23*(11), 421-517, 1970.

Roman, M., & Haddad, W. *The Disposable Parent: The Case for Joint Custody.* New York: Holt, Rinehart and Winston, 1978.

Rosen, R. Some crucial issues concerning children of divorce. *Journal of Divorce, 3,* 19-25, 1979.

Steinman, S. The experience of children in a joint custody arrangement: A reports of the study. *American Journal of Orthopsychiatry, 51*(3), 403-

414, 1981.

Wallerstein, J. S., & Kelly, J. B. The effects of parental divorce: Experiences of the child in later latency. In J. Skolnick & A. Skolnick (Eds.), *Family in Transition*: II. Boston: Little, Brown, 1977.

Wallerstein, J. S., & Kelly, J. B. Divorce and children. In J. D. Noshpitz et al. (Eds.), *Basic Handbook of Child Psychiatry, IV.* New York: Basic Books, 1979.

Wallerstein, J. S., & Kelly, J. B. *Surviving the breakup: How children and parents cope with divorce.* New York: Basic Books, 1980.

Wallerstein, J. S., & Kelly, J. B. California's children of divorce. *Psychology Today, 13*, 67-76, 1980.

Westman, J. Effect of divorce on children's personality development. *Medical Aspects of Human Sexuality, 6*, 38-55, 1972.

Williams, F. S. Children of divorce: Detectives, diplomats or despots? *Marriage and Divorce. I.* New York: Abraxas Communications Pulishing Co., 1974.

Williams, F. S. What can judges do to ameliorate the effects of divorce on parents and children? *Family Laws News, 6*(1), 1-8, 1982-83.

Woolley, P. *The Custody Handbook.* New York: Summit Books, 1979.

제5장 배변장애를 가진 아동을 위한 장기 가족치료

1. 들어가는 글

야뇨증이나 만성적으로 대변을 실금하는 것은 신체적으로 나타나는 심리적 장애로서 이와 같은 역기능은 아이의 심리 및 사회성 발달을 저해하기 때문에 자아상을 위축시킨다. 이와 같은 장애는 잠복기의 소년에게서 빈번하게 발생하는 것을 볼 수 있다. 아이가 대소변을 가리지 못하는 것은 어머니에게는 불만, 분노, 죄책감을, 아버지에게는 혐오와 실망을, 형제에게는 당황스러움을, 본인에게는 자기혐오를 일으키기 쉽다.

치료사는 배변장애가 있는 가족들에게 어떤 일관된 양상이 나타난다는 것을 경험을 통하여 알게 되었다. 그 예로서, 어머니가 아들에게 대소변 훈련을 시키려고 지나치게 개입하는 나머지 두 사람 사이의 관계가 뒤엉키게 되어 감정의 거리를 두거나 객관성을 유지하기가 어렵다는 것과, 어머니가 아들의 배변장애 대하여 심하게 자책을 한다는 것을 들 수 있다. 이러한 어머니들의 성격은 일반적으로 지나칠 만큼 친절하고 온화하다. 아버지들은 엄격하고 배려 깊은 성품으로 보이지만 근무시간이 길

거나 특별 근무시간 때문에 아이들과 쉽게 접촉하지 못하고 아이들에게
훌륭한 교육과 물질적인 편안함을 주려는 욕구 때문에 성공하려는 의지
가 강하다. 일반적으로 이런 아이들의 동생들은 여러 면에서 매력적이고
문제가 없으며, 적당한 나이에 대소변을 통제하기 때문에 부모에게는 더
없이 사랑스럽다. 치료사의 경험상 배변장애를 가진 아이들은 대부분 매
력적이고 단정한 외모를 갖고 있으며 여러 가지 학업활동에서 우수하다.
그들이 반항적인 행동을 하는 경우에는 주로 어머니가 그 대상이 된다.
아버지와의 관계는 좋은 것으로 나타나며 아버지와 함께 보내는 시간이
많지 않다는 것에 대해서 화를 내는 정도다. 배변장애를 가진 아이들의
부모들은 자녀가 가지고 있는 좋은 품성을 자랑스럽게 생각하지만 대소
변을 가리지 못한다는 것에서 아이들은 어쩔 수 없이 '희생양'의 입장에
놓이게 된다. 의사소통양식이 가족마다 다르기는 하지만 그들 모두가 의
사소통에서 장애를 나타내는 것을 볼 수 있다. 의사소통이 명료하지 못
한 것은 보편적인 현상으로서 이따금 유머를 통해 메시지를 감지해 내는
경우가 많다. 가족미술치료 작업에 나타나는 그들의 표현내용과 유형은
다음과 같다.

① 어머니의 미술작업은 '자유로운' 스타일을 보여 준다. 그것은 혼자
이고, 느슨하며, 구조가 결여된 형태로서, 작업의 관심이 여러 방향
으로 분산되게 나타난다.
② 아버지는 확고한 기저를 제공한다. 그의 작품 속의 대상들은 분명
하게 정의된 표상적인 요소를 나타낸다.
③ 나이 어린 동생들은 많은 공간을 차지하면서 중간에 위치한다.
④ 환자는 처음에는 억제하는 경향이다가 나중에는 자기주장을 하는
경향이 된다. 환자의 작품에 나타나는 상징들은 대부분 어머니의
그림과 관련이 있다.

배변장애가 있는 아이를 치료하는 동안, 치료사는 미술치료의 다양한
방법의 적용이 효과적임을 발견했다. 많은 경우 첫 번째 면접을 하는 동

안 미술치료가 배변장애를 가진 아이의 문제를 도와 주는 것에 효과적임을 알아차리게 된다. 이러한 상황에서 자기 통제와 부모의 긍정적인 강화 프로그램이 언급되며 장애아이가 목표를 달성할 가능성이 있는지 여부에 대해 언급된다. 이 같은 설명은 가족들과 환자에게 희망의 고취를 위하여 반복적으로 언급되어야만 한다. 치료가 성공하려면 희망적인 결과에 대한 치료사의 확신이 필요하다.

가족치료와 함께 환자에 대한 개인치료도 필요하다. 개인치료는 두 가지 점을 강조한다.

첫째는 자기통제에 초점을 두는 것이고, 둘째는 자기표현을 할 수 있는 분위기를 조성하는 것이다. 미술치료실에서는 상징적인 배설물(대변)이라고 할 수 있는 작품이 만들어지고 그것에 대한 토론이 이루어진다. 문제를 탐색하기 위한 이 같은 작업은 비판이 배제된 것이기 때문에 치료동맹을 형성하는 중요한 요인이 된다. 치료사는 배변장애가 있는 소년들로부터 내적인 정서와 갈등이 억제된 것을 발견했다. 이런 이유 때문에 미술작품이라는 상징물을 통해서 아이들의 정서를 환기시켜 주는 것은 매우 중요한 일이다.

그림의 내용은 과거의 정신적 충격을 준 심리적 단서를 찾게 해 주며 아이의 행동에 대한 원인을 알게 해 주는 근거가 된다. 통찰력을 갖게 되는가의 여부와 관계 없이 치료목적으로 사용되는 특정한 미술활동은 자율성, 자기통제, 자존심 고양을 강화시키게 된다. 따라서 가족 전원은 치료과정을 통하여 효과적인 의사소통과 상호작용을 하게 되고 또한 가족 역동성에 대해 인식하게 됨으로써 많은 것을 얻게 된다.

2. 사례소개

다음의 사례는 장기 가족치료를 한 경우로, 이를 통해 가족미술치료의 전 과정을 상세하게 알 수 있게 될 것이다. 배변장애 문제는 매주 가족치료나 공동치료를 통해 다루어지는 동시에 부수적으로 실시된 환자의 개인치료를 통해서도 다루어졌다. 여기에서는 아동을 위해 실시되었던 개인치료 세션 중 중요한 부분만 발췌하여 소개한다.

3. 사건개요

손텍 부인은 아들의 배변장애로 인한 불만스러움이 절망과 좌절감으로 바뀌게 된 상황에 처하게 되어 도움을 요청했다. 그녀는 9세 된 아들 피터가 대소변을 가리지 못하는 것에 대하여 강하게 분노하고 있었고, 처음 치료사와 전화통화를 했을 때 참을 수 없는 그녀의 상황을 다음과 같이 보고했다.

> 오늘 아침 오줌에 흠뻑 젖은 침대 시트를 세탁기에 던지는 순간 더 이상은 참을 수 없었어요. 집안은 온통 고약한 냄새 뿐이었고, 나는 두 아들이 결코 오줌싸는 것을 멈추지 않을 것이라고 생각하게 됐어요. 이러한 사실 자체가 화나는 것 외에도 나의 손과 무릎이 혹사당해야 하는 것을 참을 수 없어요. 나는 매일 피터의 침대 밑에 들어가 배설물이 묻은 옷들을 찾아내야만 하거든요. 그는 냄새나는 속옷을 보이지 않는 곳에 숨기는 습관이 있어요. 그것은 이제 하나의 숨바꼭질 놀이가 되어서 그는 숨기고 나는 찾는 거예요. 내가 실패했다는 생각을 떨쳐버릴 수가 없어요. 다 큰 아이가 갓난아기처럼 옷에 배설을 하고 있다고 생각해 보세요. 나는 오늘 너무도 화가 나서 일하러 가지도 않았어요. 그래서는 안 되는데. 부디 피터의 문제를 도와 줄 수 있기를 바래요.

치료사는 피터의 부모에 대한 부부치료를 약속했다. 부부치료의 목적은 환자의 생육사를 수집하는 데 있다. 일반적으로 첫 면접에서 치료사는 부모에게 그들의 걱정을 털어놓을 기회를 주어야만 한다. 만일 이와 같은 과정이 없게 된다면, 부모들은 치료사가 자신들의 문제를 진지하게 받아들이지 않는다고 느끼기 때문에 더 이상 치료를 계속하기가 어렵게 된다. 부모와의 첫 면접은 긍정적인 변화를 일으키는 데 도움을 준다.

1) 제1회 세션-부부치료 : 어머니와 아버지

치료사가 처음으로 피터의 부모를 만났을 때 그들의 정서적인 면이 아주 대조적이었다는 것이 인상적이었다. 아버지가 무표정한 얼굴에 냉담하고 조용하고 자그마한 목소리의 소유자였던 반면 어머니는 온화하고 상냥하면서 빠른 어조로 말하는 신경과민적인 면모를 보이고 있었다. 자신과 가족에 대하여 이야기할 때 그녀는 다양한 정서적인 면모를 나타냈다.

피터의 부모는 모두 35세였다. 그들은 21세에 약혼하고 일 년 뒤에 결혼했다. 비록 최근 몇 달 동안 피터의 배변장애가 그들 관계에 긴장과 마찰을 일으켰지만, 그들은 자신들의 13년에 걸친 결혼생활이 성공적이었다고 믿고 있었다.

아버지 존은 우체국에서 일하고 있었는데 두 아들과 많은 시간을 보내기 위하여 밤 10시에서 새벽 5시까지 일하는 밤근무를 하는 것에 부부가 동의하여 나름대로 그러한 일정에 적응해 오고 있었다.

어머니 로리는 결혼해서 지금까지 단과대학의 행정사무원으로 일하고 있었다. 그녀의 직업은 파트타임이었지만 가계를 꾸려가면서 수입이 있다는 것은 그녀에게 자긍심을 갖게 했다.

부모는 그들의 아이들(9세의 피터, 7세의 미키)이 '멋진 아이들'라고 하면서 피터의 경우, 배변문제만이 골칫거리고, 다른 모든 면에서 '결코 화를 내지 않고 잘 적응하는 유순한 아이'라고 했다. 부모는 피터가 배변장애만 제외하면 상냥하고, 학급에서 인기가 있으며 성적도 좋고 운동도 잘하는 아주 근사한 소년이라고 했다.

❖ 배변장애의 배경

피터의 배변훈련은 2세부터 시작되었다. 피터가 3세였을 때, 어머니는 그가 배변조절을 하지 못하는 것 때문에 소아과를 찾아간 일이 있었다. 그 당시 의사가 아이의 행동에 대해 너무 긴장하지 않도록 충고했지만 그녀는 가족과 친지들의 압력 때문에 긴장하지 않을 수 없었다.

피터가 유치원을 다니기 시작하자, 거기에서 일주일에 여러 번 오줌을 싸는 일이 일어났다. 교사와 의논을 한 후 갈아 입힐 여분의 옷을 가지고 가서 더러워진 옷을 바꿔 입게 했다. 1학년 때에도 똑같은 일이 반복되었다. 2학년 때 피터의 체격은 급우들보다 훨씬 컸기 때문에 선생님이 그를 '가장 힘이 센 학생'으로 인정하는 새로운 상황이 발생했다. 그의 책임은 싸우는 아이들을 말리는 것이었다.

바로 그와 같은 책임을 맡게 된 시기에 교실이나 학교에서 매일 오줌을 싸는 일이 일어났기 때문에 어머니는 그에게 부여된 책임이 부정적인 영향을 미쳤다고 주장했다.

교사회의에서 담임선생님은 수업 중 배변규칙에 관한 예외 규정을 두기로 합의했는데, 그것은 필요한 때에 화장실을 사용하도록 허락해 주는 것이었다. 이 계획은 성공적인 결과를 가져왔다. 다행히도 이 예외 규정은 피터에게 적합한 것이었다. 3학년에서도 같은 선생님이 아이를 맡게 되었으므로 그는 배설하고 싶을 때마다 화장실에 갈 수 있었다. 이와 같은 학교측의 배려로 피터가 2년 동안 학교에서 오줌싸는 일은 없었지만 그는 집에서는 매일 오줌을 쌌다.

최근에 피터는 4학년이 되었다. 어머니는 새로운 선생님에게는 이 사실을 알리지 않기로 결심했는데 그녀의 친지들은 선생님과 학생들 가운데 피터에 대한 나쁜 소문이 날 수도 있기 때문에 좋지 않은 생각이라고 반대했다. 그럼에도 불구하고 어머니는 자신의 결심을 강행하면서 지난 주일 동안 피터를 학교에서 집으로 데리고 왔는데, 그때마다 피터가 변이 묻은 팬티를 입고 있는 것을 발견하게 되었다. 그리고 최근에는 야구를 하던 중에 피터가 옷에 대변을 보는 일에 발생했다. 피터는 '아무도 구린내를 알아채지 못했기 때문에' 자신이 옷에 배설한 것을 다른 아이들이 눈치채지 않았다고 주장했다.

최근 몇 년에 걸쳐서 피터의 부모는 의학적 검사와 함께 소아과 의사와 수없이 상담했고 피터의 배변장애는 신체적인 원인이 아니라는 것이 판명되었다. 의사는 부모에게 "너무 걱정 마세요. 차차 나아질 거예요." 라고 했다.

의사의 견해에도 불구하고 어머니는 여전히 치료사가 피터의 문제를 심리적인 것이라기보다 신체기관의 역기능 때문이라고 평가내리기를 원했다. 그러나 남편은 그렇지 않았다. 그는 피터의 배변장애가 관심을 끌려는 아이 차원의 방법이라고 믿었다. 그리고 자신의 아버지와 형제들이 청년 중기까지 배변장애가 있었다고도 말했다. 새로운 사실을 알게 된 어머니는 피터의 문제가 어떤 유전적인 요인에서 비롯된 것일지도 모른다는 생각에 죄책감에서 조금은 벗어날 수 있었고, 아들의 행동에 대해 논리적으로 이해할 수 있게 되었다.

피터의 부모는 미키가 형보다 자기주장이 더 강하고 덜 유순한 편이라고 말했고, 어머니는 미키의 배변훈련을 피터와는 전혀 다른 자발적인 방식으로 이루어졌다고 말했다. 그녀는 미키로 하여금 스스로 배변조절을 하도록 허용했으며, 자기 방식을 고집하지 않았고 미키가 3세에 화장실 사용을 잘 할 수 있게 된 것에 대해 아주 자랑스러워 했다.

치료세션을 끝내면서, 다음 주일에 가족 모두가 참여하는 미술치료를 하기로 약속했다. 사무실을 떠나기 전 어머니는 치료사에게 자신이 배변장애라는 말에 친숙해졌다고 말했다. 지성적인 어머니는 자신이 저지른 가장 큰 잘못은 피터가 너무 어릴 때 배변훈련을 엄격하게 시킨 것이었으며 "나는 바보같이 실패한 엄마다."라고 말했다.

2) 제2회 세션-가족상담 : 가족 모두 참석

(1) 피터와 미키에 대한 인상

피터와 미키는 서로 닮았고 그들의 나이보다 조숙해 보였다. 9세인 피터는 11세로, 7세인 미키는 9세로 보였다. 큰 키에 넓은 어깨를 가진 그들은 작은 미식축구선수처럼 건장했으며, 외모는 깨끗하고 깔끔했다. 전체적인 모습에 어울리지 않는 유일한 것이라면 앞이마에 흘러내린 금발의 곱슬머리였다. 피터는 예의바르고 수줍은 편이어서 대화를 주도하기보다 반응하는 쪽이었다. 그는 그림을 "아주 좋아한다."고 말하면서도 "기쁘다."는 감정을 표현할 때조차 무덤덤한 표정이었다.

미키는 공손했지만 형보다 열정적이며 적극적이었다. 치료실에서 행해질 미술활동에 대해 많은 질문을 했던 이 아이는 일반적으로 가족을 촉진시키는 질문에 반응하는 경향을 보였다.

준비과정이 끝난 후 가족은 치료적 도움을 찾게 된 이유에 대해 말했고 치료받으러 온 목적을 확인한 치료사는 가족미술치료의 방법과 효율성에 대해 간단히 설명했다.

가족에게 한 첫 번째 지시는 각자가 다른 색깔의 크레용을 선택하는 것이었다. 미키가 맨 처음으로 붉은색을 선택했고, 어머니는 두 번째로 초록색, 피터는 검은색, 그리고 마지막으로 아버지는 오렌지색을 선택했다.

다음 단계는 가족동맹을 찾아내는 것으로, 피터의 가족에게 두 팀으로 나누어지도록 지시했다. 맨 처음 피터가 어머니와 한 팀이 되고 싶은 욕구를 나타냈고 어머니가 동의표시로 고개를 끄덕이자 어머니와 팀이 되었고 아버지와 미키가 한 팀이 되었다. 아버지와 미키는 한 팀이 된 것을 기뻐하는 것 같았다.

(2) 비언어적 가족미술과제

두 집단으로 나누어진 가족은 각각 한 장의 종이를 가지고 두 사람이 함께 미술작업을 해야 한다는 지시를 받았다. 그 순서는 먼저 서로 말하거나 신호를 보내지 않고 그림을 그리고, 그림이 완성된 후 제목을 만들기 위해서는 서로 이야기할 수 있다는 것이었다.

❖ 어머니와 피터팀의 경우

피터는 종이 왼쪽 귀퉁이에 집 하나를 그리고 거기에 붙어 있는 집을 그렸다(현재 공생상태라는 것을 보여 주는 표징). 어머니는 심장과 꽃을 그렸다. 서로 말하는 것이 허락되었을 때조차도 그들은 침묵을 지켰다. 각자가 자신의 그림 위에 제목을 썼다. 피터는 '두 집'이라는 이름을 붙인 반면에, 어머니는 '심장과 꽃'이라고 이름을 붙였다. 두 그림은 그린 사람의 감정과 일치했다. 아이는 사람과 감정을 수용하는 것을 기피한 반면, 어머니의 온화함과 애정은 생생하게 표현되었다.

❖ 아버지와 미키팀의 경우

각자 자신 쪽을 향한 종이에 그림을 그렸다. 미키는 야구하는 소년을 그렸고, 아버지는 편지를 분류하는 기계를 그렸다. 그림이 완성되자 그들은 제목에 대해 의논했다. 최종적인 결정은 각자가 자신의 그림에 제목을 붙이는 것이었다. 미키는 '야구연습'이라고 했고, 아버지는 '편지를 분류하는 기계'라고 했다.

(3) 언어적 가족미술과제

시간적 제한 때문에 비언어적 가족화 기법은 생략하고 언어적인 가족화 작업을 하기 위하여 가족 구성원들은 벽에 붙어 있는 커다란 종이쪽으로 안내되었다. 치료사는 가족에게 서로 이야기하면서 함께 하나의 그림을 그리도록 지시했다.

아버지는 그의 가족에게 "우리 무엇을 그릴까?"라고 맨 먼저 말했다. 미키가 즉시 '공원'이라고 대답했다. 아버지는 미키가 자신의 생각대로 먼저 그리기 시작하도록 뒤로 물러섰다. 아이는 아주 기뻐하면서 종이의 중심부 쪽으로 걸어갔다. 그는 오랜 시간 동안 큰 나무를 정교하게 그렸다. 어머니는 재미있다는 듯이 웃다가 아들이 중심부를 너무 많이 차지하는 것을 지켜보더니 "나도 서둘러 그리는 게 좋겠구나."라고 신경질적으로 중얼거리면서 미키와 합세해 커다란 태양과 꽃 하나를 그렸다. 그 다음으로 아버지가 아내의 태양을 더욱 멋지게 만들었고, 계속해서 미키의 나무에 잎사귀와 줄기를 더 많이 그려 넣어서 멋진 나무가 되게 했다. 어머니는 그림에 몰두하게 되면서 종이의 윗부분 전체에 파도를 그리고는 그림의 사면전체를 나선형의 형태로 두르는 작업을 했다.

피터를 제외한 전 가족이 그림 그리는 일에 적극적이었다. 피터는 참가하도록 요청해 줄 것을 기다리면서 한쪽 편에 서 있었다. 마침내 그는 자신이 완전히 제외될 수도 있다는 것을 깨닫자 그림쪽으로 다가가서 희미한 선의 산과 어머니의 파도 위에 별로 크지 않은 굵은 나선형 모양들을 그렸다. 그는 그것을 '하나의 회오리바람' 이라고 말했다.

어머니는 오랫동안 멈추어 서서 가족들이 그린 것을 살펴 보더니, 미키의 나무보다 더 큰 나무를 하나 그렸다. 그리고 나서 피터가 그린 산 꼭대기에 사람을 그렸고, 피터는 어머니가 그린 사람에게 스키를 그려 넣음으로써 어머니의 관심을 끌고자 했다. 가족 모두가 작품이 완성되었다고 생각하고 있을 때 미키가 조용히 일어서서 어머니의 꽃에 한 번 더 색칠을 했다.

아버지는 뒤로 물러서서 가족화를 쳐다보았다. 그는 피터의 그림이 미흡하다는 것을 지적하려고 하는 것 같았다. 아버지는 피터의 검은색이 자신의 오렌지색과 어울리지 않는다고 주장했다. 이 말은 피터가 색깔 선택을 잘못했다는 비난으로 들렸다. 치료사는 아버지가 피터 다음으로 색깔을 선택했다는 사실을 조용히 말했다.

미키가 제일 먼저 작품의 제목을 제시하며, 아버지에게 '공원' 이라고 쓸 것을 허락해 달라고 했고, 아버지가 허락하자 그림 위에 제목을 대담하게 썼다(그림 38).

⑷ 가족 내 지도자의 역할에 대한 토론

가족 구성원의 역할에 대한 참가자들의 인식을 알기 위해 "작업과정에서 누가 지도자였습니까?"라는 질문을 했다. 역동성을 현실적인 측면에서 본 피터는 '미키' 라고 대답했다. 그는 그 이유를 동생이 제일 먼저

[그림 38] 가족화

그림을 그렸고, 그가 제안한 '공원'이라는 주제가 받아들여졌고, 제목까지 썼기 때문이라고 설명했다. 그러나 다른 사람들의 생각은 피터와 달랐다. 아버지는 그의 아내가 '가장 많은 그림'을 그렸기 때문에 지도자라고 했다. 어머니는 남편이 그림을 '이끌어 갔고' 모든 책임을 졌기 때문에 남편이 지도자라고 말했다. 미키는 어머니와 같은 생각이라고 했지만, 그 이유를 설명하지 못했다.

가족들이 가족 내의 지도자 역할에 대한 각자의 생각을 표현한 후 치료사는 그동안 관찰한 것을 토대로 자신의 견해를 이야기하는 역할을 했다. 이 같은 역할은 가족치료사로서 해야 하는 적극적인 역할로서 가족에게 그들의 상호작용을 학습할 기회를 제공하게 되었다. 가족 역동성에 대한 피드백을 할 때 치료사의 재치와 기민함은 필수적이다. 치료사의 태도나 '우두머리', '지도자', '권위'와 같은 단어를 사용할 때는 가족 구성원 각자에게 적합하게 선택되어져야 한다. 어떤 가족에게는 유머가 생산적인 반면에, 어떤 가족에게는 진지한 태도가 더욱 치료에 적합할 때가 있다.

치료사는 "미술작업상에 나타난 것은 보통 가정에서의 상호작용과 비슷합니다."라고 말하면서 관찰한 바를 이야기하기 시작했다. 치료사는 미키가 가족화를 시작한 사람일 뿐만 아니라 어머니가 그린 꽃에 색칠을 하는 것으로 작업을 끝낸 사람이기 때문에 미키가 지도자라고 했던 피터의 주장을 재확인하면서 가족화 속의 미키의 그림이 작품의 중심부에 있을 뿐만 아니라 많은 공간을 차지하고 있다고 말했다. 또한, 이것으로 미루어보아 이 아이가 가정에서도 동일한 방식으로 행동한다고 가정할 수 있다고 말했다.

다음으로 피터의 행동이 언급되었다. 치료사는 그가 참여하도록 요청 받기 위해 오래 기다렸으므로 그는 거의 완전히 제외되었다고 지적했다. 또 하나의 추측은 어머니에 대한 그의 분노에 관한 것이었다. 치료사를 마술사로 보지 않도록 하기 위해 치료사는 '어머니가 그린 파도' 위에 피터가 '회오리바람'을 그린 것을 기초로 추측했다고 말하면서 가족들로 하여금 그림을 바라보도록 지시했다. 이러한 치료사의 해석에 피터는 치료사를 고마운 시선으로 바라보았다. 이제까지 분노의 감정을 언어화하지 않았던 피터는 자신의 비언어적인 그림이 정확하게 분석되는 것을 통해 카타르시스를 경험했다. 치료사는 요점을 다음과 같이 다시 정리했다. 어머니가 피터의 산 위에 사람을 그림으로써 그와 관계를 맺자 그는 스키를 첨가함으로써 적극적으로 반응했다고 지적했다.

또다시 치료사는 이 같은 상호작용 양식들이 가정에서도 나타났을 것이라고 말하면서 가족이 구체적으로 이해할 수 있도록 예를 들어 설명했다. 가족이 함께 시간을 보내고 있을 때 미키가 주로 제안하는 역할을 했을 것이라고 가정할 수 있는데 그 이유는 피터가 자신의 생각을 이야기할 기회를 갖지 못했을 것이기 때문이다. 어쩌면 이것은 그가 부모를 시험한 방법이었을 지도 모른다. 만일 부모가 눈치채지 못해서 관심을 보이지 않았다면 그는 자신의 분노를 비언어적인 방법으로 표현했을 것이다. 그 예로서 그는 어머니가 지시한대로 따르지 않았을 것이라고 했다. 부모는 피터가 어떻게 부모와 '맞서려고' 했는지 자신들이 관찰한 예들을 열거하면서 치료사의 통찰에 동의했다.

다음으로 초록색 선들로 구성된 어머니의 그림이 관찰되었다. 나선형의 선들은 상당한 면적을 차지하면서 그림 전체를 감싸고 있었고 어머니를 포함한 모든 사람들은 그것을 보고 웃었다.

치료사는 부드러운 태도로 "어머니는 모든 공간에서 일어나고 있는 것을 알고 싶어 하고 가정에서도 이와 같을 것이다. 아마도 그녀는 방들을 일일이 점검하고 엄격하게 관리하는 것을 좋아하는 것 같다"라고 말했다. 가족들은 치료사의 추측이 정확하다는 듯한 눈빛으로 다시 한 번 치료사를 바라보았다.

마지막으로 아버지의 검은색 그림이 언급되었다. 치료사는 아버지가 '일을 결정하는' 사람이며, '마무리를 하기' 좋아하는 사람이라고 말했다. 이와 같은 가정은 아내의 태양을 '더욱 훌륭하게 보이도록' 하고, '미키의 나무를 더욱 풍성하게 한' 그의 행동에서 비롯된 것이었다. 피터에 대한 아버지의 기피는 두 사람의 색깔이 부조화한다는 것을 주장했을 때 이미 지적된 사실이었다. 이것은 "아버지는 모든 것이 서로 조화를 이루거나 적당한 것을 좋아하며 그가 좋아하는 것이 아니면 기피하는 경향이 있다는 것을 의미한다."고 치료사는 말했다. "만일 아버지가 가족 중 어느 한 사람과 일치하지 않는다면 그는 불일치에 대해 이야기하거나 고함을 치거나 하지 않고, 신문을 읽거나 혼자서 다른 일을 하는 식으로 기피할 것이다."라고 예를 들어 설명했다. 어머니와 피터는 치료사의 말이 사실이라고 말하면서 비슷한 다른 예들을 들었다.

치료세션이 끝나자 가족들은 미술치료에 대해 깊은 감명을 받은 듯 했다. 미키를 제외한 가족 구성원들은 스스로에 대한 통찰을 획득한 것에 대해서 기뻐하는 것 같았다.

(5) 가족의 역동성

비록 가족 역동성이 많이 나타났지만, 치료사는 미술치료과정을 평가하는 동안 지나치게 부담이 되게 하는 것이나 직접적인 언급을 하는 것은 피했다. 부적당한 시기에 해석을 하는 것은 가족에게 불리할 수 있기 때문에 말로 하지 않고 기록하는 것이 좋다. 가족화 과정에서 말하지 않고 기록했던 것을 정리하면 다음과 같다.

① 회오리바람으로 나타난 피터의 적대감은 부모로부터 동생만큼 많은 관심을 받지 못하는 것에 대한 분노의 표현으로서 그의 배변장애 행동과 관련이 있을 것이다.

② 피터가 아버지나 동생과의 접촉을 기피한 것은 아버지에게서 거부된 것에 대한 감정과 미키와의 경쟁관계 때문에 비롯된 것이었다.

③ 아버지(어쩌면 어머니)를 시험하는 피터의 방법은 가족의 개입으로부터 제외될 수 있기 때문에 자기파괴적인 것이다.

④ 어머니의 느슨한 그림작업은 그녀의 구조성의 부족과 자기애적인 개입방식을 보여 주고 있다.

⑤ 어머니는 미키와의 접촉을 기피했다. 미키에 대한 그녀의 유일한 반응은 경쟁적으로 아들보다 더 큰 나무를 그린 것이었다.

⑥ 어머니와 미키는 그림 그리는 방식이 비슷했다. 그것은 7세에 적당한 방법으로서 어머니의 미숙함을 나타냈다.

⑦ 아버지는 어머니의 태양을 '보완' 함으로써 그녀가 그에게 '만족스럽지 못하다.' 는 것을 암시했다.

⑧ 아버지는 피터가 색깔을 선택한 후에 자신의 색깔을 선택함에 있어서 무의식적으로 아들과 조화가 되지 않는 색깔을 선택했다.

⑨ 아버지는 그림의 주제에 대해 질문함으로써 가족화를 시작했지만, 미키에게 먼저 그리도록 암묵적 지시를 한 다음 자신의 권위를 철수했고 더 이상의 방향제시는 하지 않았다.

⑩ 미키는 가족 내에서 부적절한 지도자 역할을 하고 있다.

❖ **피터에 대한 평가를 위한 개인치료 세션**

가족치료와 함께 피터의 개인치료가 추가로 행해졌다. 이는 첫 가족치료세션이 있었던 같은 주에 행해졌으며 주어진 과제 중의 하나는 투사적 검사 중의 하나인 집-나무-사람(HTP)(Buck, 1970)을 그리게 한 것으로 치료사는 색깔을 써도 좋다고 했다. 그러나 아이는 검은색 사인펜을 선택함으로써 색깔을 쓰지 않았다. 그의 집 그림에는 하나의 창문만 있었다. 치료사가 "창문 뒤에는 어떤 방이 있었니?"라고 묻자 피터는 "화장실"이라고 대답했는데 이는 그의 배변훈련과 배변을 참으려 하는 그의 행동을 의미한다고 하겠다.

피터는 나무에 대한 질문에는 "5세 소년의 나무"라고 대답하여 스스로를 미숙하다고 생각함을 보여 주었고, "이 나무에게 있을 수 있는 최선이 무엇이냐"고 했을 때 자유롭고 느슨하게, 더 크게 자라는 것이라고 했다. 이는 피터가 자신의 항문기적인 고착에서 벗어나고자 하는 자신의 소망을 표현한 것으로 볼 수 있다. 또한 "나무에게 일어날 수 있는 최악의 상황이 뭐라고 생각하니?"라는 두 번째 질문에 대해 피터는 "나무가 강한 어른에 의해 찍혀져 쓰러지는 것"이라고 말함으로써 그의 거세불안을 나타냈다. 치료사는 지금까지 "나무가 찍혀서 쓰러졌다."라는 표현은 많이 들어 왔지만 가해자가 누구인지까지 언급하는 것은 드문 일이었다.

치료사가 사람그림으로 넘어가 누구냐고 묻자 피터는 "37세(아버지의 나이와 거의 비슷한 나이)의 행복한 남자다."라고 말했다. 남자에 대해 다시 물었을 때 피터는 "그 남자는 우체국에서 일한다."라고 대답했다. 이 두 가지 진술은 피터가 아버지와 동일시하고 있다는 것을 증명해 주었다. 치료사는 "나는 이 사람이 행복한 사람이라는 것을 알고 있어. 그러나 어떤 것이 그를 화나게 하는지 말해 보겠니?"라고 물었지만 그는 반복해서 "모르겠어요."라고만 대답했다. 이것은 아버지가 수동-공격성(그림 39)을 가지고 있다는 것을 나타내는 것일 수 있다.

[그림 39] H-T-P 그림

　집-나무-사람을 그리는 것에 덧붙여 피터에게 세 가지 소원을 그려 보라고 했다. 첫째 소원으로 그는 소유하고 싶은 장난감 가게를 그렸다. 그러나 피터가 실제로 몰두한 것은 둘째 소원이었는데 그것은 대저택과 천 달러짜리 지폐 한 장이었다. 그는 돈이 "4개의 침실과 5개의 화장실을 가진 대저택을 살 수 있게 할 것"이라고 선언했다. 그림 속의 집은 2층 집으로, 2층에 4개의 창문이 있으며 그림에서 보이는 창문은 '나의 침실과 화장실'이며, 바로 아래층은 '어머니의 침실과 화장실'이라고 말했다. 그림에서는 집의 뒷면을 볼 수 없음에도 불구하고 그는 집의 뒷면에는 아버지와 동생을 위한 침실과 화장실이 있다고 말했다.

　시각적으로 어머니와 자신의 침실과 화장실 공간을 강조한 것과 마찬가지로, 부모의 방을 분리한 것은 아이의 오이디푸스 콤플렉스적인 갈등을 의미할 수 있다. 또한 그림은 아마도 신체적인 기능들과 자위에 대한 강박관념이 있음을 암시하는 듯 하다. 이것은 부엌, 응접실, 가족이 함께 지내는 공동의 공간이 아닌 '개인적인 공간'에 관심을 나타내고 있는 것을 통해 알 수 있다.

　피터의 세 번째 소원은 십자가와 천국의 문을 나타내고 있었는데, 그것은 그의 소원이 '결코 죽어 없어지지 않을 것'임을 드러냈다(그림 40). 죽음에 관한 그의 걱정은 죄책감과 처벌에 관련성이 있을 것이다.

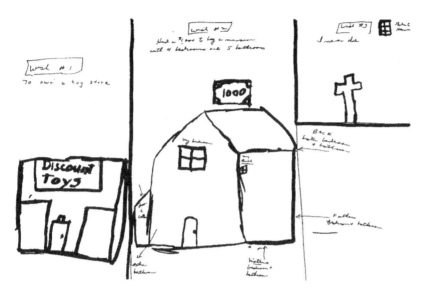

[그림 40] 세 가지 소원

비록 투사적 검사들이 결정적인 것을 보여 준다고 할 수는 없지만 이는 환자의 인식과 환상에 대한 가치 있는 정보를 제공한다고 할 수 있다.

❖ 피터를 평가하기 위한 개인치료

두 번째 가족치료와 같은 주에 행해진 개인치료는 아이 스스로 주제를 정하고 자료를 선택하여 원하는 것을 만들도록 하는 지시와 함께 시작했다.

피터는 처음에 '스타워즈(Star Wars)'라는 영화 속의 남자와 여자를 그리기 위해 연필을 사용했다. 스케치를 한 후 그는 아주 조심스럽게 색칠을 했다. 그림 속의 남자와 여자 간의 대화를 시도해 보게 하자 그는 정확한 단어를 사용하려고 모든 노력을 기울였다. 이야기 속에서 그는 "한 남자는 젊었고 한 여자전사를 아주 사랑했다. 젊은이는 나이 많은 대장으로부터 그녀를 빼앗았다. 나이 많은 지배자는 화를 냈지만 결국 포기하게 되었다. 여자는 젊은 대장과 함께 있게 되어서 행복했다."고 했다.

이러한 피터의 이야기는 전형적인 오이디푸스 콤플렉스적 갈등을 나타내고 있다고 할 수 있다.

피터와 치료사의 관계를 평가하기 위해 피터와 치료사는 함께 비언어적으로 그림을 그리기로 했다. 처음에 피터는 치료사가 하는 것을 바라보고 있었다. 그는 게임의 규칙에 대해 이해하는 것 같았다. 그는 처음에는 소극적인 자세를 취했으나 작업이 진전됨에 따라 수동-공격적으로 변했다. 이 같은 그의 변화는 치료사가 자기 앞의 종이 위에 그림을 그렸을 때 피터가 그것을 고치는 것으로 확인되었다. 아이는 여러 번 치료사가 그린 형태 안에 그림을 그렸다. 그는 자신이 치료사의 그림에 영향력을 미칠 수 있다는 것을 매우 기뻐했다.

두 가지 미술작업이 끝난 후에 피터에게 배변에 관한 질문을 했다. 치료사는 배변의 회수, 일관성(배변의 상태 및 정도), 크기에 대해 질문했다. 피터는 대변을 하루에 2회 보며, 이는 '너무 무르거나 단단하지 않은' 상태이고 크기는 약 13센티 정도라고 했다.

피터의 장애행동을 감정의 개입이나 편견 없이 다루는 환경을 조성하기 위해 치료사는 아이에게 일상적인 변을 점토로 만들 것을 요구했다. 그는 갈색의 점토를 선택해서는 만족스러운 형태와 크기가 될 때까지 두 손으로 주물렀다. 피터가 감정차원의 부재로 대변을 만드는 과정에서 그로부터 무안함이나 분노 혹은 다른 감정들을 불러일으키는 것은 어려운 일이다. 치료사는 피터에게 대변을 만드는 동안 긴장했는지 물었다(치료사는 변비증이 장애행동과 관련이 있는지 궁금했다). 피터는 자기 뜻대로 대변을 배설할 수 있게 된 이후로 변을 보기 위해 힘주어야 할 필요가 없었다고 대답했다.

치료세션이 거의 끝나가는 가운데 치료사는 피터에게 선반에서 상자를 하나 꺼내어 그가 유성점토로 만든 대변을 그 안에 넣고 뚜껑을 닫으라고 지시했고 그는 치료사의 지시대로 대변을 상자 안에 넣었다. 치료사는 피터에게 만일 그가 상자 안을 보고 싶다거나 내용물을 꺼내고 싶다면 언제든지 그렇게 할 수 있다고 말했다. 피터는 치료사의 이야기에 커다란 관심을 나타냈다. 그는 선반 위에 놓여져 있는 상자를 주의 깊게 쳐다봤다. 그는 작업하던 탁자 주변이 사인펜과 점토조각들로 지저분하다는 것을 알았고 스스로 정돈을 하기 시작하면서 "내가 떠나기 전에 깨끗하게 정돈할 거야."라고 말했다. 치료시간이 끝났지만 피터는 카타르시스적인 작업경험의 시간을 연장하고자 했다.

3) 제3회 가족치료세션 : 가족 모두 참석

(1) 가족화

피터의 가족이 치료가 시작되기를 기다리는 동안, 치료사는 각자에게 연필과 종이를 주면서 가족에 대해 그리도록 지시했다. 각자가 그린 그림을 왼쪽부터 설명하면 다음과 같다.

피터는 아버지, 미키, 어머니, 그리고 마지막으로 자신을 그렸다. 가족들의 모습 중에서 특기할 것은 손이다. 피터, 미키, 아버지는 모두 손이 없다. 손이 없는 것은 심리적 무기력을 나타낸 것이다. 어머니의 균형 잡힌 손은 배변장애의 경우에 있어서 아들의 배설과정에 개입하는 것과 같은 영향력을 나타내거나 적극적인 어머니의 모습과 관계가 있을 것이다. 또한 남자들은 모두 너절한 면바지를 입고 있었는데 이것은 피터의 배변 및 자위적인 행동과 관계가 있어 보인다(그림 41).

아버지는 자신, 미키, 아내, 피터의 순서로 그렸다. 피터는 카우보이 모자와 장화를 신고 두 손을 바지 주머니에 넣은 모습으로 다른 사람에 비하여 크게 그려져 있었다. 피터의 숨겨진 손은 배변장애와 연관이 있을 것이다. 아버지와 미키는 바지와 구두를 신고 있었으나 모자가 없고 손이 확실하게 나타나 있었다. 어머니는 미키와 같은 크기로 희미한 손과 곱슬머리를 하고 있어 무기력한 어린 소녀 같았다(그림 42).

어머니는 처음에 피터를 그리고 바로 옆에 그녀 자신을 그린 다음 멀리 떨어진 곳에 미키와 남편을 그렸다. 어머니와 피터는 몸이 닿게 그려져 있었고 동일한 크기였다. 어머니 옆에 있는 미키는 어머니보다 아버

[그림 41] 피터의 가족화

[그림 42] 아버지의 가족화

지와 더 가까웠다. 어머니는 자신의 얼굴과 여성다운 모습을 강조함으로써 자기애적인 경향을 나타냈는데 매우 큰 손은 그녀가 자신을 사교적이고 개방적인 사람으로 인식하고 있음을 나타내는 것이었다. 그녀의 위에서부터 끝까지 단추가 있는 옷은 의존적 욕구를 나타낸다. 피터는 바지의 얼룩과 커다란 벨트장식이 강조된 모습으로 그려져 있다. 그것은 피터의 의존성과 신체적 결합에 대한 어머니의 인식을 나타낸다(Machover, 1949). 그가 손이 없는 것은 무기력함을 의미하는 것으로 아마도 배변훈련과 관계가 있을 것이다. 미키도 손이 없고. 얼룩진 바지를 입고 있었는데, 이는 배변장애를 암시해 준다. 어머니는 종이 한쪽 끝에 자신보다 키가 크고, 손을 가진 남편을 그렸는데 이것은 그녀가 남편이 개방적이고 유능하다고 생각하고 있음을 나타낸다. 모두가 눈을 크게 뜨고 웃고 있는 모습을 보이는 것은 아이들에게 자주 나타나는 보상적인 욕구와 비슷하다(그림 43).

[그림 43] 어머니의 가족화

미키는 가족의 키순서인 아버지, 어머니, 피터, 그리고 자신을 그렸다. 모두들 벙어리장갑 같은 손을 갖고 있으며 비슷한 바지와 상의를 입고 미소 짓고 있었다(그림 44).

그 다음으로 가족들에게 어린시절의 기억을 그리도록 지시했다. 피터의 그림이 가장 의미가 있었고 그 내용을 소개하면 다음과 같다.

모든 종류의 크레용, 사인펜, 유화 파스텔을 사용할 수 있음에도 불구하고 피터는 연필을 사용하기를 원했다. 그는 연필로 4절지 정도 크기의

[그림 44] 미키의 가족화

종이에 물고기 한 마리를 스케치했다. 물고기는 길이가 약 3센티 남짓한 빈약한 것이었다. 피터는 그림에 대해서 다음과 같이 설명했다(그림 45).

내가 4세 때 내가 키우던 물고기가 죽었다. 학교에서 집에 오니 물고기가 물 위에 떠다녀서 깜짝 놀랐다. 나는 물고기가 어떻게 죽었는지 궁금했다. 나는 어머니께 달려가서 물고기에게 어떤 일이 일어났는가를 물었다. 어머니는 "아버지께서 돌아오실 때까지 기다려라."하고 말씀하셨다. 나는 곧장 밖에 나가서 야구를 했다. 나는 약간 언짢기도 하고 그렇지 않기도 했다. 아버지께서 돌아오셔서 죽은 물고기를 변기에 넣고 물을 틀어서 씻어 내렸다. 그리고 우리는 모든 일을 잊어 버렸다. 지금도 물고기가 죽으면 나는 아빠가 집에 돌아오시기를 기다렸다가 어떻게 할 것인지를 묻는다. 아

[그림 45] 물고기의 죽음

빠는 나에게 "그것을 변기에 버려라."라고 하시고, 나는 그렇게 한다.

피터의 그림에 대한 설명을 들은 후, 아버지는 아들의 이야기에 어떤 특별한 의미를 알아내지는 못했지만 지난날의 사건에 대해서는 기억을 했다. 치료사는 피터의 물고기 이야기가 그의 죽음에 대한 공포와 연관이 있고 변기에서 배변하는 것에 대한 거부와 함께 '결코 죽지 않기를 원하는' 그 소망을 보여 준다고 보았다. 아이가 배변을 통제하지 못하는 것은 자아상실에 대한 공포와 관계가 있는 것 같았으나 이러한 직접적인 해석을 해 주는 것이 너무 성급한 것 같아서 말해 주지 않았다.

다음의 가족미술과제는 자유선택에 의한 것이었다. 또다시 피터의 그림이 가장 큰 의미를 주었기 때문에 소개한다. 소년은 턱수염이 있는 새를 만들었고 어머니에게 자신의 이야기를 기록하도록 요구했다.

턱수염이 난 새가 한 마리 있었다. 로켓이 새의 머리 위를 날았고 한 남자가 낙하산을 타고 떨어졌다. 그 새는 수염을 가진 유일한 새였기 때문에 다른 새들이 그를 조롱했고 그 새는 스스로 바보같다고 느껴서 수줍어했다. 로켓으로부터 한 남자가 물속으로 떨어졌다. 그는 거의 익사상태였다. 그것은 아주 무서웠다. 그리핀 관측대에서 물속으로 떨어진 남자를 찾는 대대적인 수색작업이 있었지만 수염난 새가 방해를 했다. 그들은 수염난 새가 뭔가 실험해 보려는 것을 방해했기 때문에 그 새에게 분노의 감정을 가지고 있었다(그림 46).

당황한 부모가 피터가 만든 조형물의 의미에 대해 질문하자 그는 "아무 의미 없어요. 그것은 단지 이야기일 뿐이에요."라고 말했다. 비록 그것이 가족을 회피하는 상징적인 내용임이 명백했지만 치료사는 그 내용을 믿었다. 치료사는 "이야기에 등장하는 인물이 수염이 있는 새이며, 수염이 있어 괴롭힘을 당한다는 사실과 그것이 그로 하여금 수치심을 느끼도록 했다."는 사실만을 언급했다.

수염난 새가 피터와 관련이 있다는 것을 아무도 알아차리지 못했으나 그것은 그의 문제행동으로 친구들에게 조롱당해 오고 있는 것에 대한 피

[그림 46] 이상한 새

터의 공포를 상징하는 것이었다. 남근을 상징하는 새의 수염은 피터의
배변문제에 대한 치환으로 볼 수 있다. 턱수염의 형태가 그가 전에 만들
었던 대변과 동일했기 때문이다. 이 문제와 관계가 있다고 보는 또 하나
의 단서는 피터가 그린 물고기였다. 로켓은 남근을 상징하는 또 다른 형
태로서 피터의 이야기에서 로켓에서 물속으로 떨어져 거의 '익사상태'
라고 했던 남자를 들 수 있다. 이 같은 진술은 그의 배변조절과 자기상
실에 대한 무의식적 공포를 의미한다고 하겠다. 대대적인 수색작업은 피
터가 그림을 그리거나 이야기하는 것을 관찰하고 있는 치료사를 의미할
수도 있다. 한편 '검사하는 일'이라는 말은 아이가 자신의 그림이 나타
내는 것에 대해 두려워하고 있음을 가리킨다고 보았다.

4) 제4회 세션-부자치료 : 아버지와 피터

아버지와 아들의 관계를 탐색하기 위해 부자공동치료가 행해졌다. 치
료실로 들어왔을 때 두 사람은 각각 탁자 모서리의 의자에 앉았다. 아버
지는 아들을 자기 오른편에 앉히고 자신은 상석을 차지했다. 일상적인

인사를 나눈 후에 두 사람은 주제와 자료를 선택해서 함께 그림을 그리라는 지시를 받았다.

아버지와 아들은 공작용 종이에 다가오는 휴일인 성탄절에 관한 그림을 그리고 종이를 오려서 붙이기도 했다. 아버지의 작업을 배려하기 위해 피터는 종이의 옆쪽 공간을 사용하여 검은색의 집을 그렸다. 아버지는 크리스마스트리(나무)를 그리면서 아들에게 많은 질문을 했다. 그는 아들과 대화를 하려고 애썼으며 매우 친절했다. 그러나 피터는 항상 아주 짧게 대답했고 결코 먼저 대화를 시도하지 않았다.

아버지는 아들에게 "얘야, 너는 별로 열심히 하지 않는 것 같구나."라고 말하면서 아들의 수동성에 대해 놀리는 듯 말했고 "너는 일을 망치고 있구나."라고 덧붙여 말할 때는 자못 진지한 어조였다. 아버지가 자신의 느낌을 명확하게 표현했음에도 불구하고 그는 화를 내면서 미술작업을 중지했다. 아버지의 중단으로 피터는 자신의 수동성이 아버지에게 미치는 영향을 확인한 듯 했고, 재미있다는 듯이 웃었다. 아버지는 웃고 있는 아들을 무시한 채 그림을 훑어보았다. 그는 피터가 창문이나 문이 없는 집을 그렸다는 것을 알았다. 그는 빠진 부분을 보충하고, 그림의 기저선을 그려 넣은 다음 한 마리의 순록을 그려 넣었다. 비록 아버지는 아들의 참여를 말로 요구하지는 않았지만 그의 시선은 강요하는 듯한 메시지를 전달했다.

피터는 오랜 시간 동안 주저하다가 자신의 고집을 버리고 아버지의 요구를 받아들여 공동작업에 관심을 가졌다. 그는 아주 천천히 그리고 의무적인 태도로 풀밭을 그려 넣음으로써 아버지에게 협력했다. 그는 아주 주의 깊게 같은 높이의 잎들로 지면을 덮어 나갔다. 그가 풀밭을 완성하자 그 다음으로 크리스마스트리에 전구를 첨가했고 전구들이 골고루 들어 있는가를 확인했다. 그림을 관찰하던 아버지가 "얘야, 선물상자들이 빠졌구나."하고 말하더니 선물상자를 만들어서 풀로 붙였다. 그는 계속해서 아들에게 많은 질문과 제안을 했다. 아들과 관계를 맺으려는 아버지의 노력은 명백했다. 그림이 완성된 후에 피터가 자발적으로 그림의 제목으로 "산타클로스가 오신다!"라고 말했고 아버지가 제안을 하기도 전에 종이 위에 제목을 썼다.

5) 제5회 세션-모자치료 : 어머니와 피터

어머니와 아들의 관계를 탐색하기 위해 모자공동치료가 시행되었다. 두 사람은 비언어적으로 함께 그림을 그리도록 지시받았다. 두 사람 모두 자기 앞쪽에 그림을 그렸고 그 결과 한 장의 종이 위에 두 개의 그림이 나타났다. 피터가 북과 북채를 그린 반면에 어머니는 작업 중인 자신의 모습을 그렸다.

두 번째 지시는 두 사람이 서로 말하면서 함께 그림을 그리는 것이었다. 어머니는 아들에게 "우리 함께 그림을 그릴까?"라고 질문함으로써 과제를 시작했다. 피터는 "싫어요."라고 하면서 머리를 흔들었다. 그럼에도 불구하고 그녀는 분명치 않은 어떤 목적으로 피터를 한 번 껴안고 나서 분홍색 크리스마스트리를 그리고는 미소지었다. 그녀는 그것에 '가슴으로 느끼는 한 나무'라는 제목을 붙였다. 피터는 어머니의 그림을 보고 나서 어머니 나무의 반 정도 되는 푸른 나무를 그리고는 '한 아기나무'라는 제목을 붙였다. 피터는 어머니의 지나친 감정표현에 위협을 느끼는 것으로 보였다. 비록 그는 감정적이 아닌 차가운 색깔을 선택했지만 자신을 아기나무와 동일시했다. 두 사람이 그림을 그리는 과정은 어머니의 지나친 애정이 아들을 퇴행적이 되게 했다는 것을 보여 주었다.

6) 제6회 세션-가족치료 : 가족 모두 참석

가족의 토론을 시작하도록 하기 위해 가족 구성원들에게 지난 치료세션 이후 집에서 일어났던 사건들을 마치 만화를 그리듯이 순서대로 그리도록 지시했다. 작업이 끝났을 때 치료사는 가족들에게 함께 그들의 작품을 보면서 자발적으로 각자의 작품에 대하여 이야기해 보라고 지시했다. 피터가 제일 먼저 야구공을 쳐 경기에서 승리하는 그림을 보여 주었다. 미키는 선생님께 받은 공책을 집으로 가져 오는 모습을 그렸는데, 그것은 그가 학교에서 특별히 잘했다는 것을 보여 주었다. 어머니는 차례를 기다렸다는 듯이 서둘러 자신의 그림을 보여 주었다. 이 그림에서 '피터는 깨끗하게 씻고 아침식사를 남기지 않고 먹었기 때문에 훌륭한 소년'으로 묘사된 반면 미키는 소란을 피웠고, 씻는 것과 식사하는 것을 거부한 것으로 나타났다. 그는 '나가서 놀기'를 요구했고 다른 그림은 "나는 아침식사로 콘프레이크나 오우트밀은 싫어!"라고 소리치며 우는 미키를 나타냈다. 그 다음 그림은 그녀가 미키를 기쁘게 해 주려고 팬케이크를 만들고 있는 모습이었다.

어머니의 그림을 보고 있는 동안 어머니는 (미술작업에 관련하여) '치료 중에 열심히 작업하는 것'이 가지는 치료적인 가치성에 대해 질문했다. 그때 어머니는 장난감 욕조를 발견했고 그것을 집으려고 탁자에서 떠나 그것을 집어 들고 검토를 한 후 자신의 앞에 놓았다.

그녀는 계속해서 유성점토로 어린이를 만든 후 욕조 안에 놓았다. 어머니는 지난 일요일에 일어났던 사건에 대해 분노와 욕구불만을 회상하면서 강한 어조로 설명했다. 그녀는 가족들의 친척 방문에 앞서 아이들을 목욕시키기 위해 욕조에 따뜻한 물을 채웠다고 말했다. 비록 미키가 먼저 세수했지만 피터는 자신이 실제로 깨끗했기 때문에 어머니가 그가 먼저 목욕하도록 하리라고 믿었다. 피터는 어머니에게 자신이 목욕을 끝마쳤으므로 동생을 씻기도록 욕조에서 나오겠다고 말했다. 피터의 제안을 따른다면 더 빨리 준비가 될 것이라고 믿었기 때문에 어머니는 피터의 제안에 동의했다.

어머니는 사건의 나머지 부분을 보고하면서 울음을 터뜨렸다. "내가 피터를 닦아주려고 목욕실에 갔을 때, 그가 실수를 해서 목욕물이 엉망이 된 것을 보았어요. 아이는 욕조에다 똥을 쌌어요. 정말이에요. 미키를 씻기려던 물에. 정말 믿을 수 없었어요. 그가 얼마나 추하고 상스럽던지

도저히 믿을 수가 없었어요." 치료사가 그녀에게 "그 다음에는 어떤 일
이 일어났나요?"하고 물었다. 그녀는 "나는 수건을 가져와 피터의 궁둥
이를 씻겼어요. 그리고는 그를 닦아 주었어요. 물론 야단도 쳤지요. 모두
들 오랫동안 당황했던 나머지 미키를 목욕시킬 시간이 없었어요. 욕조에
대변이 떠다니는 것을 상상해 보세요."

어머니가 진정되어 남편과 함께 우울하게 앉아 있는 반면, 아이들은
당황해서 눈길을 피하려고 방안을 두리번거렸다. 부모들이 어머니의 그
림을 응시하는 동안 오랜 침묵이 흘렀다. 어머니는 이번 사건을 통해 자
신이 통찰력을 얻게 되었다고 했다. 그녀는 자신이 지난주 집에서 있었
던 일을 그렸던 그림과 욕조와 아이 조형물을 보면서 피터의 불쾌한 행
동이 미키와 평등하기 위한 방법이었음을 알게 되었다. 그녀는 피터가
동생이 아침식사를 하는 동안 어머니의 관심을 독차지한 것을 질투했다
는 것을 깨닫게 되었다.

이것은 중요한 인식으로서 피터가 그의 분노를 언어로 나타내는 대신
에 수동-공격적 방법을 사용했음을 통찰하게 했다. 아침식사 때, 미키의
부정적인 행동이 어머니의 관심을 끈 반면에 피터의 긍정적인 행동은 보
상을 받지 못했던 것이다. 이제 피터가 부적절한 행동을 하자 어머니는
적극적으로 관심을 갖게 되었다. 치료사는 사람이 어째서 무관심보다 부
정적인 관심을 얻고 싶어 하는지에 대해 설명했다. 피터의 부모와 치료
사가 문제를 토론하는 동안 아이들은 주의 깊게 들었다. 부모는 장차 그
들이 이 같은 역동성을 더욱 더 많이 알게 되리라는 확신을 가졌다. 그
들은 관심과 보상할 만한 가치 있는 행동을 위한 긍정적인 강화를 하기
위해 계획을 세웠다.

아버지는 배변장애를 통해 분노를 표현한 피터의 심리적 동기에 대해
생각하면서 조용히 자신의 그림을 보여 주었다. 그것은 피터와 아버지가
공놀이를 하고 있는 것으로 아버지가 아들이 더 나은 야구투수가 되도록
도와 주고 있는 것을 나타내고 있었다. 어머니가 중간에 끼어들어 "당신
은 피터에게 너무 심했어요. 당신은 좋은 아버지로 아들과 많은 시간을

함께 지내지만, 피터의 야구 실력을 인정하지 않았어요."라고 말했다. 처음에 아버지는 "나는 피터가 더 나은 선수가 된다면 행복하리라는 것을 알기 때문에 그를 돕고 싶었어요. 내가 어렸을 때 나는 아버지가 나를 도와 주기를 원했어요."라고 자기방어를 했다. 어머니는 "그러나 피터는 당신이 아니에요. 당신은 피터와 함께 지내고 있어요. 당신의 아버지는 그러지 않았어요."라고 대꾸했다. 아버지는 아내의 말을 수긍하면서 아들과의 상호작용을 곰곰이 생각한 후에 "아마도 너의 어머니 말이 옳은 것 같구나. 내가 너에게 너무 심했니?"하고 피터를 돌아다 보면서 물었다. 잘 모르겠다는 듯이 피터가 어깨를 으쓱해 보이자 아버지는 "나는 네가 바지에 똥을 누는 행위를 통해 나와 대등해지려 한다고 생각해."라고 말했다. 치료사가 아버지에게 "당신에 대해서라고 생각하느냐"고 물었더니 그는 "나에 대한 분노가 아니더라도 그는 바지에 대변을 배설함으로써 분노를 나타내요. 나는 그가 얼마나 차분하고 상냥한 아이인지를 알아요."라고 대답했다.

　어머니는 대변을 옷에 배설하는 상황을 이해하려고 애쓰면서 "나는 그가 우리 두 사람과 똑같이 되려 하고 있다고 믿어요."라고 말했다. 그리고 나서 그녀는 치료사를 똑바로 쳐다보면서 "그가 실수를 할 때마다 피터에게 '우리 부부가 잘못한 것이 무엇인가?'라고 말해 줌으로써 그에게 막강한 힘을 주었다는 것을 알기 시작했어요."라고 말했다.

　피터는 부모가 사생활에 대해 너무도 솔직하게 표현하는 것을 듣고 놀랐다. 그들의 상호작용은 이제까지 가족의 상호작용 형태와는 달랐다. 피터는 모든 이야기에 주의를 기울이면서 놀라움을 나타내는 듯 했다. 한편, 미키는 피터가 관심의 대상이 되고 있는 것에 지루함을 느끼고는 유성점토를 가지고 놀고 있었다.

　아이들이 긍정적인 관심을 얻는 대안을 이해하게 하기 위해 아이들에게 아빠의 관심을 끌 수 있는 좋은 방법을 그림으로 그려 보라고 했다.

　피터는 다음의 순서대로 그림을 그렸다. ① 야구를 하는 것, ② 학교에서 공부를 잘 하는 것, ③ 아빠 차를 청소하는 것.

그림에 대한 설명이 있은 후 치료사는 각자에게 그림 위에다 아버지와의 대화를 적어 보라고 지시했다. 피터는 씩 웃으면서 "내가 할게요."라고 말하면서 그림에도 그것을 썼다. 그리고 계속해서 "아빠, 나는 아빠와 더 많은 일을 하고 싶어요."라고 적었고, 아버지는 "이번 일요일 나와 함께 공원에 가서 야구를 하자꾸나."라고 적었다.

부모는 피터에게 관심을 얻고 싶으면 옷에 배설을 하는 대신에 솔직하게 말하라고 격려했다. 치료사가 '어린 아기들의 특권'이 무엇일까라고 물었을 때 피터는 "나의 강아지처럼 놀기만 할 뿐 마무것도 하지 않아도 되는 것"이라고 자진해서 대답했다. 그의 대답을 수긍해 준 후 치료사는 아이가 더욱 훌륭한 사람으로 성장하기 위해서 해야 하는 일에 관해 그림을 그리도록 지시했다.

피터는 콜라주와 그림을 통해 야구하고, 컴퓨터를 사용하고, 친구와 함께 장난감 가게에 가고, 혼자서 학교에 가고, 야영을 가는 자신을 묘사했다. 작품에 대한 설명을 하고 나서 그는 자신의 그림을 벽에 붙이는 것을 허락해 달라고 요청했다. 이러한 피터의 행동을 치료사는 유아적 행동을 포기하는 약속의 표현일 수도 있다고 생각했다.

피터는 훌륭한 사람으로 성장하기 위해 해야하는 일은 ① 자기 방 청소하기, ② 야구를 잘하기, ③ 취침시간 지키기, ④ 착한 아이가 되는 것이라고 했고, 자신도 피터가 사용한 시간만큼 그림을 설명하고 싶어하면서 강아지에 대해서 이야기했다. 그는 자신이 어떻게 개의 털을 솔질하고, 씻기고, 먹이는 일을 돕는지를 설명했다. 미키는 그가 성장하게 되면 피터처럼 하겠다고 말했다. 가족들은 미키가 형처럼 하려는 것을 들으면서 즐거운 듯 웃었다.

배변장애를 가진 환자의 치료를 위해서는 가족 역동성에 대한 인식을 하게 하는 것이 필수적이지만, 임상적인 관리 또한 치료의 중요한 요소다. 그래서 치료사는 부모에게 거기에 필요한 관리절차들을 다음 치료세션에서 언급하게 될 것이라고 말했다.

7) 제7회 치료세션-부부치료 : 어머니와 아버지

이번 세션의 가장 중요한 사항은 어머니가 피터의 엉덩이를 씻기지 않았으며, 목욕 후에 닦아 주지도 않았고, 내의를 갈아 입히지도 않았다는 것이었다. 치료사가 그러한 어머니의 행동이 불필요한 자극과 함께 아이를 퇴행시키는 상호작용의 형태라고 설명했기 때문이었다. 이제까지 어머니의 행동은 피터에게 "너는 어리기 때문에 내가 엉덩이를 씻기고, 닦고, 내의를 갈아 입히고 돌보아야만 한다."라는 메시지였던 것이다. 부모의 변화된 행동은 아이에게 그의 행동이 변화해야만 한다는 것을 알려주는 것이다. 그는 이제 자신의 신체에 대해 책임을 져야 하며 깨끗이 씻어야 하고, 스스로 옷을 입어야 한다. 그리고 어머니는 피터에게 더 이상 어린애 취급을 하지 않겠다고 말해 주어야 한다. 왜냐하면, 그는 9살로서 자신을 돌볼 수 있으며, 더 큰 책임도 질 수 있기 때문이다.

심리치료에 있어서 방법을 제공하는 것은 특별한 경우지만 행동치료적인 접근에서는 중요한 일이다. 배변장애를 다루는 기법들은 부모에게 필수적인 것이다. 왜냐하면 그러한 기법들은 부모로 하여금 아이를 위한 구체적인 계획을 세우도록 해 주기 때문이다. 기법에 못지 않을 정도로 중요한 것은 부모가 자녀의 행동을 변화시키는 데 도움을 줄 수 있다고 믿는 것이다. 배변장애를 치료함에 있어서 부모의 긍정적인 사고는 큰 영향을 미친다. 배변장애가 기질적인 것이 아니라면, 치유될 것이라는 치료사의 확신이 여기에서 크게 작용하게 된다.

8) 제8회 세션-가족치료 : 가족 모두 참석

가족의 역동성을 이해하기 위해서 치료사는 가족에게 다양한 자료를 가지고 모두 함께 그림을 그리도록 지시했다. 지도력이 부족했다는 것을 통찰하게 된 아버지는 단호한 태도로 종이를 선택했다. 부모는 아이들이 보는 앞에서 그들의 권위를 분명하게 나타냈다. 부모는 잠깐 의논을 한 후에 아이들에게 집을 만들 것이라고 알려 주었다. 각자에게 작업이 할당되었고 그것은 기꺼이 수행되어졌다. 집이 완성되자 아버지는 장난감으로 된 화장실, 세면대, 욕조 등을 집어서 종이로 만든 집안에 놓았다. 아버지의 허락을 받아서 피터는 자전거와 그 옆에 있는 소년을 만들었고 미키도 사람을 만들었다. 아들들이 각자 자신을 대변하는 인물을 만든 것을 보고 어머니도 사람을 만들기로 했다.

미키는 자신의 조그마한 점토인물을 집어 들고 집 주변을 빙빙 돌아다니면서 놀기 시작했다. 피터는 자전거 바퀴 옆에 자신의 조형물을 놓았다. 피터의 행동을 목격한 어머니는 "저런, 바로 그것이 너의 바지를 더럽힌 이유로구나."라고 말했다. 아버지는 어머니의 이 같은 말을 듣고 깜짝 놀랐다. 피터는 어머니를 곁눈으로 힐끗 쳐다봤지만 아무 감정을 나타내지 않았다.

어머니는 피터가 거의 매일 학교에서 집으로 돌아와 약 30분 후인 오후 3시에 바지를 더럽혀 왔다고 계속해서 설명했다. 치료사는 피터에게 두 개의 시계를 그려서 하나는 7시 30분을 가리키고, 다른 하나는 3시를 가리키도록 시켰다(그림 47). 미키에게도 두 개의 시계를 그리도록 했는데, 하나는 취침하는 시간이었고 다른 하나는 잠을 깨야 하는 시간을 나타냈다. 그리고 부모들에게는 3월과 4월의 달력을 그리도록 지시했다.

작업이 끝난 후 피터는 하루에 2회 혹은 가능하다면 3회 정도 약 5분 동안 변기 위에 앉아 있도록 지시받았다. 치료사는 그림을 가리키면서 매일 규칙적으로 학교에 가기 전인 아침 7시와 학교에서 돌아온 오후 3시에 5분 정도 변기에 앉도록 지시했다. 만일 그가 1회를 하지 않았다면, 저녁식사 후에 다시 변기에 앉아야만 한다. 피터의 부모는 일주일 동안만 피터에게 시간을 알려 줄 수 있고 일주일이 지난 후에는 피터 스스로 책임을 져야 한다고 지시받았다. 미키는 그 같은 계획에서 자신의 역할이 무엇인지를 질문받자 형에게 규정을 지켰는지를 질문하는 것이 자신의 역할이라고 대답했다. 피터는 자신의 문제를 해결하기 위한 치료사의 계획에 감사했다. 그리고 그는 동생에게 내일은 7시 30분에 알려 줄 수

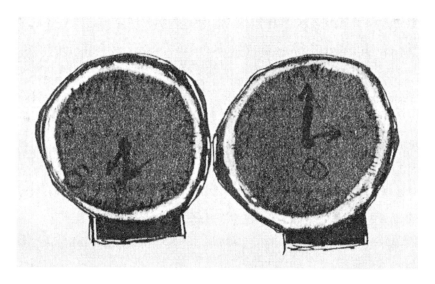

[그림 47] 화장실 사용 계획

있느냐면서 다정하게 말했다. 그리고 "다음 주에는 내 스스로 할 거야."
라고 자랑스럽게 말했다.

치료실을 떠나기 전에 피터는 치료사에게 시계그림을 가지고 갈 수 있
는지를 물었다. 치료실에 있어 미술작업의 준수사항이 되풀이 되었다.
그러나 피터와 미키에게 종이와 크레용을 가져 가도록 허락했다. 피터에
게 시계그림에 따라 집에서 반복하도록 격려했다. 이 같은 특수한 미술
작업은 계획의 강화와 의사소통을 위한 치료적인 수단으로서 이용될 수
있다.

9) 제9회 세션-부부공동치료 : 어머니와 아버지

피터는 독감으로 앓고 있었다. 치료사는 약속을 취소하거나, 부모와
미키만의 가족치료를 하는 것보다 부부치료를 하기로 했다. 그들은 기분
좋게 치료실로 들어와 피터가 처음 며칠은 배변조절을 했지만, 또다시
조절하지 못했다고 했다. 피터의 행동에 대해 그들이 어떻게 대처했는지

를 질문하자 어머니는 "3세 아이라도 할 수 있는 일에 우리는 야단스럽게 떠들어대고 싶지 않다."고 말했다고 했다.

치료사는 부모들에게 피터를 동기화시키는 긍정적인 강화가 무엇보다 필수적인 일이라고 말했다. 치료사는 부모에게 아들이 대변을 통제했을 때 칭찬하라고 지시했다. 치료사는 그들에게 피터가 이전에는 부적응행동으로 관심을 받아 왔다는 것을 상기시켰다. 이제부터 부적응행동은 무시하고, 긍정적인 것에는 관심을 보이는 것이 필요하며 피터가 자신의 문제를 극복하려고 시도하는 것을 신뢰해야만 하고 무엇보다 그가 최초로 성공한 것에 대해 인정해 주는 것이 중요하다고 지적해 주었다.

치료사는 쉬운 말로 또다시 반복해서 그들에게 "앞으로 피터가 대소변을 통제하면 당신들은 화장실에서 배설한 그를 얼마나 자랑스럽게 생각하는지를 말해야 한다."고 말해 주었다. 그들은 피터가 오전 7시 30분과 오후 3시에 5~10분 동안 변기에 앉아 있도록 하되, 만약 그렇지 않았다면 저녁식사 후에 그렇게 하라는 지시를 받았다. 어머니는 가족화가 너무도 큰 감명을 주어서 앞으로 틀림없이 변화가 있을 것이며 또한 도움이 되었다고 말했다. 그녀는 "자신의 일"에 몰두하는 것을 피하고 의사소통을 향상시키기 위한 자신의 계획에 대해서 말했다.

아이들이 참석하지 않은 가운데 부부 간의 의사소통 양식을 조사하기 위해 그들에게 함께 그림을 그리도록 지시했다. 두 사람은 주제에 관하여 의논하지 않은 상태에서 공작용 종이를 사용하여 함께 집을 만들었다. 그들은 내부장식을 위해 장난감 소도구들을 사용했다. 어머니는 세탁기를 집어 들고는 세탁기가 가정에 있어서 가장 중요한 기구이기 때문에 남편에게 그것을 놓을 공간을 만들어야 한다고 말했다. 치료사가 어머니에게 세탁기가 가장 중요한 이유에 대해 질문하자 그녀는 "냄새나는 옷들 때문이지요. 나는 매일 그 기계를 사용해야 하고, 그럴 때면 아이들의 침대에서 오줌에 젖은 시트를 벗겨내야 하고, 피터의 흠뻑 젖은 파자마와 대변으로 더렵혀진 바지를 찾기 위해 침대 밑바닥을 뒤지느라 녹초가 되곤 해요. 당신은 내가 세탁해야만 하는 세탁물의 종류를 상상할 수 있겠어요?'라고 말했다. 그녀는 그와 같은 상황이 그녀에게 얼마나 많은 분노와 죄책감을 불러 일으켰는가를 생각하면서 울기 시작했다. 남편은 아내를 위로하고자 손을 뻗쳐 아내의 손을 쓰다듬었다. 치료사는 또다시 부부에게 피터가 배변조절을 하게 되면 긍정적인 강화를 하라고 당부했다. 동시에 이제부터는 피터가 스스로 더러워진 옷과 시트를 갈아 끼우는 일도 하도록 하라고 말했다. 그의 항문, 궁둥이, 성기 등을 깨끗이 하도록 하라는 말은 하지 말고 피터에게 자신의 신체를 깨끗이 하는 것은 그의 책임이라는 것을 반복해서 언급하도록 했다(반복적인 언급은 확고한 '인상'을 주기 위함이었다).

그리고 이제까지 부모의 의사소통양식에서 아이들에게 암시를 주던 방식을 지양하도록 당부했다. 만일 그들이 아이들로 하여금 어떤 일을 하게 하고 싶다면, 명쾌하게 메시지를 전해야만 한다. 한 예로, 목욕 후 피터에게 "네가 수건으로 닦을래?" 하고 묻는 대신에 "네가 수건으로 닦아."라고 말해야 한다고 지시했다.

❖ **개인치료세션 : 피터**

피터가 치료실로 들어오자 그는 여러 주일 전에 그려진 가족화가 여전히 벽에 붙어 있는 것을 확인했다. 그는 인사를 한 후 그림을 조사하려고 벽 쪽으로 걸어갔다. 피터는 잠시 침묵을 지키더니 치료사에게로 몸을 돌리면서 지난번 이후로 화장실에서 대변을 본 회수를 말했다. 피터는 오전 7시 30분과 오후 3시에 화장실에 있으니까 배변의 욕구를 느꼈다고 보고했다. 그는 치료사에게 "나는 매번 큰 덩어리의 대변을 배설했어요."라고 말했다. 나는 그에게 바지를 더럽히는 대신에 화장실에서 배변을 할 수 있었다는 것은 훌륭한 일이었다고 대답했다. 그의 성공을 강화하기 위해서 치료사는 그에게 '화장실에서 배변하는 자신의 모습'을 그리도록 지시했다.

피터는 열심히 그림을 그렸다. 그는 만족스러운 듯이 '변기 위에 앉은 나'라는 제목을 붙였다. 배변조절을 하지 않으려는 저항으로써 '대변누

[그림 48] 배변하고 있는 모습

기' 라는 단어를 그가 빠트렸다는 것은 흥미로운 점이었다. 치료사가 피터에게 "그림에서 빠진 것은 무엇이냐"고 하자 그는 잠시 당황했으나 곧 자신이 배변을 하는 것을 묘사해야 했다는 것을 기억했다. 피터는 "내가 배변하는 것을 빠뜨렸어요. 그림은 내가 배변하고 있는 것이 아니라 그저 변기에 앉아 있는 것을 나타냈어요."라고 말했다. 그리고 난 후 그는 종이 왼쪽에 커다란 대변 덩어리를 그렸고 내가 화장실에서 대변을 눈다."라는 정확한 설명을 붙였다(그림 48).

❖ 개인치료세션 : 피터

피터는 가족화와 같이 자신의 작품을 모두 다시 보기를 원했다. 작품들을 꺼내려고 캐비닛으로 향하는 치료사에게 피터는 자신이 그것을 다시 볼 수 있도록 치료사가 보관한 것은 좋은 생각이었다고 말했다. 그는 그림을 보면서 그림과 함께 나누었던 대화들을 기억해 냈다. 특히 그는 상자 속에 보관되어 있던 점토로 만든 대변에 대해 관심을 보였다.

그는 다시 미술재료에 관심을 가지면서 그 중에서 점토를 선택했고, 그것으로 9시를 가리키고 있는 시계를 만들었다. 치료사가 질문을 하지 않았는데도 그는 그것이 지난밤 잠자러 간 시간을 의미하며, 화장실에 가려고 일어나서 5분 동안 화장실에 있었다는 것을 뜻하고 있다고 말했다. 치료사는 피터에게 배변에 관한 자신감을 갖게 해 준 7시 30분과 3시보다 다른 시간에 배변을 할 수 있다는 것은 훌륭한 일이었다고 말했다.

(1) 개인치료 세션들의 경과보고

피터가 치료사를 신뢰하게 된 이후로 그의 태도는 변화하기 시작했다. 그의 정서는 부드러워져 남에게 자신의 호의를 보여 주거나 농담을 하는 등 매우 상냥해졌다.

지난 여러 주일 동안 피터와 치료사는 수많은 공동작업에 참여했다. 그 같은 과제들을 수행하는 것에 여러 가지 규칙이 주어졌다. 만일 피터가 도움이 필요하면 그는 "도와 주세요."라고 분명히 말할 것이 요구되었다. 만일 그가 분노나 욕구불만을 느낀다면 큰소리로 그러한 감정을 말하도록 했다. 이와 같이 함으로써 치료사는 그의 욕구와 감정을 이해할 것이고 함께 하는 공동과제가 더욱 보상적이 된다는 것을 피터에게 설명해 주었다.

비록 피터는 미술작업을 통해 자신을 표현하는 것을 학습했지만 분노와 공포를 포함하지는 않고 있었다. 억제된 분노와 공포의 감정들은 가끔 뚜렷한 배변장애의 원인이기 때문에 특별한 의미가 있다. 따라서 피터에게 공격적인 생각을 표현할 기회가 필요했고 그 기회가 제공되었다. 그의 공격성을 위장하는 대상으로 나타난 것은 폭격기, 상어, 용이었다. 이는 드물게 사람으로 나타나기도 했는데 그들은 주로 희생자 역할을 했다. 가장 빈번하게 나타난 것은 오이디푸스 콤플렉스와 거세불안으로, 이는 주기적으로 나타났다. 가족들은 피터의 그림을 보았을 때 근본적인 의미는 이해하지 못했지만 깊은 인상을 받는 듯 했다.

아이의 오이디푸스적인 주제를 표현해 주는 한 가지 예는 '아더왕의

성'(그림 49A)이라는 제목의 조각에 잘 나타나 있다. 다음은 치료사가 피
터의 이야기를 받아 쓴 것이다.

　　옛날에 아주 무시무시한 용이 있었다(그림 49B). 용은 성과 그곳을 지키
　는 병사들을 파괴하고 싶었다. 용은 병사들과 왕을 좋아하지 않았는데 그
　들이 강한 큰 칼로 용에게 상처를 입히고자 했기 때문이다. 용은 밤에 몰
　래 기어 나와 그들을 공격했다. 그는 입으로 연기를 내뿜어 성에 불을 질
　렀다. 그래서 왕비와 잠을 자던 왕이 잠에서 깨어났다. 그녀는 병사들을
　불렀고 용은 몰래 도망쳐 버렸다. 마침내 성은 모두 불타 버렸다. 왕의 돈
　도 모두 불타 버렸기 때문에 왕은 새 성을 살 수 없었다. 왕비는 용과 함
　께 살려고 가 버렸다. 그들은 여생을 함께 지내면서 행복하게 살았다.

　치료사는 피터의 공격성이 위험하지 않은 방법으로 표현되는 것이 중
요하다고 믿으면서 '서로 지우는 놀이'를 만들어냈다. 그것은 치료사가
그림을 그리고 나면 피터는 치료사가 그린 그림 위에 낙서를 해야만 하
는 놀이였다. 치료사가 그리는 속도에 맞추어 피터의 지우는 속도도 달

[그림 49A] 아더왕의 성

[그림 49B] 용의 그림

라졌다. 이 놀이는 재미있었고 아이로 하여금 스스로의 힘을 느껴 보도
록 하는 기회가 됐다. 치료사는 피터에게 "그림놀이에서 사람을 지우는
것은 괜찮지만, 일상생활에서는 좋은 일이 아니다."라고 말하는 것을 잊
지 않았다(그림 50).

[그림 50] 지우기 놀이

10) 제10회 세션-가족치료 : 가족 모두 참석

가족 구성원들 중 피터와 아버지는 분노의 감정을 숨기고 있었고, 어머니는 보다 더 많이 자제해야 할 필요가 있었기 때문에 특별한 팀 구성과 기법들이 행해졌다. 아버지와 피터가 한 팀이 되어 콜라주 상자로부터 성난 사람의 사진 5장을 골라내도록 하고, 어머니와 미키는 무엇인가 특별한 일을 하고 있는 사람의 사진을 3장 선택하도록 했다. 각 팀은 골라낸 사진들을 전지크기의 종이에 붙여야 하고, 작업이 끝나면 사진 속의 사람이 무엇을 생각하고 말하는지, 그리고 그들의 소원은 무엇인지에 대해 상상한 것을 종이에 쓰게 했다.

이러한 기법을 여러 번 시행해 본 결과 치료사는 참여자 각자의 감정과 작품 속의 인물들에 대한 서술이 일맥상통하는 점을 읽어 낼 수 있게 되었다. 통찰과 함께 역할놀이가 가지는 장점을 가지고 있는 이 작업은 피터가 자신의 행동의 인과적인 측면을 논리적으로 이해하는 것에 도움을 주었다. 이제까지 피터가 자신에게 분노를 일으키는 상황을 감정이나 말로 표현하지 않고 덮어두고 있었다는 것을 알게된 것이 그 예가 될 것이다.

11) 제11회 세션-부자치료 : 피터와 아버지

피터와 아버지의 공동치료는 어머니와 미키가 학교의 모임에 참석해야만 하는 날 행해졌다. 그들이 함께 치료실로 들어왔을 때 그들은 화난 모습이었다. 치료사가 "무슨 문제가 있나요?"라고 묻자 피터는 쳐다보지도 않고 의자에 앉아 탁자 위에 있는 종이에 낙서를 했다. 아버지는 의자에 앉으면서 피터에게 실망한 일을 이야기했다. 피터는 학교로부터 혼자 집으로 돌아오는 것을 허락해 주도록 여러 번 간청했다. 마침내 피터는 허락을 받았고, 일주일 동안 아주 훌륭하게 혼자서 집으로 돌아왔다. 그러나 어느 날 바로 집으로 오는 대신에 중간에서 친구와 놀았다.

부부는 피터가 평상시보다 늦게까지 돌아오지 않아 매우 걱정했다. 그들은 아들이 스스로 권리를 포기했다고 생각하고, 혼자서 집에 오는 것을 허락하지 않음으로써 그에게 벌을 주었다. 아버지는 그런 일로 아들에게 벌을 준 주에는 피터가 다시 배변을 통제하지 못했다고 설명했다. 피터는 아무런 내색도 하지 않았기 때문에 아버지의 주장에 대해 그가 무엇을 생각하는지 이해할 수 없었다. 치료사가 아버지에게 피터가 자신의 행동에 대한 처벌을 이해했는지에 대해 질문하자 그는 "아니요."라고 대답했다. 비록 피터는 치료사를 신뢰했지만 어떠한 대화도 완강하게 거부했다.

치료사의 격려에도 불구하고 그가 한 마디도 말하지 않았으므로 그에게 종이를 내밀면서 앞으로 닥칠 어려움에 어떻게 대처할 것인지에 관해 그림을 그리도록 했다. 피터는 잠시 생각하더니 아무 말 없이 '아빠와 나'라는 제목으로 두 사람을 그렸다. 그리고는 여백에다 아버지가 말씀하신 것, 즉 "애야, 너는 곧장 집으로 돌아오지 않았어. 그것은 잘못한 거야. 다시는 그렇게 하지 마라. 만일 네가 또다시 곧장 집으로 돌아오지 않는다면, 너는 일주일 동안 텔레비전을 볼 수 없을 거야. 그리고 후식도 먹을 수 없어."라고 썼다. 또 자신을 나타내는 그림 위에다 "알았어요. 아빠, 미안해요. 나는 아빠가 걱정하시리라는 것을 몰랐어요. 다시는 그렇게 하지 않겠어요."라고 썼다.

피터의 그림으로 아버지와 아들은 대화를 하게 되었다. 그들은 앞으로 있을 비슷한 상황에서 서로 오해하지 않도록 하기 위한 방법에 대해 이야기했다. 치료사는 사건을 언급하면서 피터에게 "너의 부모님께서 너에게 학교로부터 혼자서 집으로 오는 것과 같은 특권을 준 것은 네가 더욱 성숙된 행동을 하리라고 기대했기 때문일 게다. 네가 바지에 똥을 배설하는 것은 조용하게 분노를 터뜨리는 네 나름대로의 방식이라고 나는 생각한다."라고 말했다. 치료사는 피터가족이 의사소통에 실패했을 때 그렸던 가족화를 언급했다. 피터는 만일 그가 말하지 않는다면 아무도 그가 느끼고 있는 것을 모른다는 사실을 상기했다. 최근에 가족 모두가 자신을 표현해야 된다는 것을 깨닫게 된 이후로 다른 사람이 마음을 알아 주기를 기대하기 위해서는 무엇보다 말하는 것이 중요했다. 치료사는 피터에게 "만일 네가 처벌하는 것이 무가치하다고 믿었거나, 처벌을 하신 아버지가 미웠다면 너는 아버지에게 그것을 말할 필요가 있어. 네가 바지에 똥을 배설하는 것은 문제해결에 아무런 도움이 되지 않아. 나는 네가 감정을 솔직하게 표현한다는 것이 어려운 일이라는 것을 알고 있어. 그러나 너는 그것이 너에게 유익하다는 것을 발견할 것이고 따라서 자신을 더 좋게 느낄 것이라고 생각한다."라고 말했다.

아버지는 아들의 감정을 이해했으며 자신이 그를 어렵게 만들었다고 말했다. 아버지는 자신이 피터를 신체적으로 처벌하지 않았다는 점을 언급하면서 피터가 자신의 의견을 자유로이 말하기를 원했다. 아버지는 아들에게 "얘야, 아무것도 겁내지 마라. 가장 좋은 것은 대화를 통해서 얻어질 수 있는 거야. 만일 우리가 마음에 있는 것을 이야기한다면 협상은 항상 가능하단다. 앞으로 네가 잘못한 행동 때문에 벌을 받게 된다면, 너는 잘못에 대해 더 많이 알게 될 거야."라고 말했다. 피터와 아버지는 서로 이해했다고 믿었기 때문에 편안한 모습이었다.

12) 제12회 세션-부부치료 : 어머니와 아버지

치료사는 지난번 면접 때 아버지가 자신이 신체적인 학대를 하지 않았으므로 두려워하지 않고도 말할 수 있었다고 한 사실을 언급했다. 치료사는 많은 아이들이 신체적 학대보다 무관심을 더 두려워한다고 말했다. 피터의 부모가 아들의 비정상적인 불만해소방식을 이해하도록 하기 위해 그들에게 피터의 방어기제에 대해 알려 주었다. 치료사는 피터가 욕구불만을 장애행동으로 해소시킨 이후 자신을 표현하지 않았다고 설명했다. 비록 언어화하지는 않았지만 치료사는 이 방어기제가 가족항상성을 유지하려는 하나의 투쟁이라고 생각했다. 치료사는 부부에게 그들의 기대를 명백하게 나타내는 메시지들을 이야기할 때는 아이들에게 그 이유를 분명하게 설명해야 한다고 말했다. 또한 부모에게 피터가 자신의 생각과 감정을 그대로 표현하게 되면 그 내용이 항상 그들의 귀에 거슬리는 것이 될 것이라고 경고했다.

부모는 치료사의 이야기에 수긍했다. 또한 만일 죄책감을 유발하고 사회적으로 곤혹스러운 배변장애만 사라진다면 그것이 어떤 일이든 간에 가치 있는 일이 될 것이라고 강하게 이야기했다.

13) 제13회 면접-가족치료 : 가족 모두 참석

오래 전에 부부가 함께 공작종이로 만든 집에 미키가 갑자기 관심을 나타내면서 치료사에게 집 만드는 작업을 가족이 함께 할 수 있는지 물었다. 치료사는 결정권을 부모에게 인계했다. 부부는 미키에게 그러자고 말했고 혼자 작업하고 싶어 했던 피터는 혼자해도 좋다고 허락받았다.

피터는 유성점토를 가지고 웃고 있는 자신의 얼굴을 만들었다. 그는 일주일별로 그려진 달력에 점토조각을 눌러 붙였다. 그는 자신이 하고 싶은 것을 정확하게 알고 있었으므로 일주일에 해당되는 날짜에 금색 별들을 붙였다. 피터에게 그림에 대한 설명을 요구하자 그는 일주일 내내

[그림 51] 더럽힘 없이 성공

대변을 실수하는 일이 없었다고 설명했다(그림 51). 그 순간 배변장애가 완전히 없어지리라는 자부심과 희망은 피터만의 것이 아니며, 치료사 또한 이것이 아주 긍정적인 예후임을 인정하게 되었다.

14) 제14회 세션-가족치료 : 가족 모두 참석

부부는 자리에 앉기도 전에 피터의 경과에 대한 만족감을 보고했다. 그는 일주일 동안 거의 대부분 화장실에서 변을 보았으며 모든 사람들과 "아주 잘 지냈다."고 말했다. 그들의 향상되었음을 지지하기 위해 가족들에게 일주일 동안 즐겁게 생활하도록 해 준 일들에 대해 그려 보라고 지시했다.

아버지는 변기 위에 앉은 피터를 그렸고, 어머니는 아이들이 젖은 파자마와 홑이불을 화장실에 갖다 놓는 것을 그렸으며, 피터는 자전거를 수선하고 있는 자신을 도와 주는 아버지를 그렸고, 미키는 우표수집을 도와 주는 피터를 그렸다.

가족은 각자에게 일어나고 있는 변화에 관해 이야기했다. 그들은 좋은 분위기 속에서 '훌륭한 아이들'이란 제목의 가족화를 함께 그리도록 결정했다. 그림에서 피터와 미키는 슈퍼맨의 옷을 입고 정원에서 뛰놀고 있고, 어머니는 부엌에서 요리하고 있으며, 아버지는 차를 수선하고 있는 것으로 묘사되었다.

15) 제15회 세션-가족치료 : 어머니, 아버지, 피터

미키가 친구의 파티에 초대되어 출석할 수 없었기 때문에 피터와 부모를 대상으로 미술치료가 시행되었다. 치료사는 가족에게 무엇을 어떻게 할 것인지 스스로 결정하도록 지시했다. 피터는 어머니와 아버지는 함께 작업하고 자신은 혼자서 '자신의 일'을 하고 싶다고 말했다. 치료사는 피터의 제안이 부모를 부부로 인지하고 자신은 그들로부터 분리되고자 하는 시도로서 오이디푸스적인 갈등에 긍정적인 행동이라고 보았다.

❖ 행복한 부모님

피터는 웃고 있는 아버지와 어머니를 그렸다. 흥미로운 사실은 피터가 부모를 묘사한 방법이었다. 과거에는 허약하고 작은 사람의 윤곽만 그렸는데 이제는 부모들의 모습이 구체적으로 묘사되어 있을 뿐 아니라 확신을 가지고 그린 흔적이 보였다. 피터에게 부모님이 말씀하시는 것을 그림 속에 적어 보도록 지시했다. 그는 아버지의 모습 위에 "나는 네가 자랑스럽구나."라고 쓰고, 어머니의 모습 위에 "아주 훌륭하구나."라고 적어 넣었으며, 글씨 주변에 동그라미를 그렸다. 부부는 이 메시지를 보고

[그림 52] 내가 더 이상 아무렇게 배변하지 않기 때문에 행복한 부모님

매우 기뻐했다. 잠시 후 피터는 '내가 더 이상 아무렇게나 배변을 하지 않기 때문에 행복한 부모님' 이라는 제목을 적었다(그림 52). 치료실을 떠나기 전에 아버지는 치료사에게 아들의 치료결과에 대해 가족들이 얼마나 기뻐하는지 모른다고 말했다.

16) 제16~20회 세션-가족치료 : 가족 모두 참석

16~19회기 치료기간 동안 피터의 배변장애가 보고 되지 않았다. 치료과정에서는 일상적인 문제와 결정들을 다루었다. 다루어진 중요한 주제로는 개방적인 의사소통에 대한 강조를 했다는 것을 들 수 있다.

20회 세션에서 가족은 피터가 배변을 완전히 통제하게 되었다고 자랑스럽게 보고했다. 그는 매일 오후 4시경에 배변했다.

치료사는 가족에게 이 시점에서 미술치료를 하러 오는 이유를 주제로 작업할 것을 제시했다. 가족은 각자가 그림을 그려서 한 장의 종이에 붙이기로 결정했다. 작업이 끝나자 어머니가 제일 먼저 그림을 보여 주었다. 그것은 밤에 침대에 오줌을 싸는 소년들을 묘사한 것으로 그림 제목은 '더 많은 도움의 필요성' 이라는 것이었다. 아버지는 자신이 아내와 비슷한 주제로 '계속되는 다른 문제' 라는 제목을 붙였다는 것을 알았다. 피터는 자신의 장난감을 갖고 노는 미키를 그렸고 '나의 동생은 성가신 존재' 라는 제목을 붙였다. 미키는 "형은 나와 함께 놀고 싶어 하지 않는다."는 불만스러움을 나타내고 있었고, 어머니에게 "피터가 나에게 심술을 부린다."라고 써 주기를 요구했다.

가족에게 피터와 미키의 불만에 관해서 논의하여 스스로 문제를 해결해 보라고 제안했다. 여러 가지 논의가 있은 후 가족은 집에서 이들 문제를 적절한 선에서 해결하기로 결정했다. 아버지와 어머니의 그림으로 자연히 관심이 모아졌다. 그것은 '더 많은 도움' 과 '계속되는 다른 문제' 라는 제목으로 그들의 소망을 나타낸 것이었다.

다음 세션 때는 피터의 야뇨증 문제를 다루자는 것에 가족이 의견일치를 보였다. 치료사는 무엇이든 할 수 있을 것 같은 열정적인 태도로 부부에게 "다음 주에 당신들은 야뇨증을 고칠 수 있는 방법을 알게 될 거에요."라고 말했다.

❖ 개인치료 : 피터

피터가 야뇨증 문제에 관한 치료에 동의했기 때문에 아이에게 화장실에 가기 위해 밤 2시에 자명종을 맞추도록 하라는 지시를 했다. 아무런 지시도 하지 않았는데 피터는 2시를 가리키는 자명종을 그렸다. 치료사는 그에게 미래계획을 그림으로 묘사하는 것은 아주 좋은 생각이라고 말했다.

피터는 제일 적당한 시간을 알기 위해 밤 2시에 일어나도록 노력하라는 지시를 받았다. 그래도 그가 침대를 젖게 했다면 다음날은 좀더 이른 시간에 시계를 맞추어야만 했다. 피터는 자신의 '마지막 문제'를 해결하는 것에 흥분을 느꼈다. 왜냐하면 야뇨증은 친구들과 밤새도록 야영하는 것을 방해했기 때문이다.

17) 제21회 세션-가족치료 : 가족 모두 참석

가족이 치료실로 들어왔을 때, 피터가 치료사에게 말했다. 그는 자명종이 울리는 소리를 듣지 못했기 때문에 여러 번 자명종 소리를 바꾸어야만 했다고 보고했다. 그의 불평은 자명종 소리를 들을 수 없기 때문에 잠을 깰 수가 없다는 것이었다. 부부는 피터를 깨울 수 있는 더 큰소리를 내는 자명종으로 바꾸겠다고 제안했다.

가족들이 각자의 조각을 만들게 되었을 때 피터는 침대 만드는 일에 열중했다. 치료사는 피터가 자신의 침대와 비슷한 물침대를 만들었다는 것을 알고 깜짝 놀랐다. 과거에 치료사는 '물침대'가 판매되기 전에 많은 야뇨증 환자를 다루면서 그들이 자는 침대형태에 대해서는 별로 관심을 갖지 않았으나 지금에 와서 야뇨증 환자에게 파도처럼 움직이는 따뜻한 물침대가 어떤 영향을 미칠 것인가에 대해 심사숙고하게 되었다. 치료사는 물침대의 부드러운 움직임이 자궁에서의 경험과 비슷할 것이라고 추측했다. 또한 젖었을 때조차 따뜻한 물침대의 안락함이 아이로 하여금 계속 달콤한 잠 속으로 빠져들게 할 것이며 그 결과 야뇨행동을 지속시킬 수 있다고 보았다. 따라서 약간 딱딱함을 주는 보통의 매트리스로 바꾸어 줌으로써 침대를 적시지 않도록 동기화시킬 수도 있다고 생각하기에 이르렀다. 치료사가 부부에게 자신의 의문을 이야기하자 그들은 매트리스 교체에 대해 생각할 시간을 달라고 했다.

18) 제22회 세션-가족치료 : 가족 모두 참석

가족은 처음부터 치료과정을 주도했다. 그들은 자율적으로 지난주에 했던 것을 주제로 가족화를 하기로 결정했다. 그림은 부부가 오랫동안 미루어 왔던 소년의 침실을 청소하고 "아기시절의 장난감을 치우던 일"을 나타낸 것이었다. 치료사는 부모들의 청소작업을 아이들로 하여금 어린애 같은 방식에서 벗어나 성장하도록 도와 주려는 것이라고 해석했다. 그리고 이 같은 행동은 대소변을 통제하는 것과 관계된다고 지적되었다. 가족화는 아주 훌륭하게 그려진 것으로 가족들의 창의성을 나타내고 있었다. 그러나 무엇보다 중요하게 본 것은 가족화를 통해 가족들이 집에서나 치료과정에서 함께 일하는 적응양식을 배운 것이었다.

19) 제23회 세션-가족치료 : 가족 모두 참석

치료사가 아버지에게 미술작업을 시작하도록 하자 그는 가족들에게 가족화를 그릴 것이라고 말했다. 미키가 벽 쪽으로 서둘러 걸어가자 피터가 먼저 위치를 정했다. 아버지는 "먼저 우리가 어떤 가족화를 그릴 것인가에 대해 이야기 하자꾸나. 피터 너는 어떤 것을 생각하고 있니?" 라고 말함으로써 의사소통을 촉진했다. 피터는 자신이 지적당한 것에 약간 당황하면서 어깨를 약간 으쓱해 보이며 어색해 했다.

지적당한 입장에 놓인 피터가 감정이 상할까 봐 어머니가 참견했다. 그러나 아버지는 피터에게 "만일 네가 먼저 하고 싶다면 이야기해 주면 좋겠구나."라고 자신의 생각을 분명하게 말했다. 피터는 "이번에는 제일 먼저 하고 싶어요."라고 대답했다. 그러자 아버지는 "좋아. 그러면 전체 과정에 대해서 이야기해 보자꾸나. 순서를 정하거나, 즉시 한꺼번에 그리거나, 혹은 무엇을 할 것인가를 정하자."라고 말했다. 피터는 만일 그가 시작하도록 허락이 된다면, 종이를 4등분해서 가족들에게 한 부분씩 할당할 것이라고 말했다. 가족들이 모두 피터의 제안에 동의했으므로 피터는 종이를 4등분해서 각자에게 할당했다. 피터는 자신의 몫으로 주어진 종이 위에 '나의 방'이라는 제목을 쓴 다음 침대에 누워 있는 자신과 자명종 시계가 있는 선반을 그렸다. 그는 "내 방 자명종 시계가 갑자기 울렸으므로 지금은 내가 일어나서 소변을 보러 화장실에 가야 할 시간이다."라고 설명했다(그림 53).

형의 그림을 본 후에 미키도 또한 침대에 누워 있는 자신을 그렸다. 그는 침대를 적시는 대신에 밤에 화장실을 사용할 계획을 나타낸 것이라고 말했다. 피터와 미키에게 평상시 밤에 일어났던 일에 대한 그림을 그리도록 지시했다. 피터는 침대를 적시는 자신을 그렸고, 미키도 형을 모방해서 같은 장면을 그렸다. 아이들이 그림을 끝마치자 온 가족이 치료사

나의 방
자명종 시계가 갑자기 울렸으므로 지금은 내가 일어나서 소변을 보러 화장실에 가야 할 시간이다.

[그림 53] 야뇨증 퇴치 계획

를 쳐다봤다.

치료사의 능력에 대한 그들의 전폭적인 신뢰와 긍정적인 전이는 치료사로 하여금 자부심을 갖게 했다(그러나 나중에 그것을 후회하게 되었다). 치료사는 확신을 갖고 여러 가지 규칙을 정했다.

① 아이들은 젖은 침대 시트와 파자마를 세탁기에 넣어야 한다.
② 취침 전에 소변을 보아야 한다.
③ 자명종 시계는 침대를 적시는 일이 일어나는 시간보다 빠른 시간에 고정한다.
④ 배변조절에 성공한 경우 체계적으로 보상할 계획을 세운다.

부부가 그린 웃고 있는 사람은 침대를 적시지 않으려는 아이들의 결심에 대한 기쁨을 나타낸 것이었다.

❖ 개인치료 : 피터

피터가 좋아하는 제트 비행기를 만들기로 결정하는 것으로 미술치료가 시작되었다. 그는 점토로 모형을 만들면서 "나는 이번만큼은 비행기가 제대로 날기를 원해요. 떨어지지도 않고, 싸우지도 않는 야간비행기 말이예요. 비행사는 승리자예요."라고 말했다. 피터는 자신이 계속해서 주도적인 역할을 하면서 치료사도 함께 할 것인지 물었다. 미술작업은 그에게 어느새 문제해결의 방법이 되었다. 피터가 제트기를 공중에 떠 있게 할 수 없었을 때도 치료사는 의도적으로 아무런 제안을 하지 않았다. 왜냐하면, 피터가 스스로 도움을 청하도록 하는 것이 유익하다고 판단했기 때문이었다. 마침내 그가 도움을 청하자 치료사는 피터에게 종이상자를 선택하도록 지시했다. 뚜껑 없는 상자는 무대효과를 위해 옆으로 놓게 했다. 그리고 피터에게 비행기 둘레에 끈을 매어서 상자 꼭대기에 부착시키도록 지시했다. 그는 밤하늘을 나타내기 위해 검은색 종이를 배경으로 해서 원색 파스텔로 배경종이에 별을 그렸다(그림 54).

작업이 끝나자 치료사는 성공적인 야간비행을 한 제트기 조종사와 화

[그림 54] 승리한 야간 비행기 조종사

장실 사용을 자율적으로 하려는 피터의 소원 간에 상관성이 있다는 것을 지적했다. 피터는 자신의 그림이 '내적 욕구'를 표현한 것임을 알자 아주 유쾌한 듯이 웃었다. 환경에 관한 조각을 통한 피터의 투사과정은 의사소통의 모델로서 좋은 경험이 되었다는 것을 증명했다. 치료사는 치료과정 동안 소년의 질문과 대답 방식, 나타난 욕구 및 행동을 관찰했다.

자존감이 향상된 것을 느낀 피터는 다음 번 가족화를 할 때도 자신을 지도자로 임명할 것인지를 치료사에게 질문했다. 치료사는 피터에게 치료사의 지명에 의존하기보다 오히려 스스로 그 의도를 말하는 것에 대해 생각해 보라고 했다. 치료실을 떠나기 전에 피터는 다음 번 가족치료에서 자기주장을 할 것이라고 진지하게 말했다.

20) 제24회 면접-가족치료 : 가족 모두 참석

피터의 가족이 치료실로 들어오자 피터는 자신이 지난번에 만들었던 제트 비행기를 가족에게 보이며 아주 자신감에 차 있었다. 그것이 그로 하여금 지도적 역할을 하고 싶은 그의 욕구를 나타내도록 용기를 준 것 같았다. 아버지는 "정말 좋구나."라고 말했다. 피터가 어머니를 쳐다보면서 대답을 기다리는 동안 어머니가 미처 반응을 하기 전에 미키가 "아빠는 훌륭한 지도자야, 아빠는 훌륭한 생각을 갖고 계셔."라고 말했다.

　미키의 방해행동이 어머니로 하여금 피터에게 즉시 대답을 하지 못하게 했다. 피터는 실망했지만 자신의 감정을 드러내지 않았다. 피터가 자리에 주저앉자 어머니는 그의 행동이 아버지를 지도자로 수용한 것이라고 받아들였다. 그래서 그녀는 남편에게 미술작업을 시작하도록 요구했다. 아버지가 시작하려고 했을 때, 치료사는 가족이 이전의 역동성으로 되돌아가는 것을 중지해야 한다고 결심했다. 그래서 치료사는 가족들에게 "잠깐 중단해서 지금 일어나고 있는 일에 대해 다시 되짚어 봅시다."라고 말함으로써 개입했다.

　아버지는 피터가 자신이 동의한 주제에 따라 가족화를 지도하고 싶어 했으나 피터가 지도자가 되는 것을 미키가 질투했으므로 마음을 바꾸었다고 말했다. 그는 자신이 마음을 바꾼 것이 미키의 감정을 상하지 않게 하려고 한 것임을 깨달았다. 돌이켜 생각해 본 아버지는 자신이 약속을 지켜야 하는 동시에 미키의 감정을 상하지 않게 해야 된다는 것을 깨달았다.

　아버지는 아내가 피터의 행동을 잘못 이해했고 아들이 상처를 받고 좌절했다는 것을 알게 되었다고 했다. 남편의 이야기가 옳았다는 것을 알게 된 어머니는 피터에게 사과했다. 그녀는 자신이 미키를 보호하려고 한 것이 아니라고 주장하면서 만일 피터가 자신의 감정이나 생각을 말로 표현하지 않는다면, 그녀는 피터가 무엇을 생각하는지 모른다고 말했다. 끝으로 그녀는 가족 역동성에 대한 남편의 이해력에 깊은 감명을 받았다고 말했다.

　미키는 이야기를 듣고 나자 기분이 나빴다. 그는 피터의 욕구를 방해한 것이 아니라고 부인함으로써 방어적인 행동을 했다. 미키는 "형을 질투한 것이 아니에요. 아빠는 항상 훌륭한 주제를 생각해 냈어요."라고 투덜댔다. 피터는 아버지의 상황평가에 안심하게 되었다. 그는 자신이 이해받았음을 느꼈고, 미키의 질투에 대한 가족의 인식과 자신의 영향력 으로 인해 편안함을 느꼈다. 아버지는 피터가 지도자가 되는 것에 동의 했으므로 다시 작업을 하게 되었다. 그러나 지금은 전과는 달리 그들은 피터가 가족화를 지도한다는 명백한 결정에 따라 새롭게 시작하는 것이 었다. 피터는 '농장의 모습'이라는 주제를 정했고, 각자에게 할 일을 분 담시켰다. 작품이 완성되었을 때 가족 모두는 예술적인 면과 심리적인 면에서 만족감을 느꼈다.

21) 제25회 세션-가족치료 : 가족 모두 참석

가족은 자율성을 나타내기 위해 치료사의 지시 없이 여러 가지 색상의 공작종이로 구성작업을 하기로 결정했다. 부모는 아이들에게 주제에 관 하여 제안할 것을 요청했다. 피터는 부모님이 얼마 전에 했던 주제들 중 의 하나와 비슷한 주제를 하되 새로운 방식으로 하고 싶다고 말했다. 미 키가 찬성했고, 아버지도 '좋은 생각'이라고 하면서 동의했다.

아버지는 마분지 상자로 바닥과 벽을 만들었다. 어머니는 점토로 창문 과 대문을 만들어 상자에 붙였다. 피터는 1시를 가리키는 자명종 시계와 침대에 누워 있는 자신을 그렸다. 미키는 형의 것을 모방해서 체크무늬 의 담요가 있는 침대에 자신이 누워 있는 그림을 그렸다.

피터는 어머니에게 화장실과 세면기를 만들어 줄 것을 요청했고 어머 니는 순순히 동의했다. 그러나 어머니는 지난번 토론이 피터의 신체와 관련성이 적었던 것을 기억해 내고서 피터에게 화장실을 만들도록 했다. 왜냐하면 그가 여전히 배변문제를 해결하지 못하고 있었기 때문이었다.

어머니는 '부엌'을 만들겠다고 말했고, 아버지는 자청해서 차고를 만 들었다. 미키는 자신의 역할에 대한 확신이 없었으므로 무엇을 해야 할 것인지 물었다. 피터는 동생에게 애정을 느끼면서 자신을 도와 화장실과 세면기를 만들자고 말했다(어쩌면 이것은 그들의 공동문제였는지도 모른다).

작품이 완성되자 피터는 치료사에게 그들의 작품이 무엇을 의미하는지 말하는 것이 좋겠다고 했다(치료사가 그의 개인치료를 할 때 사용했던 기법과 유사한 것). 모든 사람이 피터의 제안에 동의했다. 피터는 치료사를 아주 진지하게 쳐다보면서 다음과 같이 이야기했다.

"토요일 밤 나는 자명종 시계를 들었다. 나는 일어나서 화장실로 갔다. 나는 행복했다." 그리고 계속해서 "이것은 침대 속에 있는 나와 자명종을 의미한다."라고 말했다(그림 55). 치료사는 가족들에게 피터가 행복했다는 것을 알고 있었는지 물어 보았다. 그들은 제대로 알지 못했다고 말했지만 피터의 그 같은 감정에 대한 이야기를 듣고서 전혀 놀라지 않았다.

미키는 불안해 하면서 "자명종이 울리자 나는 일어나서 화장실에 갔어요. 나의 침대는 젖지 않았어요."라고 말했다. 어머니는 아들들에게 미소를 보내면서 치료사에게 "일요일 아침은 놀라운 날이었어요. 침대가 젖지 않았으므로 나는 아침식사로 아이들이 좋아하는 달걀, 팬케이크와 베이컨을 준비했어요."라고 말했다. 마지막으로 아버지는 "가정은 더욱더 행복한 곳이에요. 피터는 더욱 성숙하게 행동하고, 우리 모두는 서로에

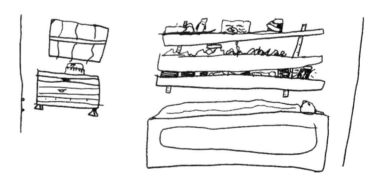

The First Time I heard the Alarm Clock

[그림 55] 소변보기 위해 잠깨기

게 솔직해요. 요즈음 우리는 모두 행복해요."라고 말했다.

치료사가 가족에게 제목을 요구하자, 피터는 "첫 번째로 자명종 소리를 들은 때"라는 이름을 붙이고 싶어 했다. 미키는 "미키도."라는 동감의 뜻을 나타내는 것을 첨부해야 한다고 말했다. 모두가 동의하자 아버지는 피터에게 처음 6개 단어를, 그리고 미키에게 그 다음의 6개 단어를 쓰도록 지시했다.

과제의 내용과는 별개로 과정에 대하여 재고해 보면 모든 구성원들이 문제해결 과업에 참여했다는 것을 알 수 있다. 의사결정과 자기표현의 경험은 미래의 상호관계 모델을 제시하는 것의 중요한 경험이 될 수 있다.

22) 제26회 세션-가족치료 : 가족 모두 참석

지난 세션 후 2주가 경과한 이번 세션에서 피터가 그린 그림에 한 주일 동안에 여러 번 바지를 더럽힌 사실이 묘사되고 있었다. 아버지는 자신의 자유의사로 저녁 5시부터 밤 12시까지 일하는 저녁근무를 하게 된 자신을 묘사했고, 어머니는 남편이 집에서 저녁식사를 하지 않는 것에 대한 '화난' 감정을 구체적으로 나타냈다. 미키는 어머니가 '나쁘다'라는 그림을 그렸다.

치료사는 가족들에게 아버지의 새로운 근무시간이 그들에게 미친 영향에 대해 관심을 집중하도록 요구했다. 가족들이 이야기하는 동안 우두커니 낙서를 하던 피터가 자진해서 자신의 그림을 분석하기를 '아빠가 집에 없어서 화가 난다는 것을 의미한다.'고 했다. 아버지는 피터에게 바지를 더럽히는 방식보다 불만을 말로 이야기해 주는 것을 무엇보다 원한다고 말했다.

미키는 형이 불만스러웠다. 그래서 어머니가 나쁘다고 말하는 것으로 일단 부모의 관심을 끌 수 있었다. 어머니는 그녀가 기분 나쁜 말을 했다는 것을 인정하면서 자신의 불만을 아이들에게 돌린 것에 대해 사과했다. 절망적인 몸짓을 하면서 아버지는 자신이 비난받을 사람이라고 말했다. 그리고 그는 시간을 바꿔야만 했던 것이 원망스럽지만 어쩔 수 없는 것이었고 할 수 없이 적응하려고 노력하고 있다면서 가족들이 협조해 줄 것을 요청했다.

아버지로서 자신의 불행한 상황을 이야기한 것은 흔치 않은 일이었다. 그도 상처받을 수 있는 연약함이 있다는 것을 가족들에게 털어놓음으로써 그가 인간적인 사람으로 보이게 했다.

❖ 코멘트

피터에게 있어 아버지와 함께 지내는 시간을 빼앗긴다는 것은 고통스러운 일이었다. 왜냐하면 피터와 아버지의 관계는 최근 몇 달 동안 더욱 친밀해졌기 때문이었다. 따라서 치료사는 피터가 최근에 바지를 더럽힌 사건은 아버지에 대한 분노를 나타내는 퇴행적인 행동임을 깨닫게 되었다. 치료에 있어 이 같은 실패는 피터의 배변장애가 없어진 직후 너무 서둘러서 야뇨증을 치료하려는 계획을 세웠기 때문이라는 것도 알게 되었다. 피터의 배변훈련이 성공하려면 시간이 더 필요했기 때문에 아버지의 근무시간 변경은 아이에게 스트레스를 가중시키는 결과를 초래했던 것이다. 치료사는 초기의 치료적 성공 때문에 너무 들떠 있었음을 인정하면서 피터와 비슷한 증상을 가지고 있는 사례연구에서 경과가 부정적일 수 있다는 것을 상기했다. 피터의 야뇨증을 치료하기 위한 계획을 부적절한 시기에 실시했음을 깨닫게 된 치료사는 일시적으로 그 계획을 중단하기로 결정했다.

치료사는 가족에게 야뇨증 중단을 위한 계획을 너무 서둘렀던 것에 대해 사과했다. 피터의 퇴행은 아마도 소변을 누기 위해 밤중에 일어나야만 하는 긴장과 아버지의 변경된 작업시간에 적응해야 하는 것 때문일 거라고 치료사는 설명했다. 현명하지 못한 결정에 대한 치료사의 고백이 피터의 감정을 이해하도록 해 주었기 때문에 피터는 자신의 주장을 말할 때 안심을 하는 듯 했다. 가족은 피터가 밤중에 일어나 소변을 보는 일은 피터 스스로가 준비되었다고 인식할 때까지 기다리게 하도록 지시받

왔다.

부부는 치료사의 정직함에 대해서 감사했다. 부부는 피터가 앞으로 배변을 통제하리란 것을 전적으로 믿으며 또한 피터가 도움을 청할 때까지 야뇨증을 위한 규칙을 실시하지 않겠다고 말했다.

23) 제27~31회 세션-가족치료 : 가족 모두 참석

치료사의 휴가로 2주일을 쉬었다. 그들은 치료사에게 많은 '좋은 일들' 이 일어났다는 것을 보고했다. 아이들은 새로운 매트리스를 가지게 되었고 그들이 거의 침대를 적시지 않았다는 것이었다.

그 같은 결과들이 다음과 같은 사항 중 하나 혹은 모두를 반영하고 있는지 확실치 않았다.

① 새로운 매트리스를 젖게 하지 않으려는 욕구, ② 유혹적인 물의 움직임이 없는 것, ③ 물이 없는 딱딱한 침대에 대한 치료사의 조언일 수도 있을 것이다. 어쨌든 가족들은 결과에 대해 아주 만족스러워 했다.

다른 "좋은 소식"은 피터가 지난 몇 주일 동안 화장실에서 대변을 볼 수 있었고 한 번도 실수를 하지 않았다는 것이었다.

이번 세션부터 대여섯 번의 가족치료 세션 동안에는 생산적인 상호소통과 상호작용 방법 및 문제해결 방법 등을 다루었다.

❖ 개인치료 : 피터

피터는 치료사에게 상자 속에 보관한 유성점토로 만든 대변을 넣어둔 캐비닛의 문을 열도록 요청했다. 그는 조심스럽게 상자를 끄집어내어 뚜껑을 열고 점토대변을 꺼내어 그것을 주의 깊게 살펴 보았다. 피터는 단호한 태도로 커다란 종이 위에 변기에 앉아 있는 자신을 그렸다. 그는 그림을 그리면서 치료사에게 유쾌한 어조로 "나의 문제를 완전히 해결했어요."라고 말했다. 그는 그림을 다 그린 후 그가 자랑스럽게 앉아 있는 변기에다 점토로 만든 대변을 눌러서 붙였다(그림 56).

[그림 56] 문제해결

　그림은 아주 혁신적이고 창의적인 것이었다. 치료사는 진심으로 작품을 칭찬했다. 피터는 자신을 잘 통제했으며 훌륭하게 극복했다. 피터의 배변습관은 앞으로도 무너질 가능성이 있겠지만 치료사의 경험으로 미루어 보면 미술치료를 통해 스스로 구체적인 습관을 습득한 아이는 대소변을 통제할 수 있었다.

　피터가 그림을 마쳤을 때 그는 아주 자신감에 차 있었다.

24) 제32회 세션-가족치료 : 가족 모두 참석

　가족치료를 시작하려고 하자 피터는 치료사를 쳐다보면서 그림을 그리지 않겠다고 말했다. 긍정적인 전이에도 불구하고 그는 치료사를 시험하고 싶어했는데 그것은 아마 종결을 인지했기 때문일 것이다. 피터는 자신의 저항에 대한 치료사의 반응을 살폈다. 부부는 피터의 무례한 행동을 보고 당황했다. 그러나 치료사는 저항을 한 개체의 독립적인 행동이라고 해석하면서 그것을 수용했다.

피터를 제외한 가족들은 그림을 그렸으나 피터는 말은 하지만 그림은 그리지 않겠다고 했다. 치료사와 피터의 상호작용을 보면서 부부는 많은 것을 깨달았다. 그들은 아들의 반응을 개인적인 모욕으로 보는 것이 얼마나 무익하며 거리를 두고 객관적으로 보는 것이 얼마나 유익한 결과를 가져 오는가를 알았다.

다음 치료세션부터 피터가 더 이상 저항하지 않았다는 것은 흥미로운 일이었다.

25) 제33회 세션-가족치료 : 가족 모두 참석

가족치료를 시작하려고 하자 부부는 지난번 치료에 대해 불만을 말했다. 그들은 상황을 설명하면서 치료사가 해결해 주기를 원했다. 가족의 자율성을 향상시키기 위해 치료사는 문제해결을 그들이 하도록 했다. 그러자 가족들은 곰곰이 생각하더니 먼저 개인적으로 작업을 한 다음 한 장의 종이 위에 모든 작품을 붙이기로 결정했다.

아버지는 가장 먼저 사진을 붙이면서 그것은 전화로 너무 오래 이야기하는 아내에 대한 불만을 의미한다고 말했다. 어머니는 남편에게 '따져야 할 일이 있기' 때문에 남편의 사진 옆에 자신의 그림을 붙여야 한다고 말했다. 어머니의 콜라주는 아버지의 근무시간으로 인한 가정생활의 어려움을 나타내고 있었다. 아들들의 모든 뒤치다꺼리를 혼자해야 하기 때문에 자신을 위한 시간이 전혀 없다는 것이었다. 피터가 다음 차례로 자신의 그림을 보여 주면서 그것은 어머니가 '쓰레기를 버리고, 차고를 청소'하라고 한 것에 대한 '분노'를 나타낸다고 말했다. 미키는 자신의 그림은 형이 그들의 침실을 엉망으로 만들었기 때문에 자신의 그림을 피터의 옆에 붙여야 한다고 했다.

모든 사람들이 서로에 대한 불만을 시각적으로 구체적으로 말했기 때문에 상황을 향상시킬 해결책과 불만에 대한 토론의 필요성이 있다고 보았다. 진지하고 생산적인 대화가 오간 후, 그들은 치료사에게 중재자 역할을 해 줄 것을 부탁했다. 또다시 치료사는 그들에게 스스로 할 수 있다는 것을 일깨워 주면서 책임을 가족들에게 떠맡겼다. 그리고 치료사는 치료가 끝날 때까지 아무것도 하지 않겠다고 말했다.

❖ 치료의 종결단계

26) 제34회 세션-가족치료 : 가족 모두 참석

가족이 그동안 습득한 것을 확인해 보기 위하여 말을 하지 않은 상태에서 함께 가족화를 그려 보라고 했다(이 기법은 첫 번째 가족치료 세션에서 사용한 것과 동일한 것이었다). 피터는 맨 먼저 잎이 무성한 나무를 그림으로써 자기주장을 표현했다. 어머니는 나무에 사과를 그려 넣었다. 아버지는 줄기를 색칠하고 나무 옆에 집을 그려 피터의 구성이 더욱 훌륭하게 보이도록 했다. 어머니는 남편이 그린 집에 창문들과 대문을 그

[그림 57] 가족화 : 자연 속을 걷는 우리들

리고 하트모양의 꽃들을 그려 넣었다. 그 다음으로 아버지가 꽃들 주변
에 풀들을 그렸다.

미키는 전체과정들을 쳐다보며 서 있었다. 그는 가장 충격을 줄 순간
을 포착하려고 했다. 그가 충격적인 순간이라고 확신한 때 그는 종이의
1/3이나 차지하는 아주 큰 나무를 그렸다.

부모는 미키가 그린 나무에 각기 색칠을 함으로써 미키와 상호작용을
했다. 가족들이 제목에 관해 이야기를 시작하자 피터는 그림의 상단에
거미를 한 마리 그려 넣었다. 가족 구성원들이 미처 제목을 제안하기 전
에 그는 '자연 속을 걷는 우리들'이라고 썼다(그림 57).

27) 제35회 세션-가족치료 : 가족 모두 참석

가족이 그 동안 습득한 것을 계속 확인해 보기 위해 첫 치료세션에서
둘씩 팀이 되어서 말을 하지 않고 미술작업을 하게 했다.

그 동안 가족이 점진적으로 변해 왔기 때문에 아버지와 피터, 어머니
와 미키가 팀이 된 것은 놀라운 일이 아니었다. 아버지와 피터는 번갈아
가면서 야구장을 함께 그렸고, 어머니와 미키도 번갈아 가면서 식탁에
있는 음식을 그렸다.

두 번째 확인작업은 모두가 함께 말을 하면서 함께 가족화를 그리는
것이었다.

지난번 가족의 첫 번째 언어적 가족화를 할 때와는 대조적으로 아버지
는 충분한 논의를 한 후 계획을 세워 아이들에게 먼저 '시작'하라고 지
시했다. 가족은 다가오는 휴가를 묘사하기로 결정했다. 피터가 먼저 비
행기를 그렸고, 미키는 하늘과 태양을 그렸다. 아버지는 고향에 있는 그
의 부모님의 집을 그렸고, 어머니는 현관에서 손님을 기다리는 시부모님
을 그렸다. 그들은 화기애애한 가운데 작업에 몰두했다.

제목은 만장일치로 '우리의 여름휴가'였다. 피터는 미키에게 '우리의
여름'이라고 쓰도록 했고, 자신은 '휴가'를 썼다. 왜냐하면 그는 '휴가'

라는 단어를 쓸 수 있었으나 미키는 쓸 수 없었기 때문이다.

❖ 가족의 역동성

미술작업을 통한 가족 구성원 간의 상호작용은 다음과 같다.

① 어머니가 남편이 만든 집에 조부모님을 그려 넣었을 때
② 피터의 비행기에 아버지가 TWA라고 써 넣음.
③ 미키는 피터의 비행기 가까이 구름과 하늘을 그려 넣음.
④ 피터만이 가족화에 있어서 어떤 상호작용도 하지 않고 자율적이 었음.

치료사는 첫 치료세션에서 그렸던 가족화를 가지고 와서 가족에게 두 개의 가족화를 비교해서 이야기해 보라고 했다.

어머니는 첫 번째 가족화에서 미키가 종이 전체를 차지하려고 황급하게 그렸던 일을 기억해 냈다. 그녀는 또한 자신이 그렸던 태양을 남편이 고쳐 주었던 것을 못마땅해 했던 것을 기억하고 있었다.

어머니는 어색하게 웃으면서 자신이 그린 선들이 그림 '전체에 널려' 있다고 지적하면서 자신이 그 당시 예민해 있었고, 치료를 시작했을 때는 거의 자제할 수 없었던 시기였다고 덧붙여 말했다.

아버지는 미키가 중앙 위치에서 가장 큰 공간을 차지하도록 내버려 두었던 것을 기억해 냈다. 그는 첫 번째 가족화와 현재의 가족화를 비교하면서 가족의 상호소통 양식이 매우 좋아졌다고 말했다. 그러면서 치료 초기에 부족했던 자신과 피터와의 상호작용을 가슴 아파했다.

피터는 첫 번째 면접에서 가족이 자신을 소외시킨 사실을 상기시켰다. 그러나 아버지는 피터에게 "너 스스로 자신을 소외시킨 거야."라고 정정하면서 "그 같은 일이 요즈음에는 일어나지 않았어."라고 웃으면서 말했다. 피터는 회오리 바람의 의미를 알지 못했지만 그것에 대하여 언급했다. 치료사가 회오리 바람을 분노의 상징으로서 특정 치료상황에서의 감정을 표현한 것이라고 설명했을 때, 그는 그 당시 자신의 휘둘려진 느낌

을 기억해 냈다.

미키는 모두 함께 미술작업을 하는 것이 즐거웠다는 것 이외에는 첫 번째 면접에 대해 아무것도 기억나지 않는다고 말했다.

가족들은 치료사에게 첫 시간에 그린 가족화를 통해 과거를 회상하고 현재의 성장을 깨달을 수 있도록 도와준 것에 대해 감사했다.

28) 제36회 세션 가족치료 : 가족 모두 참석

몇 주일이 지난 후 피터가 36회 세션에서 종결문제를 제안했다. 그에 있어서 미술치료의 종결은 그의 문제의 해결을 의미했다. 가족들은 이 문제에 대해 스스로 편안함을 느끼게 될 때 종결하겠다고 했다. 그들은 피터의 화장실 사용이 습관화되기 위해서 더 많은 시간이 필요하다고 생각했던 것이다. 피터는 더 이상 다른 제안을 하지 않았다.

부부는 온 가족이 긍정적인 변화를 했을 뿐만 아니라 특히 피터가 과거보다 더 많이 자신의 감정을 나타냈다고 말했다. 또다시 그들은 상호작용을 나타낸 첫 번째 비언어적 가족화와 마지막의 비언어적 가족화 간의 차이를 이야기했다.

미키의 중심적인 위치가 바뀌었기 때문에 치료사는 그에게 위치가 바뀐 것에 대해 질문했다. 그는 형이 지도자가 되는 것을 좋아하지 않았다고 솔직히 인정했다. 한 가지 예로서 내 생각을 묻지도 않고 '자연 속을 걷는…' 이라는 이름을 붙였을 때 형이 싫었다고 말했다. 미키는 계속해서 "나는 형이 바지에 똥을 싸는 것이 수치스러웠고 학교에서 아이들이 형을 아기 같다고 놀리는 것이 무척 괴로웠다. 형이 이제 더 이상 바지를 더럽히지 않아서 기쁘다."라고 말했다. 가족은 미키가 그의 고통을 결코 표현하지 않았기 때문에 이 같은 진술이 부부에게 진지하게 받아들여지는 듯 했다. 그는 "형의 냄새나는 바지가 더 이상 우리 방을 구린내 나는 곳으로 만들지 않아서 기쁘다."라고 덧붙여 말했다.

29) 제37회 면접-부부치료 : 가족 모두 참석

가족은 자유로이 미술재료를 선택하여 작업을 하도록 지시받았다. 피터는 콜라주를 만들기로 결정한 듯 자연스럽게 일련의 그림들을 선택했다. 모든 그림들은 다양한 환경 속에 혼자서 집 안 또는 바깥에 있거나, 산보하거나, 공놀이를 하는 있는 사람들이었다. 그의 그림이 외로움을 나타낸 것이라고 치료사가 해석하자 그는 수긍했다. 치료사는 그것이 종결문제에 대한 그의 감정을 반영하고 있는지 궁금했다. 피터와 다른 가족들 모두 '그들이 영원히 치료받으러 올 수는 없으므로' 언젠가 치료를 종결해야만 한다는 것을 알고 있다고 말하면서도 그 생각을 하는 것을 거부하고 있었다. 종결에 따른 감정을 극복하도록 돕기 위해 치료사는 그들에게 종결에 따른 감정을 그리도록 지시했다. 그렇지만 가족들은 주제와는 아주 다른 그림을 그림으로써 주제를 회피하고자 했다.

30) 제38회 세션-부부치료 : 어머니와 아버지

아이들은 다른 학생들과 함께 학교에서 하는 특별한 행사에 참가했다. 부부는 서로의 관계를 표현하는 그림을 그리도록 지시받았다.

어머니는 '훌륭한 결혼'을 대변하는 추상적인 그림을 그렸다(그림 58). 그러나 그림에는 피터를 상징하는 어두운 부분도 있었는데 그러한 부분은 그들 부부로 하여금 불안과 분노를 일으키게 했다고 말했다. 아버지는 공작용 종이를 이용해 악보를 만들었다(그림 59). 그는 자신이 만든 콜라주는 조화로운 관계를 상징한다고 말했다. 그러나 "나의 아내가 말한 것도 사실이다. 피터의 문제만 없다면 모든 것이 좋을 텐데."라고 덧붙였다. 가족의 상황이 많이 좋아졌는데도 그가 아직도 불만스러워한다는 것은 뜻밖이었다. 치료사가 이러한 불만스러움에 대한 명료화를 요구하자 어머니는 걱정거리를 털어놓았다. "피터는 또다시 바지를 더럽힐 거예요. 그는 학교에서 다른 아이들을 고자질하고, 집에서는 우리에게

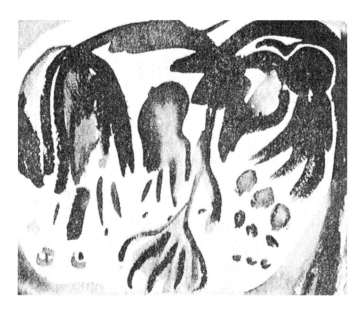

[그림 58] 훌륭한 결혼과 아들에 대한 걱정

[그림 59] 조화로운 관계

대항하며, 미키를 괴롭히고, 침실벽에 페인트칠을 요구하고, 학교를 싫어해서 종종 결석하곤 해요. 그는 취침시간을 늦추고 싶어하고, 등교할 때 스스로 자신이 입을 옷을 선택하겠다고 주장해요."라고 하소연했다.

　아버지도 "피터는 숙제를 제대로 하지 않으며, 학교에서 버릇없이 굴고, 야구도 게을리하며, 말대꾸하고, 자신이 해야 하는 일들을 제대로 하지 않고, 미키를 때려요. 뿐만 아니라 기타연습도 제대로 하지 않아요."

라고 불만을 터뜨렸다.

　부부는 피터가 변해 가는 방식에 대해 이야기하기 시작했다. 그들은 피터가 더 이상 예의바른 아이가 아니라 모든 것에 말을 듣지 않고, 요구하는 아이로서 "갑자기 모든 일에 자신의 견해를 가지는 것 같다."고 했다. 그들은 피터가 짜증을 내며 화를 내고 있는 것을 보았다. 아버지는 "우리는 그런 것을 좋아하지 않으며 더 이상 참지 못할 것이라고" 분명하게 말했다. 아내는 "나는 그가 삐뚤어져 가고 있다고 생각해요. 그는 약물을 복용하고 있는지도 몰라요."라고 하면서 아주 걱정스러워 했다. 아버지는 "피터의 장래가 걱정스럽다."고 말하면서 "더 이상 아들을 통제할 수 없다"고 느끼는 것 같았다.

　이 같은 사실이 이전의 치료에서는 전혀 언급되지 않고 갑자기 발생했으므로 그들은 온 신경을 여기에 집중시켰다. 한 주일 동안 이토록 많은 걱정거리가 생겼다는 것이 이상했다. 가족구조의 변화는 부부에게 있어 분명히 하나의 위협이었다. 피터의 과시적인 행동들은 분명히 부모들로서는 받아들이기 어려운 자아정체감을 확립하려는 시도였다. 그의 자율성이 그들에게 잘못되어가는 것으로 보였고, 그것이 부모들에게 불안을 야기시켰던 것이다.

　아이에게 갑자기 약물을 복용할지도 모른다고 이야기한 것은 일종의 투사였음이 명백했다. 부부에게 피터가 그들이 알고 있는 어떤 사람을 연상시키는지 물었을 때 그들은 즉시 알코올을 남용했던 이웃에 사는 한 소년을 떠올렸다. "피터와 같이 훌륭한 소년이었던 그는 항상 학교생활이나 운동경기에서 친구관계가 좋았던 학생이었어요. 그의 부모님도 우리와 같은 교회에 다니는 아주 훌륭한 중산층 사람이었지요."라고 말했다.

　치료사는 피터의 부모들에게 자신의 두려움을 이웃 소년에게 있었던 일로 피터에게 투사시키는 것은 바람직하지 않음을 말해 주었다. 독립적인 한 존재여야 하는 피터를 부모가 그들이 아는 다른 사람과 혼합하는 것은 위험하다는 것에서 치료사는 개인이 독립적인 성인이 되는 발달과정을 설명해 주었다.

피터에 대한 부부의 불만을 치료사는 하나씩 토론하면서 수정해 나갔다. 첫째, 피터의 배변장애 행동에 대하여 치료사는 가끔 우발적으로 퇴행할 수 있는 가능성을 상기시켰다. 그리고 어머니로 하여금 과거에 "너무 좋아져서 도저히 믿을 수가 없다."라고 말했던 것에 대해 이야기해 보도록 했다.

두 번째 불만스러움은 부부가 동감하고 있던 것으로 피터가 이따금 숙제를 제대로 하지 않는다는 것이었다. 치료사는 피터가 숙제를 안 하면 어떤 결과가 오는가를 시험하고 있는 것이며 만일 그가 성적이 좋지 않아 낙제를 해야 한다면 밀린 숙제를 모두 할 것이라고 했다. 치료사는 부모가 피터를 간섭하지 않고 내버려 두는 것이 더 나을 수도 있다고 생각했다.

세 번째 걱정은 피터가 다른 아이들에 대해 고자질하는 것이었다. 여기에 대해서는 부모가 모든 이야기를 검토하고 나서 피터가 한 행동에 대해서 판단해야 한다고 했다.

피터에 대한 네 번째 불만스러움은 그가 야구를 할 때 최선을 다하지 않는 것으로 '최고의 야구선수'가 되는 것의 이면에 있는 문제에 대하여 토론했다. 이 문제는 아버지 자신의 욕구충족인지 피터의 능력이나 욕구에 기초를 둔 것인지를 점검하는 것으로 이어졌다.

다섯 번째 불만은 골목대장 같은 피터의 행동이었다. 치료사는 이와 같은 행동이 자기주장의 표현인지 혹은 미키에 대한 형으로서의 권위를 나타내는 것인지 모른다고 했다. 치료사는 부부에게 피터의 행동변화를 관찰할 때 그러한 변화가 필요했음을 기억하도록 일깨워 주었다. 그러나 피터의 그와 같은 형식의 자기주장은 그들에게는 너무도 어려웠다는 것을 이해할 만했다. 치료사는 역할의 변화와 가족체계의 변화가 그들 모두에게 새로운 적응과 순응을 요구한 것이라고 말했다.

치료사는 부부가 갑작스럽게 피터에게 불만스러움을 토로한 것은 종결을 거부하는 한 형태라고 해석했다.

31) 제39회 세션-가족치료 : 어머니, 아버지 그리고 피터

종결단계에 있어서 중요한 것은 가족의 이슈를 마무리하고 치료사로부터 분리시키도록 하는 것이다. 가족의 이슈 마감을 위하여 치료사는 가족에게 자유로운 자료선택으로 알리고 싶은 것들을 각자 그려 보라고 했다. 아버지는 콜라주를 선택하여 여러 사람의 얼굴 모습으로 하나의 얼굴을 만들었다. 그것은 '함께 성취하려는 가족들의 자부심' 에 대한 그의 감정을 나타내고 있었다(그림 60).

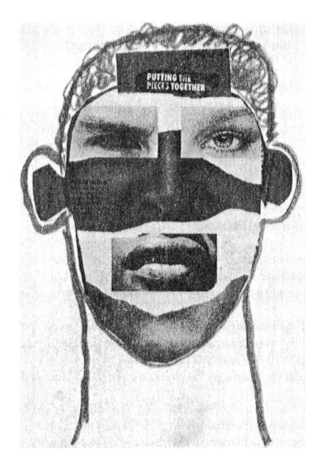

[그림 60] 함께 성취하기

미키 역시 치료실에서 기록지로 사용하는 종이에 금발머리의 한 여인 (치료사와 비슷함)을 오려 붙였다. 그리고 그는 치료사의 의상과 비슷한 옷을 입은 몸을 그렸다. 미키는 그림이 치료사를 혼자서 만나고 싶다는 것을 의미한다고 말했다(그림 61).

어머니는 유성점토로 사과를 만들었다. 그녀는 그것이 '서로를 향한 가족의 건전한 태도'를 나타낸 것이라고 말했고 종결의 시기가 임박함 에 따라 "치료사의 건강을 기원하면서 만든 사과예요."라고 하면서 점토 사과를 보여 주었다(그림 62).

피터는 작업을 하기에 앞서 가족들이 사용하지 않는 자료를 쓰려고 했 다. 이는 개별화를 위한 그의 시도의 단서일 수 있다. 그는 부모들이 최 근에 와서 자신을 더 자란 아이로서 존중해 주고 있음을 나타내기 위하 여 수채화 물감을 선택했다. 치료사는 미키가 혼자서 치료사를 만나고 싶어하는 것에 대해 궁금하게 여겼다. 그것은 아마도 다음과 같은 이유 들 때문일 것이다. 어떤 가족은 치료사에 대한 긍정적인 전이로 인해 치 료를 종결하는 것을 주저하게 된다. 이러한 경우, 가족 구성원들 중 문제 가 있는 구성원을 필요로 하게 된다. 아니면 피터가 받았던 관심 즉 개

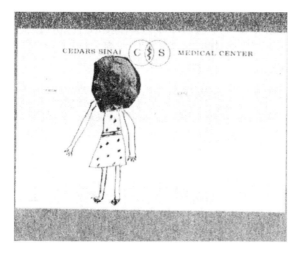

[그림 61] 혼자서 치료사를 만나고 싶은 욕구

[그림 62] 건전한 가족태도

인치료를 받고 싶은 경쟁적인 요구의 표현일 수도 있을 것이다.

치료사는 미키의 요구에 대답하기 전에 가족들에게 미키의 콜라주에 대해서 어떻게 생각하느냐고 물었다. 그러자 피터가 "나는 그의 생각이 괜찮다고 생각해요. 그는 어쩌면 당신의 도움을 필요로 하는 문제를 가지고 있을 지도 몰라요."라고 말해서 부부를 깜짝 놀라게 했다. 아버지가 피터에게 왜 미키의 개인치료를 원하는지 그 이유를 알고 싶다고 말하고 있는 동안 어머니는 피터의 치료가 끝난 후에 그렇게 하는 것에 문제가 없다고 말했다.

미키가 개인치료를 원하는 이유를 분명히 알기 위해 치료사는 미키에게 치료사를 보고 싶어하는 이유를 그림으로 나타내 보라고 했다. 미키는 그의 가족들을 그려 놓고 '그것은 문제를 가진 나를 돕기 위해'라고 말했다. 치료사는 미키가 자신의 향상의 이슈를 다룰 수 없었고 가족들로 하여금 그의 이야기를 하도록 할 수 있는 기회가 없었기 때문에 치료사의 관심을 끌려고 하는 것으로 해석했다.

미키가 해석에 수긍했으므로 그의 요구는 거부되었다. 만일 치료사가 아이를 개인치료해야 할 필요성을 느꼈다면 그에게 다른 동료 치료사를 추천했을 것이다. 피터가 계속적으로 치료사를 자신에게 특별한 사람으로 인식하게 하는 것이 중요한 것이었기 때문이다.

❖ 피터의 개인치료 종결

마지막 개인치료에서 그는 어떤 지시 없이 스스로 야구하는 그림을 그렸다(그림 63). 그리고 또한 친구들과 함께 야영하고, 친구집에서 외박하

[그림 63] 위험스러운 환경

고, 아버지와 동생과 함께 놀이하는 자신을 묘사했다. 만일 그의 배변장애가 극복되지 않았다면 그에게 '외박'이란 있을 수 없는 일이었다고 말했다. 그의 그림은 기쁨을 가져다 준 장애행동의 극복을 의미했다.

그림들은 또한 어머니와의 정서적인 문제해결과, 아버지에 대한 동일시가 보다 향상되었음을 나타냈다. 피터는 치료사와 그림 '지우기' 놀이를 즐거워했지만 그 빈도는 감소했고, '함께 하는' 미술작업을 더 자주 요구했다. 피터는 그의 작품에 일련번호를 붙여서는 한 줄로 배열했다. 그는 치료사에게 이들 작품을 사진으로 찍어서 보내 줄 것인지 물었고 치료사는 그러겠다고 대답했다. 사진들이 그에게 창조적인 자기표현과정을 계속하도록 해 주는 동기가 될 것이며 그의 심리적인 성숙의 증거가 될 것이기 때문이었다.

32) 제40~42회 세션-가족치료 : 가족 모두 참석

40~42회 세션 동안 가족은 미술작업을 하지 않으려 했는데 이러한 현상은 여러 가지 차원으로 해석될 수 있다. 이는 치료사와 그 동안 맺어 왔던 연결을 끊으려는 행동일 수도 있고, 이제 그들이 언어 수준에서 완전하게 감정을 다룰 수 있음을 증명하려는 의도, 또는 치료사에게 의존하지 않아도 되는 가족의 독립성을 나타내는 것일 수도 있다.

비록 가족이 미술과제에 대해 저항을 했지만 마지막 작별인사를 나눌 때 그들은 가족이 함께 한 작품들을 보기 위해 치료실을 둘러보았다.

4. 요 약

배변장애가 있던 9세 소년 피터의 성공사례는 배변조절을 위한 구체적인 방안을 포함한 가족미술치료에 특정 환자인 피터를 위한 개인치료가 병행하는 것으로 가능했다. 비록 증상 제거를 하는 데 긴장이 따랐지만 결국 통찰력을 얻게 되었다.

가족체계에 대한 평가와 재적응에 대하여 관심을 가지라는 지시가 뒤따랐다. 피터를 유아적으로 대했던 어머니의 메시지는 중단되었고, 아버지의 인식과 의사소통기술은 향상되었으며, 미키는 관심을 독점하던 것에서 벗어나 피터와 함께 관심의 대상이 되어야만 했다.

창조적인 미술작업이 피터의 자기탐색을 도왔다. 그는 그림을 통해 자신의 감정을 표현할 수 있는 능력을 얻게 되었다. 미술작업은 아이로 하여금 수동적인 공격성향에서 벗어나 자기주장을 할 수 있게 해 주었다. 자율적인 활동들이 그의 오이디푸스 콤플렉스 갈등과 어머니에 대한 의존 및 자기방어를 완화시켰다. 가족 모두가 심리적으로 동조하게 되고 서로에게 보다 개방적이고 솔직하게 대할 수 있게 되었다.

참고문헌

Buck, J. *The House-Tree-Person Technique, revised manual.* Los Angeles: Western Psychological Services, 1970.

Machover, K. *Personality Projection in the Drawing of the Human Figure.* Springfield, IL: Charles C Thomas, 1949.

추천도서

Alexander, F. *Psychosomatic Medicine: Its Principles and Application.* New York: Norton, 1950.

Amsterdam, B. Chronic encopresis: A system-based psychodynamic approach. *Child Psychiatry Human Development, 9*(3), 137-44, 1979.

Andolphi, M. A. Structural approach to a family with an encopretic child.

Journal of Marriage and Family Counseling, 4(1), 25-29, 1978.

Anthony, J. E. An experimental approach to the psychopathology of childhood: Encopresis. In S. I. Harrison & J. F. McDermott (Eds.), *Childhood Psychopathology.* New York: International Universities Press, 1972, pp. 618-625.

Baird, M. Characteristic interaction patterns in families of encopretic children. *Bulletin of the Menninger Clinic, 38*(2), 144-53, 1974.

Bemporad, J. R., Pfeifer, C. M., & Gibbs, L. Characteristics of encopretic patients and their families. *Journal of the American Academy of Child Psychiatry, 10*(2), 272-92, 1971.

Bemporad, J. R., Kresch, R., Asnes, R., & Wilson, A. Chronic neurotic encopresis as a paradigm of a multifactorial psychiatric disorder. *The Journal of Nervous and Mental Disease, 166,* 472-479, 1978.

Blechman, E. A. Home-based treatment of childhood encopresis. In C. E. Schaefer (Ed.), *Therapies of Psychosomatic Disorders in Children.* San Francisco: Jossey-Bass, 1979.

Bornstein, P. H., Sturm, C. A., Retzlaff, P. D., Kirby, K. L., & Chong, H. Paradoxical instruction in the treatment of encopresis and chronic constipation: An experimental analysis. *Behavioral Therapy and Experimental Psychiatry, 12*(2), 167-170, 1981.

Caplan, G. *Principles of Preventive Psychiatry.* New York: Basic Books, 1964.

Davis, H., Mitchell, W. S., & Marks, F. A Behavioural programme for the modification of encopresis. *Child Care Health Development, 2*(5), 273-82, 1976.

Doleys, D. M., Weiler, D., & Pegram, V. Special disorders of childhood: Enuresis, encopresis and sleep disorders. *Psychopathology in Childhood.* In J. R. Lochenmeyer & M. S. Gibbs (Eds.), New York: Gardner press, 1982, pp. 90-97.

Easson, W. M. Encopresis: Psychogenic soiling. *Canadian Medical Association Journal, 82,* 624, 1960.

Esinam, A. Nocturnal enuresis: Some current concepts. *Journal of the*

American Academy of Child Psychiatry, 16, 150-58, 1977.

Fritz, G. K., & Armbrust, J. Enuresis and encopresis. *Psychiatric Clinics of North America, 5*(2), 283-296, 1982.

Halpern, W. I. The treatment of encopretic children. *Journal of the American Academy of Child Psychiatry, 16*(3), 478-99, 1977.

Hoag, J. M., Norriss, N. G., Himeno, E. T., & Jacobs, J. The encopretic child and his family. *Journal of the American Academy of Child Psychiatry, 10*, 242-56, 1971.

Hulse, W. C. Childhood conflict expressed through family drawings. *Journal of Projective Techniques, 16*, 66-79, 1952.

Kessler, J. W. *Psychopathology of Childhood. Englewood Cliffs*, NJ: Prentice Hall, 1966.

Kisch, E. Functional encopresis: Psychiatric inpatient treatment. *American Journal of Psychotherapy, 38*(2), 264-71, 1984.

Landman, G. B., Levine, M. D., & Rappaport, L. A study of treatment resistance among children referred for encopresis. *Clinical Pediatrics, 23*(8), 449-52, 1984.

Levine, M. D. Children with encopresis: Am descriptive analysis. *Pediatrics, 56*(3), 412-6, 1975.

Levine, M. D. Encopresis: Its potentiation, evaluation and alleviation. *Pediatric Clinics of North America, 29*(2), 315-30, 1982.

Levine, M. D., & Bakow, H. Children with encopresis: A study of treatment outcome. *Pediatrics, 58*(6), 845-52, 1976.

Margolies R., & Gilstein, K. W. A systems approach to the treatment of chronic encopresis. *Int. J. Psychiatry in Medicine, 13*(2), 141-52, 1983-84.

Pinkerton, P. The psychosomatic approach in child psychiatry. In J. C. Howells (Ed.), *Modern Perspectives in Child Psychiatry.* New York: Brunner/Mazel, 1965, pp. 306-33.

Schaengold, M. The relationship between father-absence and encopresis. *Child Welfare, 56*(6), 386-94, 1977.

Seynour, F. The treatment of encopresis using behavior modification. *Australian Paediatric Journal, 12*(4), 326-9, 1976.

Shearn, P. R., & Russell, K. R. Use of the famly drawing as a technique for studying parent-child interaction. *Journal of Projective Technique, 33,* 35-44, 1969.

Whitehead, N. Childhood encopresis: A clinical psycologist's approach. *Health Visit, 56*(9), 335-336, 1983.

Wolters, W. H. The influence of environmental factors on encopretic children. *Acta Paedopsychiatrica, 43*(4), 159-72, 1978.

Wolters, W. H., & Wauters, E. A. A study of somatopsychic vulnerability in encopretic children. *Psychotherapy and psychosomatics. 26*(1), 27-34, 1975.

Wright, L., & Walker, C. E. Treatment of the child with psychogenic encopresis. An effective program of therapy. *Clinical Pediatrcis, 16*(11), 1042-5, 1977.

Wright, L., & Walker, C. E. Case histories and shorter communications: A simple behavioral treatment program for psychogenic encopresis. *Behavior Research and Therapy, 16*(3), 209-12, 1978.

제6장 한부모가정 :
유기와 감춰진 우울의 문제

1. 들어가는 글

모든 한부모가정은 분리라는 정서적 충격에 시달린다. 이러한 상태에서 부모와 자식 모두는 각자의 역할과 가족구조의 혼란에 따른 그들의 어려움을 해소하기 위한 새로운 기능체계를 추구하게 된다. 이와 같은 작업이 특히 어려운 이유는 유기에 따르는 굴욕감이 개인적 자아와 가족의 자아 모두에게 상처를 주기 때문이다.

새로운 생활방식에 대한 적응에 따르는 어려움 외에도, 정서적 측면은 관련자 모두에게 심각한 문제다. 사망이나 이혼에 따른 상실감과 동일시되는 분노의 감정은 부모/배우자가 사전통고 없이 의도적으로 가족과 결별할 때 증폭된다. 이러한 경우들에 있어서 상실감이 가져오는 슬픔은 때때로 더 짙어지고, 우울은 무의식 수준으로 감춰지게 된다.

이 장에서는 남편/아버지에게 버림받은 가족 구성원들이 다양한 방어기제에 의존함으로써 거부당했음과 상실감을 대처하는 한부모가정을 소개한다.

각 구성원이 보여준 대처방식은 독특하다. 어머니의 경우에는 권위적인 역할을 포기함으로써, 사춘기의 큰아이는 과시적인 행동을 드러냄으로써, 잠복기의 둘째 아이는 미친 듯이 집 주위를 돌아다니는 등 이상한 행위를 산발적으로 보여 주고 반복적인 악몽을 꾸는 것으로써, 잠복기의 막내는 말이 적고 침묵을 지키는 것으로써 대처하고 있었다.

이러한 문제적인 증상은 비교적 짧은 시간 내에 사라졌다. 이 장에서는 유기된 가족의 역동성과 각 개인에 대한 치료 지침 등이 예방적인 측면과 함께 성공적이지 못했던 부분까지 다루게 될 것이다.

2. 사례소개

사례로 소개되는 아키마 가족은 3개월 동안 미술심리치료를 받았다. 8개월 된 아기는 첫 번째 가족모임에만 참여했고, 나머지 가족모임에서는 제외되었다.

❖ 치료에 의뢰된 경위

아키마 부인이 처음 전화했을 때 그녀는 거의 절망적인 상황에 처해 있었다. 그녀의 남편은 몇 달 전에 네 자녀와 그녀를 버리고 집을 나갔고, 그녀는 극도로 불안감에 시달리는 나머지 가족을 통제할 능력이 없다고 보고했다. 아키마 부인에게 자살에 대한 의지를 묻지 않았음에도 불구하고, 그녀는 자살하고 싶은 마음이 있기는 하지만 자살하지는 않을 것이라고 분명히 말했다. 그녀는 울면서 "나는 지금 벼랑 끝에 몰려 있어요."라고 말하면서 엉망진창이 된 그녀의 가정은 그녀뿐만 아니라 자식들에게도 삶을 견딜 수 없게 만들고 있다고 했다. 그녀의 주된 관심은 바로 그날 아침 "나는 벼랑 끝으로 차를 몰고 가는 기분"이라고 말하며 자살을 암시한 맏아들 휴에게 쏠려 있었다. 흐느껴 울면서 그녀는 자기 자신과 이 특별한 아들 사이에 현재 진행되고 있는 다툼에 대해 이야기했다. 휴의 과격한 언동이 섬뜩하고 참을 수 없는 지경에까지 다다랐다는 것, 과거에는 학업성적이 우수했는데 지금은 형편없다는 것, 그리고 학교에 대한 증오와 학업에 대한 동기결여로 매일 아침 등교를 거부해서 항상 다툰다는 것을 토로했다. 또한 휴는 끊임없이 두 동생들을 지배하고 구타하여 그들을 화나게 한다고 했다.

1) 제1회 치료세션-개별면담 : 아키마 부인

다음날 치료사는 추가자료를 수집하기 위해 아키마 부인을 만났다. 그녀는 16세 된 그녀의 장남인 휴에 대해서부터 이야기하기 시작했다. 그녀가 말하기를 그는 항상 우수한 학생이었고, 최근 교장이 전화로 그의 학업성적이 좋지 않다고 해서 깜짝 놀랐다고 했다. 어머니가 휴에게 그 이유를 물었을 때, 그는 선생들은 "부패"하고 "수업은 지긋지긋"해서 "그런 학교에 다닐 수 없다."라고 말했다고 했다.

그 이후 어머니와 이 아들과의 불화는 그칠 날이 없었다면서 아키마 부인은 남편이 가정을 떠난 후 급격하게 변해버린 휴와 동생들 간의 관계에 대해서도 불평했다. 과거에 휴는 씨시와 지미를 부드럽게 잘 보살펴 주었는데 최근에 그는 계속해서 "내가 상관할 바가 아니야."라고 말한다고 했다. 휴가 유일하게 애정을 보이는 대상은 8개월 된 아기동생 엘레나 뿐이라고 했다.

치료사가 어머니에게 휴의 자살에 대한 생각을 물었을 때, "벼랑 끝으로 차를 몰아간다"는 아들의 말에 자신이 과민반응을 보였었다는 것을 깨달았다고 하면서 "그러나 결국 그것으로 인해 치료를 받게 되었기 때문에 기쁘다."라고 했다.

휴의 문제가 우선적이긴 하지만, 아키마 부인은 8살 난 딸인 씨시에 대해서도 걱정하고 있었는데, 그녀의 행위는 점점 더 위축되고 있었다. 수개월간 그녀는 집에서 거의 말을 하지 않았고, 중요한 생각들은 어머니의 침실에 그녀가 남겨 놓는 노트를 통해서만 전달하고 있었다.

그에 못지 않은 다른 걱정은 10세 된 지미의 손톱 물어뜯기, 반복되는 악몽과 과민한 행동 등의 스트레스적인 증상이었다.

치료사가 아키마 부인에게 그녀 자신의 자살에 대해서 질문했을 때, 그녀는 한번도 자살을 계획해본 적이 없다고 했다. 현실도피의 방편으로 '다시 깨어나지 않을 죽음'을 생각해 본 적은 있지만 자식들에 대한 애정과 책임이 가장 중요한 것이고 또한 그것들이 이와 같은 행동을 막아 주었다고 했다.

❖ 가족사

최초 면접 시에 다음과 같은 자료를 얻게 되었다. 아키마 씨는 유별나게 그의 부인에게 애착을 가지고 있었으나 아이들을 돌볼 정서적인 능력이 없었다. 가족들은 그의 불만에 대해서 전혀 몰랐었기 때문에 그의 유기는 가족에게 매우 충격적인 것이었다. 아무 통고도 없이 그는 갑자기 집을 떠나 하와이로 가버렸다. 그가 떠나 있던 6개월 동안 아키마 씨는 단 두 번 가족을 방문했었다. 그는 편지를 쓰지도 않았고, 아내에게 전화했을 때 아이들을 바꿔 줄 것을 요구하지도 않았다. 모두 이별과 상실감의 직시를 회피했기 때문에 온 가족은 유기에 대해서 결코 이야기하지 않았다. 아키마 부인은 자식들에게 아버지가 떠난 사실을 비밀로 하도록 했다. 자식들은 친구나 친척 누구에게도 그 유기를 발설하지 말도록 경고를 받았다. 이와 같은 일은 수치심과 남편이 빨리 돌아오기를 원하는 어머니의 소망 때문에 일어난 것이었다.

2) 제2회 치료세션-가족치료 : 가족 모두 참석

치료사가 아키마 가족을 만나러 대기실로 들어갔을 때 그녀는 아름다운 한 아시아계 가족을 보게 되었다. 어머니, 휴, 씨시, 그리고 아기는 모두 검은 긴 머리, 툭 튀어나온 광대뼈, 아름다운 모습의 입과 곧은 코를 가지고 있었다. 그들의 사랑스런 자태는 그들이 입고 있는 밝은 계통의 옷에 의해 더욱 빛났다. 그들만큼 매력적인 지미는 덜 섬세한 모습을 하고 있었고 장난꾸러기 같아 보였다. 이 집단을 가장 잘 묘사할 수 있는 말은 '아름다운 사람들의 가족'이었다.

16세 된 휴는 신념이 강한 운동선수 같이 굴었다. 그의 어머니가 그에게 이야기했을 때, 그는 짜증을 부리며 화를 냈다. 8살 난 씨시는 눈에 띠지 않는, 약하게 생긴 가족 구성원으로 의자에 푹 파묻혀 앉아 있었으며, 겁먹은 모습으로 어머니와 휴가 서로에게 하는 것을 은밀히 보고 있었다. 어머니 옆의 긴 의자에 앉아 있는 아기는 장난감을 갖고 즐겁게 놀고 있었고, 10세 된 지미는 신경질적으로 대기실 안팎을 들락거리고 있었다. 그 소년은 잠시 동안 어머니 옆에 앉아 있다가 뛰어 일어나 잡지를 잡아들었고 잠시 쳐다본 후 내려놓았다. 잠시 후 지미는 일어나 잠시 동안 창 밖을 보다가 어머니 옆으로 와 다시 앉았다. 몇 초 후 그는 다시 일어나 서 있는 것이 어려운 일인 것처럼 왔다갔다했다.

그들이 긴장하고 있는 동안 그들을 결합시키기 위하여 아키마 씨 가족에게 평가뿐만 아니라 '위기중재'가 필요하다는 것은 명백했다. 이러한 이유 때문에 첫 번째 치료세션을 2시간으로 계획했다.

치료사가 모든 가족 구성원들에게 도움을 받기 위해 온 것에 대해 어떻게 느끼느냐고 질문했을 때 그들의 대답은 다양했다. 휴는 치료란 '뭔가 잘못된 사람'을 위한 것이라며 화를 내면서 퉁명스럽게 말했다. 그리고 어머니를 바라보며 잘못된 것은 그가 아니라 어머니라고 지적했다. 반대로 씨시는 굳은 표정으로 꼼짝하지 않고 앉아 있었다. 그녀는 탁자 밑으로 거의 숨듯이 의자에 몸을 깊이 파묻었다. 다른 형제들과는 달리 지미는 적극적인 태도로, "치료사께서 신경질적인 나를 도울 수 있을 것이다!"라고 말했다. 자녀들의 대답하는 것을 차례로 들으면서 아키마 부인은 공포와 불안에도 불구하고 자신의 의견을 말해야 한다고 느낀 듯했다. 그녀는 사회사업가이던 한 친구가 치료를 받아보라고 했다고 수줍게 말했다. 그리고 덧붙여서 "모든 것이 끔찍해서 치료를 받는 것만이 가족에 대한 나의 유일한 희망이었다."라고 말했다.

휴와 씨시는 '정신치료'가 그들을 도울 것이라는 어머니의 말에 매우 황당해 하는 모습이었다. 그들은 치료사가 가족을 '침범한 사람'인 것처럼 인식하고 있었다. 치료사는 가족들에게 그들이 화를 내는 것은 당연하다고 말하면서 그렇지만 유사한 환경 속에서 생활한 가족들을 도와 준 경험이 있는 전문가를 이용하는 것도 도움이 된다고 말했다. 계속해서 치료사는 가족들에게 "가족이 유기되었을 때는 모두 비참함과 거부되었다는 느낌과 분노와 공포를 느낀다. 거부된 남편이나 아내는 다른 방식으로 반응한다. 그러나 그들은 대부분 강하게 가족을 꾸려나가려는 역경을 겪는다. 보통 형제 중 맏이가 지나친 책임감을 느끼는 반면, 다른 아이들은 위축되거나 거의 말을 하지 않게 되고 악몽을 꾸기도 하며, 학교생활이 시들해지기 시작하기도 하고, 심지어는 문제를 일으키기 시작하기도 한다."라고 덧붙였다. 아키마 가족은 치료사가 그들의 감정에 공감한다고 느끼자 안심을 하는 것 같았다.

저자는 미술심리치료 접근이 그들의 가족을 이해하고 그들이 한 단위로써 기능하는 방법을 위한 도구가 될 것임을 설명해 나갔다.

(1) 묵언상태에서의 팀 작업

먼저 가족을 두 팀으로 나누고, 각 팀이 말을 하지 않고 함께 그림을 그리도록 지시했다.

그들에게는 가족 구성원을 두 팀으로 나누는 것이 무척 어려운 일이었다. 가족들은 함께 하는 것을 꺼려하며 개별성을 강조했다. 결국 앉아 있는 형태에 따라 어머니와 휴가 한 팀이 되고 씨시와 지미가 다른 한 팀이 되었다.

❖ **어머니와 휴 팀**

어머니는 아들을 쳐다보지도 않고 즉시 그리는 것에 몰두했다. 종이의 4분의 3을 차지하는 그녀의 그림은 상대방을 향하고 있는 여러 개의 커다란 화살이었다. 휴가 머뭇거리고 있는 동안 그녀는 계속해서 벽돌담

[그림 64] 휴와 어머니팀

을 그리고 있었는데, 그것은 자신의 공간으로부터 휴를 내치려는 그녀
의 바람을 나타내고 있었다. 휴가 그림작업에 동참하여 그 페이지의 남
은 4분의 1에다가 큰 파도를 타는 사람을 그리고 있었고, 그 동안 어머
니는 그가 확실하게 자신의 공간 밖에 머물고 있는지를 열심히 감시하
고 있었다.

　휴가 미술작업을 끝냈을 때 아키마 부인은 엉덩이에 손을 얹고 계속해
서 욕설을 퍼붓고 서 있는 소녀를 그리고 있었다. 나중에 그녀가 자신의
그림을 설명할 때 아키마 부인은 화가 나서 그녀의 불만을 강조하기 위
해 그림에 느낌표를 추가했다. 그녀의 언어통제가 점점 더 부적절하게
허물어져 가면서 그녀는 극도로 불안정한 표정을 짓게 되었다(그림 64).

❖ 지미와 씨시팀

　그림 그릴 종이를 둘로 나눈 것은 씨시였다. 그녀는 반쪽 공간 위에 얼
굴을 강조한 사람을 그렸다. 가족 모두에게 말할 기회를 주었을 때, 씨시
는 간단하게 그린 그 사람의 몸은 그가 ‘낯선 사람’ 임을 나타낸다고 했

[그림 65] 지미와 씨시팀

다. '그 사람'의 머리색과 옷이 그녀의 어머니와 같았기 때문에 그것은
어머니에 대한 그녀의 낯선 느낌을 묘사하고 있는 듯 했다.

　지미는 그림의 내용을 보여 주지 않기 위해 팔로 그림을 가리면서 그
렸다. 그는 '한 사람에게 폭탄을 투하하는' 우주선을 그린 후 어머니에
게 대화를 시도했으나 응답이 없자 다시 그림 그리는 것으로 되돌아가
서 그 인물 위에 낙서를 했다. 비록 말로 어머니에게 대들지는 않았지
만 그림을 통한 상징적인 표현은 그의 좌절과 분노를 나타내고 있었다
(그림 65).

(2) 묵언상태에서의 가족미술작업

　가족에게 비언어적 집단화를 그리도록 했을 때 어머니가 제일 먼저
그리기 시작했다. 그녀는 낙서 같이 느슨한 그림을 그리면서 그리는 것
을 멈추고 싶지 않은 듯 계속 그렸다. 그녀의 퇴행적인 행위에 경악한
아이들은 낙서로부터 어떤 구체적인 것을 그리기로 결정했다. 휴는 어

머니가 한 낙서의 일부분을 집으로 바꾸었고, 씨시는 그 그림의 구석에 태양을 그렸다. 지미는 한 무리의 우주선단을 그려 씨시의 태양을 공격함으로써 무책임한 어머니에 대한 그의 분노를 누이에게 전가하는 것으로 반응했다.

지미의 공격적인 행동에도 불구하고 어머니는 미소지었다. 그러나 동생의 파괴적인 공격성을 알아차린 휴는 그림에 선을 긋는 개입을 함으로써 지미를 씨시로부터 격리시켰다. 그리고 나서 그는 전체적으로 보다 나은 그림을 만들기 위한 작업을 해 나갔다.

(3) 언어적 가족미술작업

진단적인 다음 치료단계에서 실시한 것은 집단 가족화였다. 치료사는 그리는 동안 "서로 이야기하실 수 있습니다."라고 가족에게 알려 주었다.

지미가 가족들에게 "우리는 무엇을 그려야 하지?"라고 질문했다. 다른 사람이 대답하기도 전에 어머니는 다시 종이 위에 낙서를 하기 시작했다. 그리고는 지미에게로 돌아서면서 "여기 너와 마이크가 있다."라고 말했다. 당황한 듯이 그는 "그게 무슨 뜻이에요?"라고 물었다. 분명하게 알려는 지미를 무시하면서 마치 "나는 대 혼란을 그리고 싶다"라고 주장하는 것처럼 어머니는 계속 갈겨 썼다. 부모의 통제결여에 기분이 상한 그가 "왜 그래야 하죠?"라고 질문했다. 대답이 없었기 때문에 휴가 집단화로 가서 그것을 산과 집으로 바꾸어 어머니의 혼란스러운 그림을 변화시켰다. 의심할 여지없이 그는 부모에게 현실감을 주고 있었다. 큰형의 행위에 위안을 받은 지미가 형에게 돌아서며 "형이 그 그림을 현실적인 어떤 것으로 만드니 좋은데."라고 말했다. 그리고는 지미와 씨시 모두 산에 그들 자신의 그림을 덧칠하여 그 외형적 모습을 강화했다.

지미는 그림을 보기 위해 뒷걸음질 치고는 그림에 '은행'을 추가하자는 생각을 말했다. 그리고 그는 "거기에는 돈이 있을 것이다."라고 큰소리로 선포했다. 그가 그림에 열중하게 되자 어머니가 "그것을 폭파시켜야만 한다."라고 말하며 방해했다. 아키마 부인의 상징적이고 파괴적인 비판에 멈칫했던 아이들은 어머니의 말을 무시하기로 했다.

가족은 벽화를 바라보면서 몇 분 동안 그들의 창조물을 생각했다. 자신의 최초 낙서가 현실 지향적인 모습으로 변화된 것을 깨달은 어머니가 제목을 '산장'이라고 쓰면서 적절하게 반응했다. 그와 같은 제목은 아이들로 하여금 부수적인 것을 추가하여 그리게 했다.

갑자기 지미는 은행을 폭파시킨다는 어머니의 비판을 기억해 냈다. 그는 집단화에 몇 개의 폭탄을 그려 넣기로 결심했다. 넋을 잃은 듯 보였던 그는 '씨시를 녹초가 되게 하기' 위해서는 더 많은 폭탄이 필요하다고 말하면서 계속 그렸다. 그러한 지미를 제지하기 위하여 그림에 다른 것을 첨가한 것은 휴였다.

❖ 역할에 관한 가족의 인식

치료사는 가족에게 "이 그림을 그릴 때에 지도자가 있었습니까? 있었다면 누구였다고 생각하나요?"라고 물었다. 휴는 "지도자는 없었어요."라고 했다. 어머니는 그녀가 지도자의 역할을 담당했다는 것을 증명하기 위해 "내가 제일 먼저 낙서를 시작했다."고 주장했다. 지미는 어머니가 권위적 위치를 주장하는 것에 대하여 "네, 하지만 나는 산을 그려서 도왔고 이렇게 큰 폭탄을 만들었어요!"라고 끼어들었다.

씨시에게 그녀의 생각을 물었을 때, 그녀는 "두 오빠 모두 산을 만들었지만 지미는 그것을 폭탄으로 거의 파괴했어요."라고 기어들어가는 목소리로 대답했다. 치료사는 그녀의 대답이 그들이 지도자 역할을 했다는 것을 의미한다고 말했다.

치료사는 부드러운 어조로 가족들에게 관찰한 것을 다음과 같이 이야기해 주었다.

① 휴가 그림의 변화를 시작했고 씨시를 파괴시킬 폭격을 중단시켰으므로 그가 지도자였다.

② 어머니는 명확한 의사소통에 문제를 자지고 있고 그녀의 행위를

설명할 수 없는 것처럼 보인다.

　③ 어머니는 자녀들에게 제안을 요구했으면서도 휴의 제안을 무시했다.

　아키마 부인은 이러한 요소들을 의식하지 못했음을 솔직하게 인정했고 이러한 통찰을 얻게 된 것에 진심으로 감사했다. 불만족한 자신의 감정을 인정받은 휴는 긴장을 풀고 그를 이해하는 치료사에게 감사하는 표정을 지어 보였다.

　어머니가 그녀의 그림에서 통제력의 결여를 드러냈기 때문에 치료사는 이 사실을 활용하여 '버림을 당했다는 감정이 어머니를 민감하고 혼돈된 상태에 빠뜨린 것'이라고 아이들에게 말해 주었다. 특히 휴에게는 "너의 어머니는 현재 더 이상의 압력이나 대면에 대처할 입장이 못 되므로 그대로 두어야 한다."라고 말해 주었다. 그는 이제 치료사를 자신의 동맹자이자 가족치료 전문가로 보았기 때문에 이 제안을 받아들일 수 있었다.

　치료사는 아버지/남편이 사라지면서 역할에 있어서의 큰 변화가 있었기 때문에 그들의 가족체계가 위기에 처해 있다고 아키마 가족에게 말해 주었다. 휴는 이제 '가족의 가장'처럼 행동하는 데 반해, 새로운 임무들로 벅찬 어머니는 한꺼번에 돌보아야 할 일들이 너무 많아 곤란을 겪고 있었던 것이다. 치료사는 가족들에게 새로운 권위, 특히 그것이 형/오빠일 경우 화를 내는 것은 이상한 일이 아니라는 것을 알려주면서 각자의 차원에서 느낀 좌절감이 분노를 유발했다는 것은 이해할 만하다고 덧붙였다.

❖ 역동성

　휴는 새로 구축된 가족질서의 배후에 있는 힘과 권력이었다. 그는 권위적인 역할을 수행했다. 이것은 어머니의 상징적인 퇴행적 낙서를 교정하고 그것을 이해할 수 있는 진술로 수정함으로써 어머니의 미숙한 행위를 제한하는 그의 능력을 통하여 증명되었다. 또한 그는 통제를 벗어난 동생들의 그리기 행위를 통제하기도 했다.

　가족의 미술작업에서 얻은 특성들과는 별도로, 휴는 아버지가 집을 떠남으로써 더욱 고조된 미해결의 오이디푸스 콤플렉스로 인해 상당히 고통받았을 것으로 치료사는 추정했다. '가장' 역할은 이러한 힘으로 나타났고 이는 아버지의 가출로 더 가속화되었던 것이다. 또한 아버지의 가출은 그의 어깨에 책임이라는 부담을 지웠다. 이에 더하여 사춘기의 개별화하려는 현상은 외상적인 가족의 상황 때문에 더욱 어렵게 되었다. 따라서 휴의 과시적인 행동은 그의 우울과 갈등을 포장하기 위한 방어수단이라 할 수 있다.

　지미는 다른 구성원들이 억누르고 있는 감정을 표출하게 하는 동시에 가족상황을 명료화하는 역할을 수행했다. 그의 주된 기능은 가족의 불안을 나타내는 것이었다. 미술작업 중에 그는 다음과 같은 역할을 수행했다.

① 집단화의 주제를 무엇으로 할 것인지 질문하기
② 어머니에게 그녀의 진술에 대하여 설명하도록 요구하기
③ 논리를 찾으려는 시도에서 질문하기
④ 형이 어머니의 모호하고 추상적인 낙서를 구체화시키도록 돕기
⑤ 어머니의 혼란스런 상징성을 구체적인 사물로 만드는 형에게 긍정적인 강화 주기

　가족감정의 표출자로서 지미는 '돈'이 있는 은행을 그림 속에 포함시켰는데, 그것은 가족의 재정적인 불안을 나타낸 것이었다. 또한 그는 폭탄을 그림으로써 어머니의 파괴적인 욕구를 상징적으로 나타냈다.

　지미의 세 가지 증상은 가족불안을 나타내는 것이었다. 첫째, 손톱 깨물기는 불안정함의 명백한 표현이었고 손가락을 입에 가져가는 퇴행적 구강행동을 나타내는 것이었다. 둘째, 악몽은 가족의 생활 그 자체를 보여 주는 것이었다. 셋째, 지미의 '이상'하고 '기묘한' 행동은 무의식적으로 가족의 항상성을 유지하기 위한 것이다.

씨시의 역할은 수동적이었다. 그녀는 언어 및 기호적인 면 모두에서 최소한으로 참여했다. 또한 그녀는 지미의 변형된 분노와 어머니의 죄의식과 수치 같은 가족의 다른 구성원의 감정을 수용했다. 항상 아버지의 보살핌을 받았던 '아빠의 어린 딸' 씨시는 아버지를 잃게 되자 분노를 느꼈다. 그녀는 폭발하려는 분노를 드러내면 날아가 버릴 것 같아 두려워한 나머지 입을 다물었다.

어머니의 불안과 흔들리는 자아는 미술적 및 언어적 반응 모두에서 억누르지 못하고 부적절하게 표현되는 방식으로 드러났다. 은행을 그리면 "폭파시켜야만 한다"는 그녀의 암시는 무의식적이고 파괴적인 분노를 나타내고 있었다. 이런 부모를 제지시키고 그녀를 현실로 인도한 것은 아이들이었다. 현재 어머니의 역할은 흔들리고 아직 확정되지 않았다. 어머니와 장남 사이의 역할반전은 그녀를 외부적으로는 권위적인 위치에 있지만 실제로는 의존적인 사람으로 만들었다고 할 수 있다.

3) 제3회 치료세션-모자치료 : 어머니와 휴

지미와 씨시가 아팠기 때문에 모자만을 위한 세션을 가졌다.

휴는 몹시 화가 난 상태로 치료실로 들어왔다. 아무 지시가 없었는데도 그는 책상 위의 그림들이 담겨있는 콜라주 상자를 바라보았고, 아키마 부인은 휴의 학교문제와 관련된 불평을 이야기했다. 그는 친한 친구가 다니는 다른 학교로 전학시켜 주지 않으면 학교에 가지 않겠다고 그녀를 협박했다고 했다. 어머니와 아들이 흥분하여 계속 다투자 치료사는 그들에게 현재 휴가 다니는 학교를 계속 다니는 것에 대한 장점과 단점을 묘사하는 콜라주를 만들도록 지시했다. 이 지시는 각자의 관점을 보여 줄 기회를 마련하기 위한 것이었다. 먼저 휴에게 그의 작품을 같이 보자고 했을 때, 그는 콜라주를 힘껏 잡고서 논쟁을 벌이려 했다. 휴는 야구선수의 모습을 통해 자기네 학교의 장점을 나타냈다. 단점을 나타내는 데는 교실장면을 선택하고 "아이들이 모두 공부를 잘한다. 그래서 상위권에 들어가기가 어렵다."라는 말을 추가했다. 그는 한 무리의 사춘기 아이들 그림 아래에 "아이들이 거만하다."라고 썼다.

놀랍게도 아키마 부인은 아들의 말을 경청하고 있었다. 그녀는 휴와 다투기보다는 그저 자신의 콜라주를 보여 주었다. 그가 원하는 학교로 가는 것에 대한 단점으로 그녀는 버스를 기다리는 소년, 서로에게 소리 지르는 한 여인과 10대 소년, 그리고 그가 원하는 학교의 약물남용 문제를 나타내는 알약이 있는 그림을 선택했다. 장점으로서 그녀는 '좋은 교육 수혜'를 나타내는 책을 그렸다. 휴는 그녀의 관점에 마음을 열지 않고 있었기 때문에 어머니의 미술작업에 대한 그의 반응은 불쾌한 것이었다.

아키마 부인이 아들의 콜라주를 자세히 관찰하더니 깜짝 놀라면서 아들이 상위권 학생이 되는 데 어려움이 있을 줄은 생각지 못했다고 말했다. 과거에 휴는 항상 좋은 성적을 받아왔는데 교장의 호출을 받게 되면서 더 이상 아들이 최상위권의 학생이 아닌 줄 알았다고 했다. 그럼에도 불구하고 그녀는 이것을 특출한 그의 동급생과의 경쟁에서의 어려움이라기보다 아들이 열심히 공부하지 않은 탓으로 받아들였다. 그녀는 아들을 문제의 핵심으로 끌어들이면서 친절하게 말했다. 휴는 어머니가 진지하게 이야기한다는 사실을 알게 되자 그녀를 믿으면서, 학교에서 성적을 잘 받기 위한 것이나 친구관계가 얼마나 어려운지를 이야기했다.

다행히 아키마 부인은 훌륭한 교육기회와 휴가 원하는 학교에서의 약물문제에 대한 그녀의 관점을 더 이상 강조하지 않았다. 중요한 역동성은 아들의 감정과 생각에 대한 아키마 부인의 반응이었다. 휴는 나중에 이 경험을 "아빠가 떠난 이후 처음으로 어머니가 진실로 나를 경청한 순간이었다."라고 했다.

4) 제4회 치료세션-가족치료 : 어머니, 휴, 지미, 씨시

다음 주 가족이 미술치료 면담에 왔을 때 어머니와 휴는 모두 그들의 관계가 개선되어 놀랐다고 말했다. 아키마 부인은 지난주 내내 아들이 학교에 대해 불평하지 않았다고 말했다.

강조하는 점을 바꾸어 이제 그녀는 지미와 씨시의 지속적인 다툼에 대해 불평했다. 이 때문에 치료사는 지미와 씨시를 한 팀으로 선정했다. 그들에게 함께 작업하게 하고 어머니와 휴에게는 관찰자의 역할을 맡겼다. 형제가 다투면서 작업하는 동안 치료사는 아키마 부인에게 그들을 관찰하는 역할을 제공함으로써 의도적으로 남매를 관찰하는 치료사의 방법을 선택했다. 그리고 지미와 씨시에게는 공작용 색종이와 점토를 사용하여 함께 협조하여 어떤 장면을 만들어 보라고 지시했다.

작업이 시작되자 지미는 동생에게 무엇을 하고 싶냐고 물어보았다. 씨시는 처음에는 단순히 어깨를 으쓱하면서 잘 모르겠다는 몸짓을 했으나 몇 초 후 공작용 점토를 사용하기로 결심한 듯 했다. 지미는 동생에게 "무엇을 만들 건데?"라고 물었으나 씨시는 대답하지 않고 작은 소녀를 만들었다. 동생이 대답하지 않은 데 화가 난 지미는 점토 한 조각을 집어 들어 고의로 그 작은 소녀 위에 떨어뜨렸다. 씨시는 격분했다.

치료사는 아이들에게 그들의 행동을 지미가 동생에게 "무엇을 만들 건데?"라고 물었던 것에서부터 다시 하라고 했다. 그가 지시를 따른 후 씨시에게 네가 대답을 하면 오빠를 화나게 하지 않고 그의 협조를 얻을 수 있으므로 오빠의 질문에 대답하라고 요청했다. 지미가 동생에게 "무엇을 만들건데?"라고 물으며 재시도하자 씨시는 그를 쳐다보고는 "나는 점토로 자클린을 만들고 싶어."라고 말했다. 자클린은 이사 간 씨시의 이웃 친구였다. "아마도 오빠가 자클린을 위해 인형을 만들 수 있을 거야."라고 씨시가 오빠에게 말했다. 지미는 참여를 권유받아 기뻐하면서 작업을 시작했다. 두 아이가 그 매개물을 잘 활용하면서 자클린이 아직도 이웃에 살았다면 좋았을 것이라는 소망을 이야기하는 것에 치료사는 개입하지 않고 그대로 두었다(그림 66).

점토모형이 끝난 후 씨시와 지미는 공작종이를 사용하여 그들 친구가 살았던 집을 하나 더 만들었다. 그리고는 인형을 안은 자클린을 그 집 안에 놓았다. 치료사의 개입은 어머니로 하여금 아이들이 그들의 상호작

[그림 66] 친구를 그리워함

용에서 어른의 도움이 얼마나 중요한가를 깨닫게 했다. 지미의 파괴적인
행동을 막기 위해 대답을 들을 수 있게 도와 주어야 하고 씨시의 의사소
통을 촉진시켜줄 사람이 필요하다고 지적했다. 씨시는 자신의 생각을 말
함으로써 보상을 받았고 지미의 협조적인 반응으로 긍정적인 면이 강화
되었다. 미술치료는 남매에게 함께 작업하는 것이 즐겁다는 것을 경험할
기회를 제공했다. 자클린에 관한 추가정보를 요청하자 가족은 씨시가 캠
프에 갔을 때 갑자기 이사를 가버렸다고 했다.

　씨시가 상처를 입은 것은 아무도 그 상황을 편지로 알리지 않았고, 그
녀가 집에 돌아와서야 재키가 영원히 가버린 것을 알게 되면서였던 것
같았다. 가족은 씨시와 함께 그 상실감에 대해서 이야기하지 않았음을
인정했다. 어머니는 그 두 소녀가 서로 떨어질 수 없을 만큼 친해서 딸
이 몹시 충격을 받을 것이라고 생각했기 때문에 모르는 척하는 것이 더
나을 거라고 믿었다고 했다. 치료사는 가족에게 상실감 처리의 중요성을
알려 주면서 "너는 자클린이 너희 아버지처럼 '안녕' 이라고 인사할 기회
를 주지 않았기 때문에 자클린을 잊지 못하고 있다."라고 말해 주었다.

치료사의 설명에 대해 생각한 후 지미는 아버지에 대한 내용을 무시하고 "네, 씨시는 오랫동안 슬퍼했어요. 내가 재키에 대해 말하려고 할 때마다 자기 방으로 뛰어들어가거나 나를 때렸어요."라고 말했다. 치료사가 초점을 씨시에게 맞추면서 그녀에게 "지금은 어떻게 느끼고 있는지 그림을 그려 보라"고 하자 씨시는 기꺼이 눈물을 흘리고 있는 슬픈 소녀의 얼굴을 그렸다. 그 그림의 의미를 묻자, 아이는 그 그림을 자신과 동일시하고 있으며, 아직도 그녀의 꿈을 꾸고 있고 얼마나 그리워하고 있는지를 이야기했다(그림 67).

치료사가 씨시의 꿈을 아버지의 유기와 관련시키자, 가족의 나머지 모두는 동맹을 맺은 듯 이 문제에 대해 거론하기를 회피하고 대신에 명랑하고 즐거운 작은 소녀로서의 자클린에 대해 이야기했다. 그들은 그녀가 그들의 가정에 작은 즐거움을 주었던 것을 인정하고 그녀에 대한 좋은 감정에 대해 이야기했다.

그 가족은 이웃 아이와의 이별에 대한 감정에 젖어 있었기 때문에, 치료사는 그들에게 아빠가 집을 떠나간 것에 대한 감정을 표현해 보라고 지시했다.

휴는 큰 원을 통해 그의 거부감을 나타내며 아무 감정이 없다고 말했

[그림 67] 슬픈 느낌의 씨시

다. 그는 아버지가 집에 있으나 없으나 나에게는 똑같다고 말했다. 이와 비슷하게 씨시도 역시 불안감이나 분노를 부정하며 정상적인 얼굴로 자신을 그리면서 회피했다. 어머니의 마음은 남편이 돌아왔으면 하는 계속된 긍정적인 바람을 나타냈다. 솔직하게 감정을 표현한 것은 오직 지미뿐이었으며 그는 끝에 머리카락이 곤두 서 있는 사람의 사진을 사용하여 다음에 몸을 그리고 "아빠가 떠났기 때문에 겁이 난다. 걱정이 된다."라고 말했다(그림 68). 치료사는 다른 가족들에게 때때로 지미와 같은 느낌을 느끼지 않는지 궁금하다고 말했더니 휴와 씨시는 지체 없이 강하게 "아니요."라고 대답했고, 어머니는 자신을 방어하려는 듯이 대답을 포기했다.

지미를 제외한 가족은 연합방어를 형성하여 유기의 문제를 우회적으로 취급해서 다루기 어려웠다. 각 구성원이 나타낸 저항의 양상이 달랐다. 어머니는 남편이 돌아올 것이라는 바람과 공상을 사용했고, 사춘기의 휴는 과시적인 행동을, 씨시는 선택적인 함묵을 이용했다. 이러한 가

[그림 68] 겁이 난 지미

족의 방어체계는 분노와 죄의식이 표현되지 않도록 공모했고 또 그렇게 작용해 왔다. 그럼에도 불구하고 이제는 그 저항을 이해하고 억압된 감정을 다루기 위한 시도를 하기로 결정을 내렸다.

5) 제5회 치료세션-가족치료 : 어머니, 휴, 지미, 씨시

가족이 치료실로 걸어 들어와 테이블 주위에 앉았을 때, 휴는 어머니에게 화난 시선을 보내며 가능한 한 그녀로부터 멀리 떨어져 앉았다. 이 감정들을 처리하기 위해 치료사는 휴와 어머니를 한 팀으로 만들고 그들이 함께 무엇인가를 하도록 지시했다. 이번 주에는 지미와 씨시가 관찰자의 역할을 하도록 했다.

휴는 어머니의 어떤 지시나 코멘트를 기다렸다. 그를 무시하면서 어머니는 자신의 공작용 색종이로 여자모습을 잘라냈다. 휴는 거부감을 나타내면서 그의 의자를 탁자로부터 멀어지도록 밀치는 것으로 거부당한 그의 느낌을 표현했다. 아키마 부인은 아들의 이러한 행동에는 무관심한 채 자신의 작업에 열중했다. 아들은 어머니의 무관심에 혐오감을 나타내며 어머니가 치료사의 지시를 따르지 않고 있다고 투덜거렸다.

약 10분 후 휴는 자신의 종이조각을 집어서 자르기 시작했다. 그러면서 그는 그들의 주제가 무엇이냐고 어머니에게 물어 다시 대화를 시도했으나 그녀는 귀머거리처럼 대답하지 않았다. 휴는 어머니의 대답을 듣기 위해 많은 질문을 퍼부었다. 아키마 부인은 아들의 질문공세에 당황했다. 그녀는 그것을 자신에게 가해지는 압력으로 생각하고 놀란 것 같았다. 대답을 못한 채 그녀는 수동적으로 가만히 앉아 있었다. 휴는 대화를 위한 자신의 시도가 소용 없음을 느끼면서 어머니와 함께 작업하는 것을 포기하고 종이를 남자모습으로 오리는 것에 열중했다.

지미와 씨시팀에게 형과 어머니 사이에서 일어난 것을 말해 보라고 하자 씨시는 "어머니는 휴에게 대답하지 않았는데, 나는 어머니가 대답해야 한다고 생각했어요."라고 말했다. 지미는 "형은 어머니에게 지나치게 많은 질문을 해서 어머니에게 대답할 기회조차 주지 않았다.”라고 말했다.

치료사는 이러한 그들의 관찰에 동의하면서, “어머니와 휴의 문제는 서로 주고받는 대화를 하지 않는 것이라고 생각한다. 자신이 한 질문에 대답을 듣지 못했을 때 휴는 어머니가 자신을 무시한다고 느꼈고, 그래서 좌절감과 혐오와 분노를 느끼는 것은 이해할 만하다. 반면에 어머니의 사고속도는 아마도 휴보다는 느릴 것이다. 그것이 어머니가 그의 즉각적인 대답을 요구하는 태도에 압도된 이유라고 생각한다.”라고 말했다. 아키마 부인과 휴는 이 설명으로 이러한 역동성의 의미를 이해했다.

치료사는 두 사람에게 각자가 오린 두 인물을 함께 배치한 뒤 그들의 환경을 그리고, 각 인물에게 말을 하게 하도록 지시했다. 이번에는 휴가 오직 한가지씩만 질문하고 어머니가 대답하는 것이다. 나머지 연습 동안에도 두 사람은 질문과 대답을 번갈아 가면서 해야 한다는 것을 지시받았다.

휴는 놀랍게도 치료사의 지시를 거부하지 않았다. 그는 어머니에게 “어떤 환경을 만들어야 할까요?”라고 물었고 아키마 부인은 ‘여행장면’을 제안했다. 이번에는 어머니가 “어떤 장면을 설정할까?”라고 덧붙이자 휴는 잠시 생각하다가 “산 위에서 스키를 타기로 하는 것이 어때요?”라고 말했고 어머니가 “좋다.”라고 동의했다. 작업이 다 끝났을 때 그것은 즐기면서 경사를 따라 내려가는 남자와 여자의 모습을 보여 주고 있었다(그림 69).

관찰팀에게 그들이 본 것에 대하여 말해 보라고 했다. 지미는 “정말 좋았어요. 휴와 어머니는 서로 대화했어요. 그들은 서로에게 화내지 않았어요.”라고 말했다. 씨시도 고개를 끄덕여 동감을 표시했다. 그녀가 말하는 것을 장려하기 위해 어떻게 그 장면이 만들어졌는지 말해 보라고 했다. 씨시는 모두가 그녀의 이야기에 몰두한 것조차 눈치채지 못한 채 매우 정확하고 생생하면서도 그 상호작용을 종합적으로 조리 있게 설명했다. 치료사는 휴와 어머니가 집에서도 이와 같은 상호교환적인 의사소통을 하도록 노력할 것을 제안했다.

[그림 69] 휴와 어머니가 협력하여 그린 그림

6) 제6회 치료세션-가족치료 : 어머니, 휴, 지미, 씨시

시작인사 후에 가족에게 잡지에서 좋은 사람과 나쁜 사람을 찾아보라고 지시했다. 그 지시는 아버지의 유기를 비밀로 하려는 어머니의 욕망을 다루기 위해 제안된 것이다. 그것은 그녀의 수치심과 죄책감에 기인한 것으로 여겨지지만, 이 주제에 대한 가족의 가치체계를 점검하는 것도 필요한 일이었다.

중요한 의미를 가진 것은 어머니와 딸이 만든 작품이었다. 좋은 사람으로 그들이 선택한 사진은 입을 꼭 다문 여성들이었다. 어머니의 사진은 비서에게 과중한 업무를 부여하고 고함치는 상사의 모습이었다. 비서는 입을 꼭 다물고 있었다. 씨시의 사진은 개념이 비슷하고 역시 보조적인 위치에 있는 여성이었다. 그것은 부인에게 한 다발의 세탁물을 주고 있는 남자와, 이에 반해 커다란 미소로 그 지시를 수용하는 부인을 보여주고 있었다. 나쁜 사람의 모습으로 어머니는 젊은 남자와 시시덕거리는

늙은 여인을 선택했고(그녀는 그 사진이 휴를 닮은 것을 깨닫지 못하고 있었다), 씨시는 입에 음식을 가득 넣은 채로 웃고 있는 어린아이의 사진을 선택했다.

휴는 좋은 사람을 나타내기 위해 회의용 탁자에 둘러앉아 토론하고 있는 한 무리의 사람을 선정했고, 지미는 아들에게 아이스크림을 주고 있는 남자를 선택했다. 휴가 뽑은 나쁜 사람은 차를 얻어 타려는 유혹적인 여자였고, 지미는 다른 아이를 발로 차고 있는 소년의 모습을 선택했다.

콜라주 작업은 가족 구성원 사이에 활기찬 토론을 하게 하는 자극제가 되었다. 아키마 부인과 씨시의 좋은 사람에 대한 이해가 관심을 끌었는데, 그들이 선택한 사람은 입을 다물고 있고, 주도자가 아닌 수혜자로 행동하고 있는 여자였다. 씨시와 어머니는 모두 아시아 문화의 영향을 받아 여자는 조용하고 공손해야 하며 다른 사람의 돌봄이 필요하다고 믿고 있었다.

치료사는 씨시의 선택적 함묵증상은 문화적으로 '좋게 여기는' 관념에서 나온 가치관에서 기인된 것으로 보았다. 그러나 무엇보다도 아버지의 유기라는 비밀을 노출하는 것에 대한 두려움이 씨시의 말하는 것을 기피하게 했으며, 씨시가 노트에 메모하는 형식의 대화에 의존하는 이유는 아마도 그것이 가족 내에서 일어나는 일을 이야기하지 않기 위한 안전한 방법이라고 생각했기 때문이었을 것이라고 설명했다.

이러한 해석을 내리고 있는 치료사를 씨시는 유심히 바라보고 있었다. 정확하게 추측해 내는 치료사에 대한 그녀의 감정은 이런 사람을 믿어도 되는지에 대한 혼돈스러움이었다. 이제까지 그녀는 모든 일들을 내면에 간직하라는 말을 항상 받아왔기 때문에 갈등을 겪고 있었던 것이다. 특히 그녀는 어머니에게만 전적으로 의존하고 있었기 때문에 어머니가 설정한 방식에 따르지 않는 것이 올바른 것인지에 대한 확신이 없었다. 씨시는 치료사를 인정하지도, 반대하지도 않았고 치료사를 응시한 채 입술을 꼭 다물고 있었다.

7) 제7회 치료세션-가족치료 : 어머니, 휴, 지미, 씨시

이 세션 동안 씨시는 덜 긴장한 듯 했고 그다지 두려워하지 않는 것 같았다. 그녀는 비록 치료사에게 친절하지는 않았지만 좀더 이완된 것처럼 보였다.

남성과 여성 사이의 상호작용을 관찰하기 위하여 치료사는 가족을 모녀팀과 형제팀으로 나누었다. 각 팀은 자신의 공작용 색종이로 조형물을 만들도록 지시받았다.

남자들이 집을 만드는 동안에는 휴가 리더였다. 그는 지미의 생각을 받아들여 협조적으로 함께 작업했다. 휴는 공사가 견고해야 한다는 책임을 수용했다. 형제는 확실히 즐겁게 작업을 진행했고 끝났을 때에는 그들의 작품에 만족스러워 했다.

남성팀과는 대조적으로 씨시와 어머니팀의 경우에는 함께 작업하는 데 문제가 있었다. 그들은 각자 자신의 재료를 사용했고 서로 상의하지 않고 개별적으로 작업했다. 아키마 부인이 무지개를 만드는 중에 씨시는 황소를 만들고 있었는데, 어머니가 딸에게 "암소나 송아지가 뿔 달린 황소보다 더 나을 거야."라고 말했다. 씨시는 어머니의 말을 들었을 때 입술을 앞으로 오므리면서 그녀의 말을 무시했다. 잠시 후에 씨시는 어머니에게 "황소가 뜯어 먹을 풀을 좀 만드세요."라고 요청했으나 아키마 부인은 자신의 무지개에 열중하여 아이의 소리를 듣지 못한 것 같았다. 씨시가 몇 차례 더 제안을 했지만 받아들여지지 않았다. 마침내 씨시가 종이조각에 "이 소는 화가 났어요."라고 썼다(그림 70). 어머니는 그 종이를 보면서 "나는 왜 화가 났는지 모르겠구나!"라고 대꾸했다.

양 팀이 작업을 끝냈을 때 치료사는 모든 작업을 모아 하나로 결합할 것을 제안했다. 황소를 집 옆에 두는 것이 보기 좋다는 데에는 모두 동의했다. 그러나 관심과 마찰을 가장 크게 일으킨 것은 무지개의 위치였다. 어머니는 그것을 집 위에 두기를 원했지만 남자들이 반대했다. 그러자 그녀는 그것을 소 위에 놓으려 했지만 아직도 어머니의 대화거부에

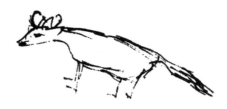

[그림 70] 화가 난 황소

화가 나 있는 씨시가 반대했다. 무지개를 어떻게 할 것인가가 작은 딜레마로 나타났다. 마침내 지미가 하얀 구름 몇 개를 만들어 어머니가 그 위에 무지개를 놓을 수 있게 하자고 제안했다. 이 제안은 모두를 만족시킨 것 같았고 과업은 완결되었다.

가족은 팀 작업에서 나타난 상호작용과 통합된 노력에 대해 토론했다. 어머니와 딸의 상호작용은 치료사에게 씨시의 함묵의 이유를 해석할 수 있는 또 하나의 기회를 제공했다. 어머니가 씨시의 언어소통 시도를 묵살할 때 씨시가 메시지를 쓰는 데 의존한다는 것이 밝혀진 것이다. 치료사는 말로 하는 메시지는 받아들여지지 않는 반면 글로 쓴 것은 관심을 얻어 더욱 강화된다는 것에 주목했다. 그 점에 대해 씨시는 "맞아요. 어머니는 나에게 아무 관심도 기울이지 않아요. 나는 내가 노트에 쓰면 엄마가 그것을 읽는다는 것을 알아요."라고 분명하게 말했다.

이 실례의 확실성은 아키마 부인이 씨시의 함묵행위에 작용한 자신의 역할을 깨닫게 했다. 이 특별한 사건은 가족에게 영향을 미쳤고 다른 세션에서도 참고되었다. 그것은 어머니와 딸 사이의 미래의 역동성에 중요한 영향을 미쳤다.

8) 제8회 치료세션-가족치료 : 어머니, 휴, 지미, 씨시

가족은 그들의 가정생활이 향상되었다고 말했다. 가족의 의사소통을 계속하는 작업으로서 그들에게 점토를 사용하여 무엇이든지 원하는 것을 만들라고 했다.

이 미술치료 세션은 씨시에게만 초점을 맞추어서 소개할 것이다. 왜냐하면 그녀의 작품이 가장 중요한 의미를 가졌기 때문이다. 그녀가 자유롭게 만든 조형물은 '위협적인 상황에서 용감하게 행동하는 냉담한 여자'를 만들어냈다. 그 굳어있는 여인은 정서적으로 편안하지 못한 어머니에 대한 아이의 인식을 표현하는 것 같았다. 씨시는 자기가 표현한 것의 의미를 알아차리자 곧 그것은 '아무 의미 없는 것'이라고 주장하며 이야기를 끝냈다.

그럼에도 불구하고 치료사는 이 이야기를 활용하여, 가족의 외상적 위기를 극복하기 위해서는 아키마 부인이 얼마나 '냉담한 여자'가 될 필요가 있는지를 설명했다. 씨시는 어머니가 겁을 먹고 있지만 아직도 용감하게 앞으로 잘 헤쳐 나가고 있다는 것을 이해한 것에 대해 점수를 주었다. 세 아이들은 두렵기 때문에 어머니가 강하게 행동할 때 기분이 더 좋다고 고백했다. 그러나 어머니가 우스운 행동을 하거나, 소리를 지르거나, 그들에게 관심을 쏟지 못할 때에는 불편함을 느낀다는 사실을 인정했다.

어머니는 자신의 대화부족이 아들과 딸을 얼마나 두렵게 했고 좌절시키는지를 깨닫게 되었고 가족치료와는 별도로 자신을 위한 개인치료를 요청했다. 치료사는 아키마 부인을 개별적으로 만나는 것에 동의하고 즉시 다음과 같은 치료목표를 정해 주었다. ① 가족이 쉽게 접근할 수 있도록 조력하기, ② 아이들에게 보다 강한 가족의 울타리와 매개방법을 제공하기, ③ 대화기법의 향상.

치료사가 말로 공식화하지 않은 치료목표에는 자아강화, 자기표현, 그리고 통찰력 증진이 포함되어 있었다.

9) 제9회 치료세션-가족치료 : 어머니, 휴, 지미, 씨시

세션 초기에 가족 구성원들은 지미가 기묘하고 미친 것 같이 행동하는 것에 대해 언급했다. 이 문제를 다루기 위해 가족에게 이런 상태에 빠져 있는 지미를 그려 보라고 했다.

어머니의 그림은 지미가 물 밖으로 나온 물고기처럼 침대에서 위 아래로 풀쩍풀쩍 뛰고 있는 모습을 보여 주었다. 휴는 마치 마라톤 경주를 하는 것처럼 거실 주위를 달리고 있는 동생의 모습을 그렸다. 씨시는 그가 집 전체를 돌고 있는 것처럼 그렸다. 반면에 지미는 미친 것처럼 주위로 뛰쳐나가는 자신의 모습을 그렸다. 그는 무의식적으로 손을 그리는 것을 빠뜨렸는데 이는 무기력감을 보여 준다(그림 71).

자신의 작품에 대해 말할 때 지미는 "나는 어쩔 수 없다."라고 말하면서, 자신의 행동이 스스로를 매우 겁나게 한다는 것을 인정했고 그런 행동을 중지시키고 싶다고 강하게 말했다.

치료사는 가족과 특히 지미에게 이런 문제를 가진 어린아이들을 성공적으로 도운 자신의 경험을 이야기하며, 이것은 가족 전체의 통합된 노력을 필요로 한다고 알려 주었다. 그들은 지미가 통제되지 않는 자신의 행위를 멈추도록 도울 수 있다는 말에 모두들 몹시 놀라는 것 같았다.

[그림 71] 자기통제의 부재

그들에게는 한 가족 구성원의 행동을 변화시키는 데 일익을 담당할 수 있다는 것이 믿기 어려운 일이었지만, 마침내 그들은 자신들이 도울 수 있는 구체적인 방법에 관해 듣기를 바랐다.

치료사는 가족에게 지미와 '기괴한', 혹은 '미친 것 같다'는 말을 연관짓지 말라고 하면서, 어떤 딱지를 받은 사람은 종종 그것을 자신이 완수해야 하는 예언같은 것으로 여기며 살아간다고 설명해 주었다. 가족은 그 요구가 아주 단순하다는 것을 알고 지미에게 부적절한 딱지를 붙이는 것을 중단하기로 했다.

두 번째 지시는 특히 강조되었다. 지미가 달리기 시작할 때 꽉 잡음으로써 그를 멈추게 할 수 있다고 어머니와 휴에게 말했다. 그럴 때 "나는 너를 보호하려고 하는 것이고, 네가 네 자신을 통제할 수 있게 도와 주려고 하는 거야."라고 말하라고 그들에게 지시했다. 또한 이것이 지미에게 벌을 주는 것이 아니라, 그를 자기 자신 안에 머물도록 도와주는 행동이라는 사실을 알려 주었다. 바람직하지 않은 행위를 중지하도록 도와주기 위한 일로 인해 전 가족에게 긴장감이 감돌았다.

10) 제10~11회 치료세션-가족치료 : 어머니, 휴, 지미, 씨시

다음 면담에서 지미는 아무도 그를 '기괴'하다고 부르거나 그의 '광기'에 대해 말하지 않았다고 보고했다. 그는 일주일 내내 집 주위를 딱 두 번 밖에 달리지 않았다고 자랑스럽게 말했다. 어머니가 처음 지미를 움켜 잡고 말했을 때 "어머니는 랜드가튼 박사처럼 정확하게 말하지 않고 있어요."라고 말했다고 이야기했다. 그리고는 어머니에게 "나는 너를 보호하고 네가 자신을 지키는 것을 도우려고 하는 거야.'라고 바르게 말해야만 해요."라고 이야기했다고 말했다.

다음 세션에서도 지미는 만족스러워하며 "나는 지난주 동안 단 한 번 밖에 기괴한 행동을 안 했다."고 웃으며 뽐냈다. 아키마 부인은 이런 보고에 동의하며 또 다른 개선에 대해서도 이야기했다. 가족은 지미가 악

몽을 꾸지 않고 잘 잤으며 손톱을 물어뜯지 않고 있다고 했고, 지미의
문제를 해결하는 데 도움을 주었다는 것과 좋아진 지미에 대하여 자랑스
러워 했다.

11) 제12~14회 치료세션-모자치료 : 어머니와 지미

아키마 부인이 지미만을 데리고 치료받으러 온 세션이 몇 번 있었다.
그녀는 휴와 씨시가 미술심리치료 면담에 참석하지 못하는 것에 대해 사
과하면서, 장남과 딸은 더 이상 치료를 받아야 할 이유가 없다고 말했다.
가족은 정신적으로 보다 건강한 상태에 있었고 그들의 관계도 많이 개선
되었다. 치료사는 그들의 저항이 이별의 문제를 취급하기를 거부하는 방
식이라고 해석했다.

어머니와 아들의 치료세션은 불참한 가족에 의해 야기되는 감정에 관
한 것에 맴돌고 있었다. 지미는 자주 화를 냈고 본인만이 아직도 치료를
받고 있기 때문에 미술작업에서는 자신을 가장 많은 문제를 가진, 쓰레
기 취급을 받는 아이로 표현했다. 어머니의 미술작품은 자신의 분노, 좌
절, 그리고 휴와 씨시를 통제할 수 없는 데 대한 자기비난, 즉 그들에게
계속 치료를 받도록 확신시킬 만큼 강한 존재가 되지 못하는 것에 대한
무력감을 표현했다. 지미의 행동관리에 관한 또 다른 문제도 밝혀졌다.
그 아이는 계속해서 자신을 통제하고 있었다. 그의 그림들은 자신감과
가족으로부터 분리되어 개인으로서 자신을 인지하는 능력이 향상되었음
을 보여 주고 있었다.

가족역할의 변화와 그것이 가족 각 구성원에게 어떻게 영향을 미치는
가를 탐구하면서, 어머니는 보다 더 권위적인 존재가 되어 아이들에게 더
큰 영향력을 행사하는 모습을 보여 주었다. 비록 생활은 여전히 어려웠지
만 그녀의 자각은 그녀가 더 높은 부모의 기능을 수행할 수 있게 했다.
지미는 부정적인 것보다는 긍정적인 행위가 관심을 받는다는 사실을 깨
달은 이후부터 그의 역할이 달라졌기 때문에 더 이상은 '괴롭히는' 존재

가 아니라고 했다. 실제로 개별화를 향한 지미의 작업은 그로 하여금 가족의 무의식적인 갈등과 혼돈을 행동화하는 것으로부터 멀어지게 했다.

휴와 씨시가 그들의 역할변화를 점검할 기회를 포기한 것은 유감스러운 일이었다. 그들도 가족체계 내에서 각자의 지위변화가 가족에게 미치는 영향의 방식을 명쾌하게 이해했었어야만 했다.

12) 제15회 치료세션-모자치료 : 어머니와 지미

15회 세션까지 오직 지미의 미술치료에 대한 긍정적인 전이만이 미술치료를 받으러 오게 한다는 것이 명백해졌다. 치료사는 그가 조만간에 치료를 중단할 것을 깨달았다. 이러한 의심은 어머니가 그녀의 작은 아들이 미술치료 참석을 못하게 할 학교 육상팀에 가입하는 것을 지지함으로써 확인되었다. 그들의 행위를 변명하기 위해 아키마 부인과 아들은 그들의 가족생활과 지미가 지속적으로 좋아지고 있다는 데 대해 믿을 만한 것으로 보이는 보고를 했다.

어머니는 의식적으로 전 가족이 치료를 받으러 오기를 바랬지만, 그들의 육상, 학문, 사회활동 같은 많은 방과 후 활동 때문에 모두를 한꺼번에 모을 수는 없다고 주장했다.

치료사는 전 가족이 치료실에 올 것을 강조하면서 휴와 씨시에게 치료사와 작별인사를 할 기회를 주는 것은 매우 중요하다고 말했다. 그것은 올바른 경험의 방향에서 중요한 단계이기 때문에 특히 강조되었다. 그들은 지금 도피한 그들 아버지의 모델을 이용하고 있기 때문에 이 가족에게 종결문제를 다루는 것은 특히 필요한 일이었다.

13) 제16회 치료세션-모자치료 : 어머니와 지미

아키마 부인은 전 가족이 종료면담에 참석하게 하려고 노력했다고 주장했다. 그럼에도 불구하고 오직 지미만 데리고 올 수 있었다고 했다. 그

녀는 치료사에게 지미가 다음 주에는 운동팀에 들어가서 활동을 시작한
다고 알려 주었다. 치료사는 이 말이 종결을 의미한다고 해석을 내렸지
만 그녀는 이것을 부정했다.

지미의 마지막 세션을 위해 어머니와 아이에게 '작별인사 하기'를 주
제로 하여 작품을 만들라고 했다. 아키마 부인에게는 가족미술치료를 끝
낸다는 측면에서 안녕을 생각하라고 지시했고, 지미에게는 사무실에 오
는 것을 중단하는 데에 대한 감정을 나타내라고 말했다. 지미가 치료사
도 그들과 함께 작업하기를 요구했고 치료사는 승낙했다.

그 아이는 축구공 하나를 그리고 슬픈 소년의 얼굴에 몸을 그려 넣었
다. 그는 훌륭한 축구선수고 축구경기를 좋아하기 때문에 치료를 끝내게
되어서 기쁘다고 말했다. 만약 치료를 계속한다면 운동팀이 방과 후에
연습을 하기 때문에 자신은 거기서 제외될 것이라고 했다(그림 72). 아이
는 이제 나쁜 것들도 끝났고 악몽도 사라졌으며 다른 형제들은 더 이상
치료세션에 참석하지 않는 상황에서 왜 자기만 어머니와 함께 계속 치료

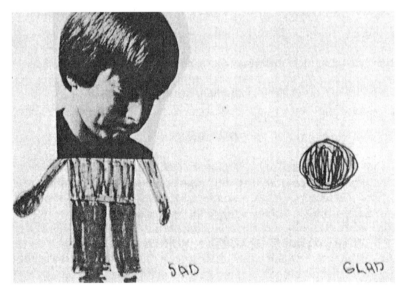

[그림 72] 종결하는 것에 대한 양가감정

를 받으러 와야 하는지 이해할 수 없다고 결론지었다.

그러면서도 지미는 치료사를 더 이상 볼 수 없어 슬프다고 말함으로써 양가감정을 드러냈다. 치료사가 그들의 집으로 방문할 수 있는지 물어보는 지미에게 저자는 치료사의 역할을 부드럽게 설명하면서 치료사가 그린 자화상을 보여 주었다. 그것은 지미가 긍정적으로 변한 것에 대한 자랑스러움을 표현한 것이었다. 치료사는 작별인사를 하고 슬픔을 나타내면서 지미가 여러모로 잘 되기를 바란다고 말했다.

지미가 치료사와의 종결작업을 하는 동안 아키마 부인은 의기소침해 있었다. 어머니도 함께 우울한 감정들을 나누었지만 그것이 왜 그렇게 심각한 것인지는 이해하지 못했다. 치료사는 이별과 상실의 문제가 새롭게 대두됨으로써 오는 정서라고 해석하면서 그것은 남편의 유기에 대한 정리되지 않은 감정들에서 기인하는 것이라고 설명했다. 지미는 이 설명을 들었을 때 우연히 자신의 작품, '양가감정'을 떨어뜨렸다. 치료사는 분노의 감정이 슬픔의 감정과 연결되는 것은 이상한 일이 아니라고 말했다. 아버지가 더 이상 그들에게 사랑과 안정감을 줄 수 없기 때문에 아버지에게 분노를 느끼는 것은 당연하다고 말했다. 휴와 씨시가 없는 상태에서 유기를 다루는 것에 대한 저항은 무너졌다. 지미와 아키마 부인은 남편/아버지를 향한 그들의 분노를 인정하면서 울기 시작했다. 치료사는 작업의 핵심을 막 시작하려는 때에 면담을 종결해야 하는 것이 안타까웠다.

세션이 끝났을 때 지미는 종이 몇 장과 크레용을 집으로 가져갈 수 있는지 물었다. 작별선물과 중간대상으로서 그는 10장의 종이와 작은 크레용 상자를 선택해도 좋다는 허락을 받았다.

치료실을 나서면서 지미가 어머니에게 "휴와 씨시는 이번에 오지 않은 것을 후회할 거예요."라고 말하는 것을 우연히 듣게 되었다. 이 말은 지미가 치료사에게 남긴 선물인 것 같다. 또한 심리적인 수준에서 그 아이의 분노가 표출되고 그 분노가 수용되는 치료환경이 주어졌던 것을 의미한다고 보았다.

14) 제16~20회 치료세션-개인치료 : 어머니

어머니는 바람직한 부모역할에 대한 작업을 계속했고, 머지않아 가족 치료를 계속하고자 하는 희망으로 혼자서 몇 차례의 치료를 받았다. 그러나 가족은 갑자기 로스앤젤레스를 떠나 가까운 친척이 있는 동부지역으로 이사를 갔고, 그 이후로는 아키마 가족에 대한 추가자료를 얻을 수 없었다.

3. 논 평

몇 개월이라는 짧은 기간에 아키마 가족이 성취한 괄목할 만한 소득에도 불구하고 필자는 이 사례를 실패한 것이라고 본다. 비록 가족 구성원들이 자신들의 행동에 대한 통제력과 가족체계에 대한 통찰력을 획득하는 데 도움이 되었지만 명백하게 드러난 그들의 문제행동의 근원에 접근하는 길이 아이들의 '건강으로의 도피' 로 인해 막혀 버렸다. 그들의 미흡한 종결은 하나의 도피수법으로써 아버지의 유기가 그들의 마음에 남긴 외상을 다루지 못하도록 했다. 이별과 상실에 대한 작업이 없는 한 가족은 미래에도 손상된 가족으로 남을 것이라고 본다.

4. 요 약

아버지의 유기는 어머니가 인정하기를 거부한 심리적이고 외상적인 사건이었다. 그녀의 거부 때문에, 예기치 않았던 유기에 따른 감정들은 그녀 자신과 아이들에 의해 억압되었다. 표현되지 않은 공포, 분노, 그리고 우울은 여러 가지 면에서 나타났다. 어머니는 굳어져 마비되어 버린 무력한 부모가 되었다. 사춘기인 장남은 자신을 권위적인 사람으로 만들었다. 그는 끊임없이 어머니와 다투었고 학교생활은 나빠지기 시작했다. 열 살 난 소년은 손톱 깨물기, 반복되는 악몽과 이상하고 열정적인 방식으로 원을 그리며 집 주위를 달리기 등의 증상을 통해 가족의 불안을 보여 주는 거울-이미지 역할을 했다. 여덟 살짜리 소녀는 선택적 함묵증을 가지고 있었고, 집에서는 말을 하지 않고 노트에 적어서 의사소통을 하고 있었다. 역할혼돈과 이중 메시지가 심리적 혼란에 추가되어 가족체계는 균형을 잃고 흔들리고 있었다.

짧은 치료에도 불구하고 어린아이들의 증상은 사라졌다. 저자는 이러한 기적적이며 긍정적 변화는 유기 외상을 다루는 것에 대한 가족의 방어로서 '건강으로의 도피'라고 본다.

그들이 계속해서 치료받지 않는다면 이제까지의 소득은 피상적인 것이 되고 그들은 다시 부적응적인 가족으로 남을 것이라 사료된다.

추천도서

Anderson, R. Where's Dad? Paternal Deprivation and delinquency. *Archives of General Psychiatry, 18*, 641-649, 1968.

Baittle, B., & Offer, D. On the nature of male adolescent rebellion, In S. C. Feinstein, P. L. Giovacchini, & G. A. Miler (Eds.), *Adolescent Psychiatry, Volume I: Development and Clinical Studies.* New York: Basic Books, 1971.

Bank, S. P., & Kahn, M. D. *The Sibling Bond.* New York: Basic Books, 1982.

Biller, H. B. Father absence and the personality development of the male child. *Developmental Psychology, 2*, 181-201, 1970.

Billing, A. L. Fingernail biting: The Incipiency, incidence and amelioration. *Genetic Psychology Monographs, 24*, 123-218, 1941.

Bowlby, J. *Attachment and Loss: Volume 2, Separation.* London: Hogarth Press, 1973.

Brwon, S. Family therapy. In B. Wolman (Ed.), *Maunal of Child Psychopathology.* New York: McGraw-Hill, 1972.

Browne, E., Laybourne, P. C., & Wilson, V. Diagnosis and treatment of elective mutism in children. *Journal of the American Academy of Child Psychiatry, 2,* 605-617, 1963.

Davis, D. A Management program for elective mutism, *Journal of Child Psychotherapy, 4*(3), 246-253, 1977.

DiLeo, J. H. *Children's Drawings as Diagnostic Aids.* New York: Brunner/Mazel, 1973.

Douglas, J. Broken families and child behavior. *Journal of the Royal College of Physicians (London), 4,* 203-210, 1970.

Ferri, E. *Growing Up in a One-Parent Family: A Long-Term Study of Child Development.* National Foundation for Education Research. Atlantic Highlands, NJ: Humanities Press, 1976.

Glasser, P. H., & Glasser, L. N. (Eds.). *Families in Crisis.* New York: Harper and Row, 1970.

Hadley, T., Jacob, T., Milliones, J., Caplan, J., & Spitz, D. The relationship between family development crises and the appearance of symptoms in a family member. *Family Process, 13*(2), 207-214, 1974.

Halpern, W. I., Hammond, J., & Cohen, R. A therapeutic approach to speech phobia: Elective mutism re-examined. *Journal of the American Academy of Child Psychiatry, 10*(1), 94-107, 1971.

Harrison, S. I., & McDermott, J. F. (Eds.). *Childhood Psychopathology.* New York: International Universities Press, 1972.

Hayden, I. L. Classification of elective mutism. *Journal of the American Academy of Child Psychiatry, 19*(1), 118-133, 1980.

Hertz, M. R. Projective techniques in crisis. *Journal of Projective Techniques and Personality Assessment, 34,* 449-467, December 1970.

Hesselman, S. Elective mutism in children 1877-1981. *Acta Paedor Psychiatry, 49,* 297-310, 1983.

Hetherington, E. M., & Deur, J. The effects of father absence on child development. *Young Children, 26,* 233-248, 1971.

Kagel, S. A., White, R. M., & Coyne, J. C. Father-absent and father-present famililes of disturbed and nondisturbed adolescents. *American Journal of Orthopsychiatry, 48*(2), 342-352, April 1978.

Kolvin, I., & Fundudis, T. Elective mute children: Psychological development and background factors. In S. Chess & A. Thomas (Eds.), *Annual Progress in Child Psychiatry and Child Development.* New York: Brunner/Mazel, 1982.

Lamb, M. The effects of divorce on children's personality development. *Journal of Divorce, 1,* 163-174, 1977.

Landgarten, H. B. Art therapy as a primary mode of treatment for an elective mute. *American Journal of Art Therapy, 14,* 121-125, July 1975.

Landgarten, H. B. Individual treatment: Case history of an elective mute. *In Clinical Art Therapy: A Comprehensive Guide.* New York: Brunner/Mazel, 1981, pp. 91-105.

Morawetz, A., & Walker, G. *Brief Therapy with Single-Parent Families.* New York: Brunner/Mazel, 1984.

Marris, P. *Loss and Change:* London: Routledge and Keegan Paul, 1974.

Miller, A. Identification and adolescent development. In S. Feinstein & P. Grovacchini (Eds.), *Adolescent Psychiatry, 2,* New York: Basic Books, 1973.

Morin, C., Ladouceur, R., & Cloutier, R. Reinforcement procedure in the treatment of reluctant speech. *Journal of Behavioral Therapy and Experimental Psychiatry, 13*(2), 145-214, 1982.

Morris, J. V. Cases of elective mutism. *American Journal of Mental Deficiency, 57*(4), 661-668, 1953.

Naumburg, M. *Studies of the "Free" Art Expression of Behavior Problem Children and Adolescents as a Means of Diagnosis and Therapy.* New York: Coolidge Foundation, 1947.

Nolan, J. D., & C. Pence. Operant conditioning principles in the treatment of a selectively mute child. *Journal of Consulting and Clinical Psychology,*

35(2), 256-268, 1970.

Nye, F. Child adjustment in broken homes and unhappy unbroken homes. *Marriage and Family Living, 19,* 356-361, 1957.

Offer, D., & Offer, J. B. *From Teenage to Young Manhood.* New York: Basic Books, 1975.

Putstrom, E., & Speers, R. W. Elective mutism in children. *Journal of the American Academy of Child Psychiatry, 3,* 287-297, 1964.

Reed, G. F. Elective mutism in children: A reappraisal. *Journal of Child Psychiatry, 4,* 99-107. 1963.

Robson, B. *My Parents Are Divorced Too. What Teenagers Experience and How They Cope.* Toronto: Dorset, 1979.

Roman, M., & Blackburn, S. *Family Secrets.* New York: Times Books, 1979.

Roman, M., & William, H. *The Disposable Parent.* New York: Holt, Rinehart and Winson, 1978.

Sprenkle, D. H., & Cyrus, C. L. Abandonment: The stress of sudden divorce. In C. R. Figley & H. J. McCubbin (Eds.), *Stress and the Family: Vol. II, Coping with Catastrophe.* New York: Brunner/Mazel, 1983, pp. 53-76.

Sierlin, H. *Separating Parents and Adolescents.* New York: Quadrangle, 1974.

Vogel, E. F., & Bell, N. W. The emotionally disturbed child as a family scape-goat. *Psychoanalytic Review, 47*(2), 21-42, 1960.

Wakerman, E. *Father-Loss.* Garden City: Doubleday, 1984.

Wallerstein, J., & Kelly, J. The effects of parental divorce: The adolescent experience. In S. I. Harrison & J. F. McDermott (Eds.), *Childhood Psychopathology.* New York: International Universities Press, 1978.

Wechsler, D. The incidence and significance of fingernail biting in children. *Psychoanalytic Review, 18,* 201-209, 1981.

Wolff, S. *Children Under Stress.* London: Allen Lane, 1969.

Zuk, G. The side-taking function in family therapy. *American Journal of Orthopsychiatry, 38,* 553-559, 1968.

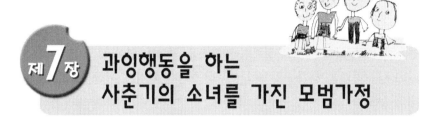

제7장 과잉행동을 하는
사춘기의 소녀를 가진 모범가정

1. 들어가는 글

　자율성과 자아개념의 확립은 청소년기에 달성해야 할 중요한 과업이
다. 청소년기에 속하는 자녀를 둔 가족은 가족의 발달주기에서 부모가
'빈 둥지'를 준비해야 하는 시기에 속하며, 이는 부모에게도 중요한 결
단을 내려야만 하는 시기이기도 하다. 따라서 부모와 자녀 사이에는 동
시에 의존-독립의 갈등으로 인한 씨름이 일어나게 되며 두 세대 간에 밀
고 당기는 접전이 벌어지게 된다. 양가적인 감정이 혼재된 이 같은 현상
은 부모와 자녀 간의 혼란을 더욱 더 가중시킬 수 있다.

　청소년기에 스스로 책임을 지는 능력을 발달시키는 것은 필수적인 과
업이다. 그러므로 치료사로서 가족체계 안에서 권력을 재분배하고 그것
을 관찰하는 것이 중요하다. 이와 같은 치료적인 상황에서 가족이 필요
로 하는 것은 부모에게는 통제하는 것을 감소하게 하면서 10대 자녀의
지위를 향상시키는 역동성이다.

　청소년들의 반항과 방어적인 태도 중의 대부분은 스스로의 "성장"과

'자기다워지는 것'에 대한 노력의 일면이다. 스스로 독립하고 자유롭게 되고자 하는 노력으로써 청소년은 상대방에게 도전하는 행동을 하고 약해 보이는 사람들을 눌러 보려고 하는 경향을 보이게 된다. 이 같은 행동은 가족의 삶에 매우 부정적인 영향을 끼치기 마련이다.

10대의 자녀들이 가족의 굴레로부터 자유로워지기 위한 노력을 하게 되면 부모들은 그들의 욕구를 존중해 주어야 한다. 이러한 부모들의 작업을 Milton Erickson은 부모들이 자녀로부터 '젖 떼기'를 해야 하는 필수적인 과정이라고 했다(Haley, 1973). 청소년기에 '제2의 개별화'를 달성하지 못한 부모는 이러한 고착에서 벗어나기가 어렵거나 불가능해진다. 필자는 청소년기 자녀를 둔 이러한 부모들이 아직도 계속 성장할 수 있으며, 그들이 진정하게 성숙된 부모가 되기 위해서는 제3의 개별화를 경험해야만 한다고 믿고 있다.

한 개인이 자율성을 성취하게 되는 길은 험난하다. 특히 전 가족이 분리와 상실감을 가지고 있을 때 더욱 어렵다. 청소년들에게 있어서의 상실은 잃어버린 아동기일 수 있고, 부모에게는 함께 해야 할 자녀의 존재를 잃게 되는 것일 수 있고, 가족 구성원에게는 가족이 갖추어야 할 기존 구조를 상실하는 것일 수 있다.

2. 사례소개

여기에서 소개하는 사례는 분리 개별화의 주제로 갈등을 경험하는 병력을 가진 한 청소년과 그의 가족들을 위해 실시된 24세션의 가족미술치료에 관한 것이다. 다른 지역에서 학교에 다니는 장남은 가족치료에 참여할 수 없었다. 가족치료 외에 치료 대상자와 3회의 개별적인 치료세션을 가졌고, 부모만을 위한 치료를 1회 가졌음을 미리 밝힌다.

❖ **치료에 의뢰된 경위**

17세의 엘렌은 한 달 동안 교통위반 딱지를 두 번 받았는데, 법정에서 판사는 그녀에게 교통법규 재교육과목을 들을 것과 심리상담을 받아야 한다는 판결을 내렸다. 이러한 상황에서 엘렌의 어머니인 설리반 부인이 치료사에게 전화를 하여 심리치료를 의뢰하게 되었다. 엘렌의 어머니는 법정의 판결 이외에도 딸이 최근에 낙제했을 뿐만 아니라 태도에 있어서도 부정적인 변화가 일어났다는 등, 딸을 걱정하는 여러 가지 이야기를 했다.

치료시간을 정하기 전에 치료를 위해 필요한 평가절차로서 가족치료가 필요하다고 제안했다. 어머니는 남편이 '어떤 종류의 치료이든 간에 단호하게 반대하기' 때문에 가족치료는 어렵다면서 거부했다. 이에 치료사는 가족치료에서는 평가가 필수적인 것이라고 주장하면서 전 가족이 참석하는 것이 얼마나 중요한 것인지 거듭 강조했다. 치료에 참여해야 하는 가족 구성원은 설리반 부부와 엘렌, 15세의 쥬디이며, 다른 주에서 학교에 다니고 있는 19세의 장남인 주니어는 제외되어도 좋다고 말했다.

그 다음 주에 엘렌의 어머니는 남편이 '성가신 것을 해치워 버리는' 식으로 치료에 참여하는 것에 동의했다고 전화했다. 아버지는 법정의 명령이라는 점에서 선택의 여지가 없다는 것을 알았고 또 치료사가 그토록 강경하게 이야기한 것이라면 철회하지 않을 것이라고 생각했기 때문에 받아들인 것이다.

1) 제1회 치료세션-가족치료 : 아버지, 어머니, 엘렌, 쥬디

가족을 소개하는 동안 엘렌 어머니는 쾌활해 보였지만 51세인 실제 나이에 비해 더 늙어 보였다. 그녀는 회백색 머리칼과 화장기 없는 창백한 얼굴을 한 아주 평범한 부인이었다.

아버지는 언짢은 표정으로 치료사에게 인사했으나 55세인 그의 나이보다 젊어 보였으며, 검은 머리칼과 커다란 검은 색의 눈은 강한 아래턱과 함께 강한 인상을 주었고 스스로를 돌보는 사람처럼 보였다. 운동으로 신체를 단련한 듯 다부진 체구에, 바지와 넥타이, 구두와 양말이 잘 어울리도록 꼼꼼하게 신경을 쓴 반면 웃옷과 셔츠는 묘하게 어울리지 않는 복장을 하고 있었다.

어느 쪽 부모도 닮지 않은 엘렌은 진한 화장을 했으며, 세심하게 선택한 듯한 평상복을 입고 있었다. 그녀는 전반적으로 '거칠고' 강하면서도 세련된 모습을 보여 주고 있었는데, 그녀 또한 아버지와 마찬가지로 가족치료를 받으러 와야 했던 것에 대해 화를 냈다. 반면에 쥬디는 즐거워하며 치료사가 인사를 했을 때 손을 내밀기도 하는 등 예의바른 소녀로서의 행동을 했다. 그녀는 엷은 화장만을 했고 생동감과 따뜻한 분위기를 주면서 자연스럽게 아름다운 소녀같이 보였다.

아버지는 자리에 앉기도 전에 치료사에게 치료에 참석해야 하는 것에 대한 불평을 했다. 엘렌 역시 왜 '가족치료'를 받아야 하는지 모르겠다면서 불평을 했다. 어머니는 당황한 것처럼 보였지만 아무 말도 하지 않은 반면에 쥬디는 무언가를 이야기하려 했다.

가족들은 그들이 '미술치료사'에게 치료받으러 왔다는 것을 몰랐으므로 치료사가 어떤 학위와 자격증을 가지고 있는가에 대해 질문했다. 치료사의 대답이 그들의 기대를 충족시켰을 것임에도 불구하고 그들은 미술치료에 대해 꼼꼼하게 질문했다. 치료사는 특별히 방어할 필요가 없었기 때문에 가족에게 '미술치료는 나의 치료방식이며, 그 방식에 의해 평가할 것'이라고 솔직하게 말해 주었다. 그리고 계속해서 "가능하다면 가족전체에 대한 치료형태가 이루어질 거예요. 치료방법은 치료를 행할 때 설명할 겁니다. 또한 당신들은 치료에 대한 결과를 토론할 수 있는 기회를 가지게 됩니다."라고 말했다.

엘렌과 아버지는 계속 불만스러워했지만 치료사는 진단적인 치료세션을 해야겠다고 선언했다. 비록 아버지는 '판사가 엘렌을 돕기 위해 추천한 우스꽝스러운 방법'이라고 미술치료를 폄하했지만 치료사는 아버지의 언급을 무시한 채 네 가지 색깔의 크레용과 두 장의 종이를 책상 위에 놓았다. 엘렌은 아버지와 마찬가지로 '미술활동을 포함한 이 같은 행태는 어리석은 일' 이라고 주장하면서 저항했다.

치료사는 엘렌의 말을 무시한 채 가족들에게 두 팀으로 나눌 것을 지시했다. 아버지와 엘렌은 파트너가 없는 것이 오히려 낫다고 말하면서 나란히 앉아 있었다. 그러다 보니 그들은 한 팀이 되어버렸다. 그래서 어머니와 어린 딸은 한 팀이 되어 말없이 치료사의 지시에 따랐다.

(1) 묵언상태에서의 팀 작업

모든 가족들에게 미술치료를 선택해서 팀별로 비언어적인 작품을 만들도록 지시했다. 그리고 치료사는 어떤 형태의 그림이나 디자인도 작업의 목적을 만족시킬 것이라는 확신을 가족들에게 심어 주었다.

❖ 엘렌과 아버지팀의 역동성

미술치료에 대해 불만이 있었음에도 불구하고, 아버지와 엘렌은 즉시 그림을 그리기 시작했다. 각자 자기 앞에 놓인 종이 위에 자신의 성별을 나타내는 그림을 그렸다. 그들은 그림이 완성되자 서로의 마음을 알아챈 것 같았으며, 말없이 자리를 바꾸었다. 그것은 분명히 복잡한 관계를 나타내는 학습된 반응이었다. 아버지는 소녀의 모습 주변에 침실을 그렸다. 그것은 딸의 사생활을 침해하는 것을 의미하거나 아니면 딸에 대한 무의식적, 혹은 의식적인 성적 감정을 보여 주는 단서일 것이다. 엘렌은 남성의 성기부분에 새끼 고양이를 그렸는데, 거기에는 성적 의미가 있을 것이었다. 어쩌면 양육되고 안기고 싶은 엘렌의 욕구가 새끼 고양이와 동일시된 것일 수 있다.

처음에 두 사람은 미술작업을 즐거워하는 것 같았다. 그러나 그것은 짧은 시간에 불과했다. 딸이 작품에 조잡하게 색칠을 하자 아버지는 기분 나빠하면서 화를 냈다. 비록 무의식적인 행위였지만 아버지는 고양이를 보고는 짖고 있는 개를 그렸다. 그가 그린 개는 자신의 기대에 어긋난 엘렌에 대한 분노를 표현한 것이었다. 치료사가 그들에게 작업을

[그림 73] 아버지와 엘렌팀

마감하도록 지시했으나 그들은 치료사의 지시를 무시한 채 계속 그렸다. 또, 제목을 정하는 동안만 이야기하도록 지시했지만 그들은 치료사의 말을 무시한 채 상대방에 대한 불만을 말했다. 뿐만 아니라, 아버지와 엘렌팀은 시간을 초과했기 때문에 그들의 작품에 제목을 붙이지 못했다(그림 73).

❖ 쥬디와 어머니팀의 역동성

쥬디와 어머니는 종이 반대편에서 제각기 그림을 그렸다. 어머니는 경치를 그린 반면, 쥬디는 한 가족을 그렸다. 두 사람은 치료사가 마감하라고 지시하자 즉시 멈추었다. 그들은 옆에서 작업하던 팀 때문에 당황해하면서도 그들을 무시하려고 애썼다. 제목은 그들 각자의 주제를 결합하여 "가족과 가정" 이라고 정했다. 그러면서도 각자 자신의 그림 아래에 독자적인 제목을 썼다.

(2) 팀의 재구성과 둘씩 하는 언어적 미술작업

양쪽 부모의 상호작용을 이해하기 위해, 이번에는 소녀들에게 부모들을 바꾸어서 팀을 구성하도록 지시했다. 쥬디가 이번 작업에서는 이야기하는 것이 허용되는지를 물었을 때 치료사가 그들이 자유롭게 해도 좋다고 하자, 모든 이야기를 하는 것으로 결정되었다.

❖ 아버지와 쥬디팀의 역동성

아버지가 쥬디에게 가정용 컴퓨터를 그리도록 지시했고, 자신은 그 스크린에 무엇인가를 그리겠다고 했다. 쥬디는 컴퓨터를 꼼꼼하게 그리는 것으로 아버지의 제의를 받아들였고 아버지는 대단히 기뻐하면서 컴퓨터 모니터에 도표를 첨가했다. 두 사람은 그림에 세부적인 것을 첨가하기 전에 잠시 쉬면서 그들이 그린 그림을 보며 신기해 했다. 작품이 완성되자 아버지는 의논하지 않고 혼자서 '우리의 컴퓨터'라고 제목을 붙였고 거기에 대하여 쥬디는 별로 언짢아 하지 않았다(그림 74).

그들은 앞의 경우와는 다르게 상대방에게 반응했다. 두 사람의 상호작

[그림 74] 아버지와 쥬디가 함께 그린 그림

용에서 아버지는 확실히 지도자로서의 역할을 수행했다. 그는 지시를 했고, 쥬디는 세심하고 깔끔하게 아버지의 지시를 수행했다. 아버지는 쥬디에게 긍정적인 강화를 했고 두 사람은 작품에 대해 만족했다. 그림의 내용과 작업과정에서 아버지에게 강박적인 면이 있다는 사실이 드러났다.

❖ 어머니와 엘렌팀의 역동성

엘렌은 어머니에게 산을 그리라고 이야기했고, 어머니는 말없이 딸이 지시한 곳에다 산을 그렸다. 엘렌은 구름을 그려 넣은 후, 어머니에게 비가 오도록 그리라고 말했다. 어머니는 지시에 따라 비를 그렸고, 두 사람은 그들의 작품에 만족했다. 엘렌은 아버지와 비슷한 태도로 어머니와 의논도 없이 혼자서 그림에 제목을 붙였다. 그녀는 '도피'라는 제목을 붙였다. 어머니는 그 의미에 대해 당황한 것처럼 보였지만 딸에게 질문하지는 않았다(그림 75).

이 팀에서 엘렌은 어머니와 지도력에 대해 경쟁할 필요가 없었다. 오

[그림 75] 어머니와 엘렌이 함께 그린 그림

히려 어머니는 딸이 주도하는 것에 대해 아주 기뻐하는 것 같았다. 두 사람의 상호작용은 아버지-쥬디 팀의 역동성과 비슷했으며 지도자와 추종자 역할이 명백했다.

엘렌이 어머니에게 산 위에 비를 그리도록 했을 때, 그녀는 자신의 양육적 욕구가 충족되기를 바라고 있었는지도 모른다. '도피'라는 제목은 그것에서 벗어나고 싶은 욕구를 의미하는 것일 것이다. 그럼에도 불구하고 엘렌은 어머니와의 관계에서 편안함을 느끼는 것 같았다. 이는 아버지가 엘렌에게 자율성을 허용하는 것에 문제가 있기 때문일 것이다.

(3) 묵언상태에서의 가족미술작업

비언어적 가족미술작업은 아무 의논도 없이 즉시 시작되었다. 엘렌가족은 각자가 동일한 색깔의 굵은 사인펜을 사용해서 이야기하지 말고 모두 함께 가족화를 완성하라는 지시를 받았다.

아버지는 치료비용이 아깝다고 중얼거리면서 가족화가 그려질 종이가 붙여진 벽 쪽으로 접근했다. 엘렌도 아버지 뒤를 따르면서 "이건 시간낭비일 뿐이야."라고 무감동한 음성으로 말했다. 엘렌은 판사가 '이 바보 같은 짓'을 하고 있는 우리를 지켜본다면 무엇이라고 이야기할까 하고 의아해 하는 듯 했다.

아버지와 엘렌이 종이의 한가운데를 차지했으므로 쥬디와 어머니는 그들 양쪽에 서야만 했다. 쥬디는 어머니를 엘렌 옆에 있도록 남겨두고는 재빨리 아버지 곁으로 갔다.

아버지는 종이의 하단에 기저선을 그렸고, 엘렌은 곧바로 기저선 위에 한그루의 나무를 그렸다. 어머니는 꽃들을 그리기 시작했는데, 그녀가 끝내기도 전에 아버지는 건물을 그림으로써 어머니를 방해했다. 계속해서 아버지는 건물에서 엘렌의 나무까지 통하는 도로를 그렸다. 쥬디는 가족들이 그린 것들을 보더니 건물 주변에 울타리를 그렸다. 아버지는 그가 그린 건물에 창문들을 꼼꼼하게 그려 넣었고 다른 가족들도 각자가 시작한 그림들을 더욱 자세하게 그려 넣었다. 엘렌이 아버지가 그린 도

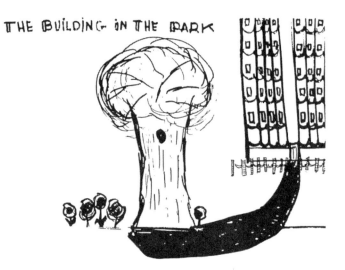

[그림 76] 집단가족화 : 공원에 있는 건물

로에 색칠을 할 때 아버지는 딸이 색칠을 산뜻하게 잘 하는지 어떤지를 알아보려고 하지 않았다.

치료사는 그들에게 작업마감을 지시한 후 제목을 붙이도록 했다. 그러자 어머니와 쥬디는 지시에 따라 뒤로 물러났지만 아버지와 엘렌은 계속해서 그렸다. 아무런 의논도 하지 않고 아버지는 가족화의 제목을 ‘회사의 사무실’이라고 결정해 버렸다. 엘렌은 아버지를 독재자라고 비난하면서 화를 냈다. 그리고는 아버지를 향해서 “아빠는 최소한 다른 사람의 의견을 물어보아야 해요.”라고 말했다. 아버지는 엘렌을 무시하고는 쥬디를 향해 의견을 물었다. 쥬디는 용감하게 ‘공원에 있는 건물’이라고 제안했다. 그것이 모든 사람의 노력을 포함한다고 생각했기 때문이다. 가족은 쥬디의 의견에 동의했고 아버지는 즉시 종이 맨 위에 옆으로 제목을 써 넣었다(그림 76).

❖ 묵언상태작업에서의 가족 역동성

가족화를 그리기 전에 가족은 의미 있는 방식으로 줄을 섰다. 아버지와 엘렌은 중심 부분을 차지하고, 쥬디는 아버지 옆에, 어머니는 엘렌 옆에 섰다.

아버지의 역동성은 '기저선'을 제공함으로써 가족에게 기반을 제공했다. 그의 '건물' 그림은 이전에 그린 그림과 함께 그의 구체적인 성향을 나타내고 있다고 하겠다. 또한 그는 건물에서 엘렌의 나무까지 도로를 그림으로써 엘렌과 다시 직접적인 관계를 가지는 시도를 했고 그림을 꼼꼼하게 그린다는 것에서 강박관념에 사로잡힌 것을 보여 주었다. 아버지는 반복적으로 치료사의 '마감' 지시를 무시했는데 이것은 권위에 대한 그의 도전성을 시사한다고 하겠다. 모든 상황에서 '지도자'가 되고 싶은 그의 욕구는 아무 의논 없이 가족화의 제목을 결정함으로써 더욱더 명백해졌다. 아버지는 항의하는 엘렌에게 화를 냈고 쥬디에게 의견을 물음으로써 엘렌을 거부했다.

어머니의 역동성은 그녀가 온화한 태도의 소유자임을 증명했다. 그녀가 그린 꽃은 거부를 나타내는 하나의 방어기제인 것으로 드러났다. 그녀는 남편과 멀리 떨어져 있음으로써 남편과 거리를 두려고 했다. 그녀의 꽃 그림은 남편의 그림과 거리를 두고 있다.

엘렌의 역동성은 권위적인 존재와의 갈등양상을 드러냈다. 치료사의 지시대로 제목을 붙이거나 마감하는 것을 거부함으로써 치료사와 경쟁하려고 한 것과 마찬가지로 아버지와도 경쟁하려 했다는 사실이 이를 뒷받침한다.

쥬디의 역동성은 그녀가 협조적인 가족원임을 보여 주었다. 그녀는 개입하기 전에 다른 구성원들의 결과를 관찰했다. 그녀는 아버지의 건물 주변에 울타리를 첨가함으로써 은유적으로 아버지를 수용하고자 했으며 아버지가 엘렌을 무시하기로 했을 때 아버지의 관심을 받는 이득을 챙기기도 했다.

(4) 언어적 가족미술작업

가족에게 세 번째 기법이 소개되었다. 이번의 작업에서는 말하는 것

이 허용되었고 가족들이 함께 그리되, 서로 다른 내용의 그림을 그려야
했다.

아버지는 "가족이 함께 그리는 것이 나쁘지는 않은 것 같소."라고 말
하면서 치료사의 지시에 따르면서도 치료비용이 만만치 않음에 대해 비
꼬는 말을 함으로써 치료사에게 저항했다. 그러자 쥬디는 "오! 아빠." 하
면서 아버지가 불평하지 않게 하려고 애를 썼다. 한편 어머니는 재빨리
작업을 시작하려고 했는데, 아버지는 가족에게 미술작업을 시작하기 전
에 '계획을 세워서 시작할 것'을 제안했다. 쥬디가 '여행가는 것'에 대
해 그리자고 제안했다. 엘렌은 쥬디를 지지하면서 '바다 위의 배'를 먼
저 그리자고 말했다. 더 이상의 대화가 진전되기도 전에 아버지가 수평
선과 파도를 열심히 그리고, 다음 차례로 배를 그리려고 하자 엘렌이 참

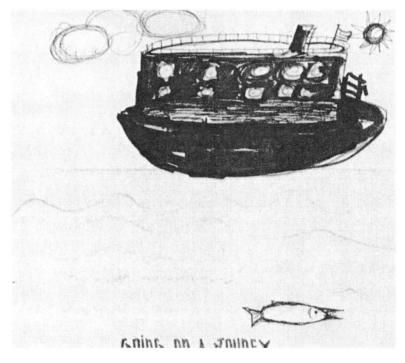

[그림 77] 집단가족화

견했다.

 그녀는 아버지가 '계속해서 그리는 것'에 반대했다. 아버지는 아주 당황해 하면서 여자들이 그리도록 뒤로 물러났다. 그들은 커다란 배 한 척과 소용돌이치는 구름과 밝은 태양을 그려 놓고는 매우 흐뭇해 했다. 그러나 그림이 미완성되었다고 믿은 아버지는 "중요한 것이 빠졌다."라고 말했다. 그는 가족화가 완성되기 위해서는 구명보트와 구명복, 깃발 등을 첨가시켜야 한다고 말했다. 아무도 반대하지 않았기 때문에, 그는 자신이 생각하는 것을 모두 추가해서 그렸다. 그럼에도 불구하고 엘렌은 마지막 순간에 상어를 한 마리 그려 넣음으로써 자신의 감정을 상징적으로 나타냈다.

 모든 사람들이 그들의 가족화에 만족해 하는 동안, 아버지는 자발적으로 '여행하는 것'이라는 제목을 써 넣었다(그림 77).

❖ 언어적 작업의 가족 역동성

 가족의 언어적 미술작업은 가족성원들이 의사소통의 기회를 사용할 수 있는지 알기 위해 비언어적 미술작업을 한 후에 의도적으로 행해졌다.

 아버지가 가족에게 의견제시를 요구하는 것으로 작업이 시작되었다. 그럼에도 불구하고 그는 맨 먼저 시작함으로써 다른 사람이 먼저 하는 것을 막았다. 아버지의 수평선과 파도는 가족들이 그림을 시작하도록 하는 기초가 되었다. 그는 엘렌의 경고를 받자 가족에게 기회를 주려고 뒤로 물러났다. 아버지가 그린 구명복과 구명보트의 보호적인 상징들은 분리와 상실에 대한 공포를 나타냈다. 그는 다른 사람과 의논하지 않고 제목을 써 넣음으로써 권위적 역할을 재확립했다.

 아버지가 미술치료의 비용에 대해 불평을 하자 당황한 어머니는 가족에게 미술작업을 시작하도록 제안함으로써 남편의 행동을 무마시키려고 애썼다. 그 이후에 그녀는 어떤 권위도 행사하려고 하지 않는 대신, 제안에 순응하는 복종적인 역할을 수행했다.

 환자로 간주된 엘렌은 '여행가는 것'이라는 여동생의 제안을 수용했다. 그녀는 바다 위에 배를 그림으로써 자신의 생각을 투사했다. 엘렌은 혼자서만 그림을 '계속 그리려고 하는' 아버지에 대해 몹시 화를 냈을 뿐만 아니라 당당하게 불만을 이야기했다. 그녀의 대면으로 아버지가 물러났기 때문에 다른 가족들이 가족화를 그리는 데 참여할 수 있었다.

엘렌은 아버지가 그린 생명을 보호해 주는 것들을 과보호의 상징으로 간주하고 아무 말 없이 한 마리의 상어를 그려 넣음으로써 공격적인 반응을 했다. 아버지에 대한 그녀의 이 같은 도발적인 행동은 강렬한 인상을 주었다.

쥬디는 아버지가 요구적인 태도로 가족을 당황하게 하지 못하도록 소극적인 시도를 했다. 미술작업의 주제를 제시함으로써 가족이 의사소통을 할 기회를 갖도록 했던 것이 그녀의 시도였다. 쥬디는 그림을 통해 어머니, 언니와 상호작용했다.

❖ 가족 구성원들의 각자 역할 인식을 위한 세션

네 가지 유형의 미술작업을 끝내고 치료사는 가족들이 각자의 가족역할에 대한 인식에 관해 토론하도록 이끌었다. 치료사는 각자에게 가족화를 중심으로 가족 구성원 중에서 "누가 지도자였는가?" 그리고 "누가 가장 적게 활동했는가?"라는 질문을 했다.

엘렌은 망설임 없이 아버지가 독단적인 '지도자'였다고 말했고, 어머니도 같은 입장을 취했다. 쥬디는 언니의 주장에 동의하면서도 아버지를 두둔하는 어조로 '독단적이 아니라 작업을 계속하려고 한 것'이라고 말했다.

어머니는 수동적인 역할을 하도록 강요받고 있다고 느끼는 반면 쥬디는 비슷한 역할임을 이야기하면서도 가족화의 주제를 결정함으로써 자신감을 가졌다.

아버지는 가족들의 생각에 동의하면서도 가족화에 나타난 각각의 선들과 색채를 지적하는 것을 잊지 않았다. 그는 각자가 그린 그림의 적합성에 대해 평가하면서 소극적인 사람과 적극적인 사람에 대해 오랫동안 이야기했다. 엘렌은 아버지의 장황한 이야기와 강제성에 불만을 느꼈는지 강한 혐오감을 나타냈다.

치료사는 가족들에게 마지막 작업에서 그들의 상호작용에 대해 어떻게 느꼈는지를 질문했다. 아버지는 '계획'이 세워졌기 때문에 협력적이었다고 대답했다. 엘렌은 아버지가 혼자서 계속 그리지 않았기 때문에 계획하는 것이 가능했다고 중얼거렸다. 그녀는 큰소리로 "아빠는 더욱 자주 그렇게 하시도록 노력해야 해요."라고 덧붙였다. 아버지는 엘렌의 말에 격분해서 그녀를 쏘아 봤다. 어머니는 아버지와 엘렌의 언쟁을 무마시키기 위해 가족화에 대하여 "우리가 언쟁하지 않았기 때문에 가족화를 훌륭하게 완성했어요."라고 말했다.

그러나 엘렌은 여전히 불만스러운 듯 가족화를 세심하게 관찰했다. 그녀는 "여자들이 열등한 역할을 했어요."라고 말했다. 그리고 "여자들은 아버지가 미리 기저선을 그렸기 때문에 단지 사물들을 추가했을 뿐이에요."라고 덧붙였다. 그녀는 아버지가 맨 먼저 시작하고 맨 나중에 끝마침으로써 권위적 역할을 했다고 지적했고 이것은 아버지가 얼마나 독단적인가를 의미할 뿐만 아니라, 다른 가족원의 능력을 깨닫지 못했기 때문에 아이들을 어린애로 취급한다는 것을 의미한다고 단호하게 주장했다. 그녀는 지지를 얻기 위해 쥬디를 쳐다봤다. 쥬디는 동의하는 표정을 지었지만 아버지를 냉혹하게 대하는 것을 원치 않았으므로 엘렌과 함께 동조해서 같은 문제를 다루는 대신, 가족화의 성공에 대해 언급함으로써 아버지에게 '힘'을 실어 주었다.

가족토론은 잠시 중단되었으며 가족원들은 가족화의 의미를 생각하기 시작했다. 엘렌이 먼저 대화를 이끌어나갔다. 그녀는 "아버지의 파도는 조용하지 않기 때문에 여행은 쉽지 않았다."라고 말했다. 감정을 자제한 아버지는 구명보트나 구명복과 같은 안전보호장치에 대해 강조함으로써 자신을 방어했다.

어머니는 남편이 진실로 배려 깊고 훌륭하게 가족을 위하여 모든 것을 제공할 뿐만 아니라 안전보호 장비들의 설계에 관해서는 전문가라고 이야기했다. 그럼에도 불구하고 엘렌은 지나치게 많은 안전보호 장치들을 지적하면서, 그것은 아버지의 과보호와 자녀들을 '떠나 보내는' 동기를 억압하고 있는 이미지들이라고 해석했다.

시간이 다 되어서 치료사는 토론을 중지시키고 치료를 끝마쳐야만 했다. 아버지는 계속 작업하기를 원했지만 치료사는 분명하게 치료세션을 끝냈고, 구성원들에게 다음 치료세션 때 그들이 경험한 것에 대하여 말해 줄 것, 그리고 계속하여 미술심리치료가 이어질 것이라고 말했다.

❖ 가족 구성원들의 역할에 대한 요약

아버지는 가족에게 권력을 행사하고 있었다. 어머니와 쥬디는 아버지가 지배적인 역할을 하도록 기꺼이 수용하고 있었다. 그러나 분리와 상실에 대한 아버지의 불안은 가족으로 하여금 자율적으로 상호작용하는 것을 방해하고 있었다.

청소년기에 해야 하는 개별화의 과업으로 갈등하고 있던 엘렌은 아직도 존재하는 아버지와 자신과의 연결고리를 거부했다. 엘렌은 의존적인 역할에서 벗어나기 위해 아버지와 직면했다. 가정이나 학교에서의 도전적인 과시적 행동이나 교통법규를 위반하는 행동은 내재된 우울을 보여주고 있는 것일 것이다.

어머니의 의존적인 역할과 욕구는 보호적이고 지배적인 남편에 의해 충족되었다. 그녀의 허약한 부모역할은 엘렌과 그녀의 역할반전을 촉진했다. 쥬디는 가족의 '수용자' 역할을 수행했으며 미묘하게 아버지를 조정하는 영향력을 가지고 있었다. 그녀의 수동성은 어머니가 모델이 되었다.

2) 제2회 치료세션-가족치료 : 아버지, 어머니, 엘렌, 쥬디

설리반 가족은 미술치료실로 들어와 치료사에게 인사를 하고 나서 지난 세션과 동일하게 자리를 잡았다.

아버지는 가족화가 여전히 걸려 있는 것을 바라본 후 탁자 위에 새로운 미술재료가 놓여 있는 것을 살펴 보고 나서 "오늘은 우리가 다른 재료로 작업할 것인가요?"라고 물었다. 질문에 대답하는 대신 치료사는 그가 생각하고 있는 것이 무엇인지를 물었는데, 그는 귀에 거슬리게 빈정거리는 말투로 "아마도 잡지의 그림들이 우리에게 엘렌이 교통위반 딱지를 받게 된 이유를 말해 주는 모양이지요."라고 말했다. 치료사는 그의 비아냥거리는 말을 무시한 채 그것이 가능할 것 같으냐고 되물었다. 그랬더니 그가 갑자기 진지해지면서 "아마 그럴 수도 있을 것 같다."라고 중얼거렸다. 그렇게 말하면서도 그는 큰소리로 "그래야만 되겠지요. 미술치료에 지불하는 비용 때문에라도."라고 말하는 것을 잊지 않았다. 미술치료에 대한 부정적인 암시로 기분이 좋지 않았을 것임에도 불구하고 여성들은 아무 말도 하지 않았다.

치료적인 협력관계를 수립하지 못한 상태에서 아버지의 나무라는 듯한 언급을 성급하게 다루는 것은 현명하지 못한 일이었다. 그래서 치료사는 가족들에 대한 더 많은 자료들을 수집하기로 했다. 치료사는 가족의 가치체계를 이해하기 위해 잡지 콜라주 재료를 준비했고 가족들에게 다음의 네 가지 지시를 했다.

① 당신에게 과거의 가족상을 기억나게 해 주는 사진을 선택하시오.
② 현재의 가족상을 선택하시오.
③ 당신이 원하는 미래의 가족을 대변하는 그림을 선택하시오.
④ 과거, 현재, 미래에 대한 선택을 한 후 각 시제별 그림을 각각 다른 종이에 붙이고 각 사진 아래에 그 의미를 적어 보시오.

가족이 작업을 끝내자 치료사는 콜라주를 수집해서 시제별로 분류했다. 모든 과거의 가족상은 따로 모아서 벽 한쪽에 모아서 붙이고 현재와 미래의 가족상들은 각각 다른 곳의 벽에 붙였다. 이 같은 배열의 목적은 구성원들로 하여금 그들의 추억과 소망에 대한 것을 함께 생각하도록 하는 것이었다.

(1) 과거의 가족상을 보여 주는 사진들

어머니가 선택한 이미지는 아이들이 냉장고를 급습하고 있는 것이었다. 그리고 그림 아래쪽에는 '아이들이 어렸을 때가 더욱 행복한 시절이었음'이라고 적혀 있었다. 비록 사진 속의 여자는 즐거워 보이지 않았지만 아무도 이 사실을 언급하거나 알아채지 못했다(그림 78).

아버지의 그림은 한 남자와 여자 그리고 세 아이의 실루엣으로서 서로가 겹쳐져 있는 듯이 보였다. 남자는 모든 사람의 머리 위를 지나가는 선을 받치고 있었다. 아버지는 '내가 가족을 보호하는 에너지'를 보여 주는 사진이라서 사용했다고 말하면서 "나는 항상 훌륭한 제공자였고, 그들을 안전하게 돌보려고 애썼다."라고 덧붙였다(그림 79).

여성들은 아버지의 말에 동의했지만 엘렌은 그것이 바로 그들의 문제가 되었다고 믿었다. 왜냐하면 아버지는 엘렌이 성장해서 스스로 자신을 돌볼 수 있다는 것을 깨닫지 못한 것 같았기 때문이다. 치료사는 엘렌과 쥬디의 콜라주가 비슷한 것을 보고 깜짝 놀랐다. 그들은 모두 어린애들과 함께 있는 아버지의 사진을 선택했다. 엘렌은 아이를 어깨 위에 목마

[그림 78] 아이들이 어렸을 적에

[그림 79] 가족을 보호함

를 태운 한 남자의 사진을 보여 주면서 "디즈니랜드에서 나를 목마 태우고 돌아다닌 아빠를 나타낸 것이에요. 아빠는 내가 피곤해 하면 항상 그렇게 해 주셨어요. 나는 공중에 그토록 높이 올라가는 것이 얼마나 근사했는지 기억해요(그림 80)."

[그림 80] 아버지의 어깨에서

쥬디는 언니의 이야기에 귀를 기울이면서 미소지었다. 그녀 또한 '아빠'와 함께 보낸 즐거운 순간들을 떠올렸던 것이다. 그녀는 피아노를 치고 있는 남자 옆에서 손뼉을 치면서 소파에 앉아 있는 아이의 사진을 보여 주었다.

그녀는 "아빠가 피아노를 연주할 때 우리는 그의 음악에 맞추어 춤을 추곤 했어요. 우리는 함께 즐거운 시간을 가졌어요."라고 말하면서 그 때가 얼마나 즐거웠는가를 회상했다(그림 81). 소녀들의 그림은 아동기의 추억들일 뿐이었지만 어머니는 실망한 것처럼 보였다. 치료사가 그녀에게 '딸들이 아버지만을 포함하고 어머니를 제외'한 것에 대해 어떻게 느끼는지를 질문해서 어머니의 감정을 다루었으나 그녀는 어떠한 부정적

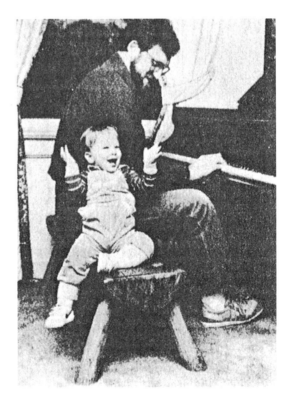

[그림 81] 좋은 시절

인 감정도 가지지 않았다고 말했고 다른 가족들 또한 이 문제를 교묘하게 회피했다.

(2) 현재의 가족상을 보여 주는 이미지들

아버지가 링 위에서 권투를 하고 있는 로봇 그림을 보여 주면서 그것이 '엘렌과 내가 서로 항상 싸우고 있는 것을 나타내는 현재의 이미지'라고 말하자 모두들 조용히 침묵을 지켰다(그림 82). 치료사는 이 그림은 딸의 교통위반에 초점을 둔 것이라기보다 오히려 그와 엘렌과의 부정적인 관계를 말해 주는 것이라고 해석했다. 아버지는 치료사가 솔직히 말해 준 것에 대해 기뻐하는 것 같았다.

쥬디의 콜라주는 '상담에 대한 가족의 욕구'를 나타낸 것으로, 도움을 받기 위해 전화를 걸고 있는 한 남자의 사진이었다. 그것에 대한 가족들의 언급은 없었다(그림 83).

어머니는 사무실에서 일하고 있는 한 남자의 사진을 통해 자신의 생각을 표현했다(그림 84). 그녀는 그것이 남편의 '전형적인' 모습이라고 주장했다. 치료사는 그 이미지의 저변에서 시사하고 있는 메시지가 무엇인가를 물었으나 그녀는 질문을 잘 이해하지 못했다. 그래서 치료사는 그

[그림 82] 싸움

[그림 83] 상담을 받아야 할 필요성

[그림 84] 과로

녀에게 그것의 의미가 근본적으로 남편이 너무도 많은 시간을 가정 밖에서 보내는 것에 대한 불평인지, 혹은 어떤 다른 걱정을 의미하는지를 물었다. 그러나 그녀는 자신이 나타낸 '불만'에 대해 수치감을 느낀 나머지 그것은 남편이 '너무도 과로했기 때문에 남편의 건강에 대한 걱정'이라고 재빨리 설명했다. 어머니는 남편의 심한 두통과 시아버지와 남편의 형제들 모두 심장질환의 경향이 있기 때문에 남편에게 심장질환의 가능성이 있음을 이야기했다. 두 딸은 모두 아버지의 미래의 건강에 대해 두려워하는 것 같았다. 그러나 그들은 자신의 걱정을 표현하는 대신 아버지가 지나치게 과로하시는 것에 대해 이야기를 했다.

엘렌의 그림은 걷고 있는 발이었다. 그녀는 "나는 계속 움직이고 있어요. 나는 몇 달 내로 휴가를 떠나려고 해요. 그래서 나는 학교로부터 떠날 거예요."라고 말했다(그림 85). 유일하게 자기중심적이었던 아버지가 엘렌의 그림에 관심을 가졌다. 그가 엘렌에게 자기중심적이라고 말하자 엘렌은 화를 내면서 방어적으로 반응했다. 치료사는 아버지에게 이기주

[그림 85] 앞으로 나아감

의는 청소년의 발달단계에서 보편적인 것이라고 말했고, 그는 앞으로 딸의 반응을 그 같은 관점에서 어느 정도 관조해야 할 것이었다.

(3) 소망하는 미래가족상을 보여 주는 이미지들

쥬디와 어머니의 사진은 향상된 가족관계에 대한 희망을 나타냈다. 쥬디의 메시지는 한 전자회로 판에 연결된 플러그를 오린 그림을 통해 나타났다. 그녀는 그것을 '우리 온가족을 위해 보다 나은 의사소통' 이라고 말했다(그림 86).

어머니는 웃고 즐거워하는 한 무리의 사람들이 있는 사진을 선택했다. 그녀는 가족이 또다시 그와 같이 되기를 희망했다(그림 87).

엘렌은 자신만을 다루었다. 그녀는 여러 쌍의 젊고 매력적인 커플들을 통해 미래에 대한 그녀의 희망을 표현했다. 그것은 조만간 남자친구를 갖고 싶다는 그녀의 욕구를 의미했다(그림 88). 아버지가 엘렌의 자기중심적인 행동에 대해 또다시 언급했고 치료사는 그것은 청소년의 가장 중

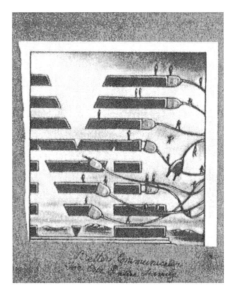

[그림 86] 향상된 상호소통

[그림 87] 다시 행복해짐

[그림 88] 남자친구를 원함

요한 욕구라는 것과, 이 시기의 발달과업이 분리, 개별화, 의미 있는 타인을 찾아내는 것 등이라고 말했다.

그리고 치료사는 엘렌이 이성에 관심을 가지는 것을 자연스러운 과정으로 인정했다. 가족들은 이 사실을 인정했지만 아버지는 마지못한 태도

로 받아들였다. 그는 "너는 학벌이 좋고 이제까지 네가 누려온 것들을
제공해 줄 수 있는 남자친구를 찾는 것이 좋을 거야."라는 말로 엘렌을
조롱했고, 예상했던 대로 그녀는 화난 표정으로 아버지를 쏘아 보았다.

　마지막으로 아버지는 비 오는 중에 우산을 쓰고 걷고 있는 한 남자의
그림을 설명했다. 아버지는 가족이 생각하는 만큼 자기가 파괴적이 아니
라고 말했다. 그는 자신을 '보호'하기 위한 계획을 세웠기 때문에 미래
에 대한 소망으로 이 그림을 선택했다고 했다(그림 89). 아버지가 자신에
대해 생각한다는 사실이 여성들을 만족시켰다. 그는 아내와 딸들의 긍정
적인 강화에 부합하는 변화를 시도했다. 그는 자신의 복지를 위해 가족
에게 의존하는 것을 원치 않았을 뿐만 아니라 그들이 개입하는 것도 원
치 않았다.

　아버지는 자신의 지나친 간섭과 엘렌의 독립하고자 하는 욕구를 통찰
하게 되었지만 그는 여전히 엘렌에 대해서 걱정했다. 그는 엘렌의 형편
없는 성적, 밤늦도록 집에 돌아오지 않는 것, 마약이나 알코올 남용의 가

[그림 89] 자기보호

능성에 대해 이야기했다. 그는 엘렌의 교통위반 딱지들이 '멍청함'의 결과인지, 혹은 일반적인 부주의 때문인지를 확인하지 않았다. 아버지가 자신의 두통과 심장의 통증이 엘렌 때문이라고 이야기하자 치료사는 그에게 엘렌으로 하여금 죄책감을 갖게 하는 그 같은 언급을 못하게 했다. 그리고 치료사는 아버지에게 점토를 주면서 상황에 대한 감정을 나타내도록 지시했다. 아버지는 치료사의 개입에 불쾌함을 느끼는 듯 했지만 점토를 손에 쥐고는 형태를 만들기 시작했다.

어머니는 치료사가 남편과의 상황을 처리하는 방식에 잠깐 동안이긴 하지만 반응을 나타냈다. 쥬디도 역시 불안한 것처럼 보였는데 그녀는 아버지를 위해 재빨리 점토를 부드럽게 만들어 주었다. 엘렌만이 부드러우면서도 강하게 분위기를 이끌어 가는 치료사에게 아버지가 어떻게 반응하는가를 지켜 보면서 호기심 어린 태도로 앉아 있었다. 비록 아버지는 미술작업을 수행했지만 그는 "이 점토의 비용을 내가 지불하고 있는 만큼 나는 무엇인가 잘 해 낼 것이오."라고 말했다. 치료사는 그가 스스로 무엇인가를 얻고자 결심했기 때문에 더 이상 그의 욕구에 대해서는 해석하지 않았다.

아버지는 아주 조심스럽게 수많은 벽돌을 만들어서는 쌓았다. 벽돌 위에 벽돌을 쌓고 있는 그에게 치료사가 벽이 어떤 감정을 나타내는지 질문하자 그는 '잘 모르겠지만 나의 머리와 가슴은 마치 1톤 중량의 벽돌 같은 느낌'이라고 말했다. 치료사는 그 조형물이 그의 감정을 나타내는 방식이라고 해석했다. 아버지는 사무실에서 표현되었던 다른 벽돌담을 지적하여 치료사의 해석에 반박했다. 그는 우연히 발견한 것을 단순하게 모방한 것이었다고 주장했다. 치료사는 그가 그린 많은 다른 선들에 대해 그의 관심을 환기시키면서 특별히 벽돌을 선택한 이유에 대해 질문했다. 아무런 대답이 없자 치료사는 '엘렌의 상황에 대한 당신의 감정을 나타내도록 한' 지시를 수행하지 않았음을 상기시켰다. 그러자 이번에는 치료사의 질문에 대해 그는 "당신은 정말 대단하군요."라고 순순히 대답했다. 그의 이 같은 대답은 치료사와 미술치료에 대한 존경을 그 나름대로 표현한 방식이어서 다른 가족들은 안심하는 것 같았다.

치료가 끝나자 치료사는 평가단계로 6~7회의 미술치료가 있을 것이라고 가족들에게 이야기했다. 평가단계의 마지막에 치료계획과 치료방법이 제시될 것이다.

❖ 덧붙이는 말

1회나 혹은 2회 치료세션에서 다루는 환자의 생육사는 연기되었다. 가족과업은 엘렌에게 효과적이면서도 유익했으므로 가족치료의 리듬을 깨뜨리는 것은 현명하지 못하다고 믿었기 때문이다.

3) 제3회 치료세션-가족치료 : 아버지, 어머니, 엘렌, 쥬디

가족은 치료사에게 인사를 한 후 지난번과 똑같은 자리에 앉았다. 아버지는 지난 세션 이후 엘렌이 했던 잘못된 행동에 대해 설명하기 시작했다. 치료사는 아버지가 일주일 간의 보고를 다 하도록 허용하는 쪽보다 가족 중심의 미술작업을 하기로 결정했다. 지난주 세션과 이번 세션을 연관시키기 위해 치료사는 가족들에게 지난주 치료세션에 대한 각자의 생각이나 감정을 나타내 주는 상징을 종이로 오리도록 지시했다.

작업을 시작하기 전에 아버지는 "또 시작이군."이라고 중얼거리면서도 지시에 따랐다. 그는 종이를 울퉁불퉁한 형태로 찢었다. 집단토론을 하는 동안 그는 자신의 구겨진 작품을 설명했다. "어떤 부분의 치료는 훌륭했어요. 그러나 치료의 다른 부분은 나에게 혼란된 감정을 남겼어요."라고 말했다. 치료사는 그의 진술은 신체적인 문제에 관련되는 의미가 있음을 시사한다고 해석했다.

어머니와 쥬디의 미술작업에 또다시 유사점을 발견했다는 것은 흥미로운 일이었다. 그들 두 사람은 둥근 형태를 만들었다. 어머니는 자신의 작품은 지난주 치료실을 떠난 이후 가족의 긍정적인 태도를 나타낸 것이라고 주장한 반면에 쥬디는 지난 치료세션 때 가족의 참여가 의미 있었음을 나타낸 것이라고 설명했다.

지난주와는 대조적으로 엘렌의 태도는 부드러웠다. 그녀의 종이작품은 3차원적이었다. 자세히 설명하자면 그것은 각자의 독창성을 상징하는 것으로 아코디언 형태로 주름이 잡혀 있었다. 그녀가 아버지가 이따금 감정을 숨기는 것과 어머니와 쥬디가 항상 교묘하게 '문제를 회피하는 것'에 대해 설명하자 쥬디가 재빨리 끼어들어 언니 역시도 어떤 '위험'을 감수하지 않았다고 말했다. 아버지도 그들의 언급에 수긍하면서 "그래, 나는 지난 세션에 문제의 초점이 되는 뜨거운 자리에 있었단다." 하고 말했다. 그리고 그는 자신을 반영하던 것을 멈추고 엘렌에게 고개를 돌리더니 "너의 종이조형물이 결코 공중을 날 수는 없다고 생각해." 라고 말하면서 그녀를 놀렸다. 엘렌은 아버지의 말을 그대로 받아들이면서 "이것은 장난감이 아니고 치료사 선생님의 질문에 대한 대답이에요." 라고 토라진 목소리로 대꾸했다. 아버지는 엘렌을 놀리고 엘렌은 적대적으로 신랄하게 말대꾸하면서 두 사람은 번갈아 가면서 서로를 비난했다. 아버지와 엘렌의 계속된 언쟁 때문에 치료사는 그림을 통해 상황을 바꾸기로 했다. 그래서 치료사는 아버지에게 "엘렌의 종이조형물이 날 수가 없다."고 말했을 때의 느낌과 엘렌에게 기대했던 반응을 묘사하는 그림을 그리도록 했다. 그리고 엘렌에게는 아버지의 언급을 어떻게 인식했는가를 나타내는 묘사를 하도록 했다. 어머니와 쥬디에게는 그들이 관찰한 것을 그리도록 지시했다.

아버지는 어떻게 느꼈는가에 대한 묘사를 하는 대신 종이 위에다 "O.K."라고 썼고, 엘렌에 대한 그의 기대를 묘사한 것이 번개였다. 치료사는 "O.K."라는 것은 수용할 수 없다고 하면서 문제의 초점이 되는 뜨거운 자리에 앉아 있었다고 말한 그의 언급을 상기시키고 그의 느낌을 나타내도록 요구했다. 잠시 생각하더니 아버지는 "나는 도발당했었나 봐요."라고 말했다. 치료사가 "그래서요?" 하고 묻자, 그는 "나 역시 화를 냈다고 생각해요."라고 대답했다. 치료사가 번개가 무엇을 의미하느냐고 묻자 그는 "그것이 바로 내가 그녀에게 기대했던 반응이었고, 그녀가 펄 펄 뛸 줄 이미 알고 있었어요."라고 대답했다.

치료사는 계속해서 아버지에게 질문하는 것보다 오히려 아래쪽을 향하고 있는 불안정한 화살을 그린 엘렌의 진술을 듣기로 했다. 엘렌은 자신이 그린 화살의 의미는 "항상 떨어지는 것"을 의미한다고 하면서, "나는 아프고 피곤했어요."라고 말했다.

치료사는 계속해서 어머니와 쥬디에게 이야기할 기회를 주기 위해 그들 작품에 대해 질문했다. 어머니는 동전그림을 보여 주었다. 그녀는 엘렌을 놀리는 것이 그녀와의 관계에 갈등을 일으키리라는 것을 알기 때문에 남편의 행동은 "논리에 어긋난다."고 말했다. 대조적으로 쥬디는 카드놀이를 하고 있는 익살스러운 남자를 보여 주면서 "아빠는 단지 농담을 했을 뿐이에요. 나는 언니가 대꾸를 하지 않거나 아니면 아빠의 농담을 이해했으면 좋겠어요."라고 말했다.

치료사는 쥬디의 익살꾼, 엘렌의 떨어지는 화살, 아버지의 번개, 어머니의 무의미한 동전들 등 모든 작품들을 모아서 순서대로 배열했다.

치료사는 가족들에게 그들의 구체적인 언급은 가정에서 일어나고 있는 다양한 방식의 역동성을 가리키는 것이었다고 이야기했다. 엘렌에 대한 아버지의 익살꾼 같은 행동은 자신의 불편한 감정으로부터 상처받지 않으려는 심리기제에서 나온 것이다. 엘렌은 아래로 향한 화살처럼 '꼼짝할 수 없음'을 느끼면서 화를 내고 있는 것이다. 비록 그것이 어머니에게는 무의미했지만, 엘렌과 아버지는 서로 논쟁을 통해 계속적으로 상호작용했던 것이다(그림 90).

치료사의 해석은 가족들로 하여금 그들의 상호작용을 이해하도록 했다. 잠시 후 침묵을 깨고 아버지가 "모든 활동들이 의미 있는 것 같았지만 무엇보다 당신 이야기가 더 많은 생각을 하게 했어요."라고 말했다.

치료사는 계속해서 서로를 대하는 가족양식을 조사해 나갔다. 치료사는 아버지에게 간혹 분노의 감정을 엘렌에게 터뜨리는지에 관해 질문했다. 아마도 엘렌은 정당하지 못한 것임에도 불구하고, 아버지의 분노의 희생자가 된 경우가 여러 번 있었을 것이다. 아버지가 미처 대답하기도

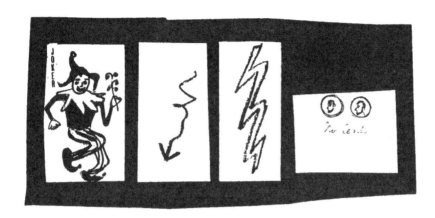

[그림 90] 가족역동

전에 엘렌은 자신에게 모든 것이 '뒤집어 씌어진' 경우에 관해 흥분해서 이야기했다. 아버지는 그녀의 이야기를 마지못해 들으면서 수긍했다.

어머니와 쥬디에게 의견을 묻자 그들도 토론에 끼어들었다. 쥬디는 "언니는 아빠의 미끼를 피해야 할 필요가 있었어요."라고 계속해서 자신의 생각을 주장했다. 그럼에도 불구하고 어머니는 엘렌이 아버지의 느낌에 좀더 많은 배려를 한다면 가정의 긴장은 완화될 것이라는 희망에 얽매여 있었다. 치료사는 가족들이 아버지와 상호작용하기도 전에 아버지의 느낌을 평가할 수 있다고 생각하는 것이 이해가 되지 않는다고 말했다. 그것이 아버지가 상황에 대한 책임이 없다는 것을 의미하는 것이냐고 질문하자 어머니는 대답하지 않았다. 치료사는 전 가족에게 아버지에 대한 반응양식과 아버지의 개입방식에 대해 생각하도록 했다. 마지막 과업으로 여성들에게 아버지에게 줄 선물을 그리도록 지시했다. 그리고 아버지에게는 받고 싶은 것을 그리도록 했다. 작업이 끝나자, 가족들은 아버지에게 그들의 선물을 주었다. 어머니는 남편에게 '정신적 평화'를 주고 싶다고 말하면서, 이마에 평화를 상징하는 이미지가 있는 그림을 남편에게 주었다. 쥬디는 아빠에 대한 '사랑'을 나타내는 심장의 그림을 아빠에게 주었다. 엘렌은 아버지와 싸움을 하지 않는다는 것을 나타내는 두 개의 평행선을 그렸는데, 그것은 여전히 아버지에 의해 괴롭힘을 당하고 있다는 감정을 나타낸 것이었다.

아버지는 받고 싶은 선물로 알약이 들어있는 병에 'X' 표를 한 그림을 그렸다. 그것은 처방된 약에 의존하지 않고 그의 감정이 안정된 것을 나타낸 것이라고 설명했다(그림 91).

선물기법은 아버지의 상처받은 감정을 치유해 주었다. 아버지로 하여금 자신의 취약점을 숨김없이 드러내도록 하지 않은 채로 가족치료를 끝마치는 것은 바람직하지 못했다. 가족치료의 초기단계에 부모와의 어려운 순간을 극복하고 안도감을 갖게 하는 것은 중요한 일이다. 그러한 치료적인 가치와는 별개로 부모가 가족치료에 참석하지 않을 수도 있고, 치료를 기피할 수도 있다는 것을 유념하는 것이 좋을 것이다. 가족이 치료실을 떠날 때 어머니와 쥬디는 각기 아버지의 양 옆에 섰고, 엘렌 혼자만이 그 뒤를 따라갔다. 엘렌이 아버지에게 화를 냄으로써 아버지와 더욱 가까워질 수 있었는지 궁금했다. 아마도 긍정적인 감정들이 미해결

[그림 91] 투약은 그만

된 오이디푸스 콤플렉스를 야기해서 그녀의 개별화를 위한 투쟁을 위협했을 것이다.

4) 제4회 치료세션-가족치료 : 아버지, 어머니, 엘렌, 쥬디

가족들이 치료실로 들어와 자리에 앉자, 아버지는 치료사에게 가족미술치료를 계속할 것인지 물었다. 치료사는 평가단계 동안 3회 이상 이와 같은 치료형태를 계속할 것이며 그것이 끝나면 치료에 대한 구체적인 형태를 제시할 것이라고 대답했다. 구체적인 치료형태란 개인치료, 가족치료 혹은 공동치료와 같은 형태로 치료사는 시기에 가장 적합한 형태를 제시할 것이다.

어머니와 두 딸은 미술치료를 계속하고 싶다고 말했다. 그들은 미술치료가 가족의 상호작용을 밝혀 주었으며 서로에 대해 더욱 잘 이해하도록 도와 주었다고 확신했다. 아버지는 아내와 딸들이 이야기하는 것에 귀를 기울였지만 한 마디도 언급하지 않았다.

치료사는 엘렌에게 다음 주에는 혼자 와서 자신의 발달사에 관한 치료세션을 하게 될 것이라고 말했다.

5) 제5회 치료세션-개인치료 : 엘렌

엘렌은 정상적인 아동기를 보냈음을 나타냈다. 엘렌은 정신적인 손상이 없는 정상적인 소녀였다. 치료사가 생리에 대해서 질문하자, 엘렌은 생리기간 동안 심한 두통을 자주 겪으며 '자제심을 잃는' 경향이 있고 우울한 감정에 빠지기도 한다고 솔직하게 시인했다. 성문제에 대해 더 깊이 언급함에 따라 엘렌은 지난해 부모 몰래 임신했었다는 사실을 이야기했다. 그녀는 자신을 임신시킨 청년과 오랫동안 교제를 했다고 말했다. 엘렌이 남자친구에게 임신중절한 사실을 이야기했을 때 그 남자는 아주 당황해하면서 동정적인 태도를 보였고, 죄책감으로 고통스러워 했다고 이야기했다.

남자친구가 대학으로 떠나게 된 지난 가을에 두 사람은 완전히 헤어졌다. 엘렌은 치료사에게 비밀을 지켜 줄 것을 당부했다. 왜냐하면 가장 친한 친구 이외에는 아무도 그 사실을 모르기 때문이었다. 엘렌의 고백을 들은 치료사는 그녀의 성적이 떨어진 것과 과시적인 행동을 한 것이 임신중절을 한 시기와 일치한다는 것을 알았다. 엘렌은 중절이 자신에게 미친 영향을 시인했지만 더 이상 그 문제를 언급하고 싶지 않은 듯 화제를 바꾸었다. 그러나 치료사는 엘렌에게 임신중절한 상황에 대한 그림을 그리도록 지시함으로써 그 문제에 대한 관심을 갖도록 했다.

엘렌은 콜라주 재료를 요구하더니 당황해서 어쩔 줄 모르는 두 마리의 작은 개 그림을 선택했다. 엘렌은 남자친구와 경험했던 놀라운 일을 상징하는 것으로 선택한 그림을 종이에 붙였다. 그리고는 지면에다 붉은 색깔의 눈물을 가득 차게 그렸다. 그림이 완성되기도 전에 엘렌은 울기 시작했으므로 그녀의 그림은 눈물로 축축하게 젖어 버렸다.

치료사는 엘렌이 태아와 남자친구를 사랑했던 그 시절을 생각하면서 마음껏 슬퍼하도록 하는 것이 필수적인 일이라고 보았다. 엘렌에게 있어 비밀을 지킨다는 것은 너무도 고통스러운 일이었으므로 치료사는 그녀가 이야기하도록 함으로써 그녀를 도왔던 것이다.

면담이 끝나자 치료사는 엘렌에게 가족치료를 다시 계속하기 전에 또 한번 개인치료를 하러 오라고 지시했다.

6) 제6회 치료세션-개인치료 : 엘렌

계속하여 상실의 문제를 다루기 위해 치료사는 왜 엘렌이 외로움을 느끼는지에 대해서 작품을 만들어 보도록 지시했다.

엘렌은 종이를 반으로 접어서 한 쪽에는 심장모양의 장식이 있는 목걸이를 그렸고, 반대쪽에는 운동선수의 재킷(모교의 머리글자 마크를 착용하도록 허락받은 운동선수), 성적표, 깃발을 그렸다. 그녀에게 상징들에 대해 설명하라고 요구하자, 엘렌은 목걸이는 상실한 남자친구를 나타낸 것이며, 다른 세 가지 물건들은 대학생인 오빠 주니어를 나타낸 것이라고 했다. 치료사가 오빠에 대해서 물어보자 엘렌은 '그는 모든 가족과 아주 잘 어울렸던 특별한 인물'이었다고 대답했다. 그는 친절하고 사려 깊고 사랑스러운 사람으로 함께 있으면 즐거운 사람이었을 뿐만 아니라 다양한 취미를 가진 사람이었다고 했고 모든 가족들은 그를 신뢰했다. 엘렌이 오빠의 존재가 얼마나 중요했는가를 이야기함으로써 치료사는 오빠가 사립대학으로 진학한 지난 가을부터 그녀가 슬픔에 젖어 있었다는 것을 깨닫게 되었다.

치료사는 엘렌의 상실감에 대해 동정하면서 소외감을 느끼는지 물었다. 엘렌은 치료사의 질문에 대답하는 것을 피하기 위해 낙서하는 것에 골몰하려고 애썼다. 주제가 바뀌는 것을 원하지 않은 치료사는 엘렌에게 그녀의 인생에 있어 중요한 사람인 남자친구와 오빠를 동시에 잃어버렸다는 것을 깨닫도록 일깨워 주었다. 이것은 그녀의 슬픈 감정을 강하게 자극했기 때문에 그녀는 울기 시작했다. 엘렌은 그녀가 가장 사랑했던 두 사람이 지난 가을 모두 그녀를 "떠났다."고 말하면서 흐느껴 울었다. 치료사는 엘렌이 감정을 표현하는 것을 촉진시키기 위해 그녀에게 미술 재료를 사용하고 싶은지를 물었다. 엘렌은 말로는 대답하지 않았지만 점토를 선택함으로써 동의를 나타냈다. 그녀는 두 소년들이 떠난 것에 대해 이성적으로는 이해하면서도 점토를 주무르고 비트는 행동을 통해 슬픔과 분노를 나타냈다.

엘렌이 자신의 추상적인 조형물을 바라보기 위해 휴식을 취할 때, 치료사는 그녀에게 조형물을 음각적인 공간과 양각적인 공간으로 설명해 보라고 했다. 그녀는 "이것은 많은 요소들로 구성되어 있고, 둥글고, 부드럽고, 감촉이 좋지만, 중앙은 비어 있었다."라고 했다. 그녀는 조형물을 돌려가며 회전시키면서 말하기를 "비어 있는 부분은 어느 곳에서도 보이지 않는다. 그것을 천천히 회전시켜 본 후에야 그것이 꽉 찬 덩어리가 아니라는 것을 알 것이다."라고 말했다(그림 92). 치료사는 엘렌을 중

[그림 92] 중간이 비어 있음

단시키고 방금 이야기한 것을 기록하도록 했다. 그녀는 기꺼이 그렇게 한 후, 그것에서 의미를 찾기 위해 반복해서 읽었다. 그녀는 읽기를 포기하고 치료사에게 그 조형물이 자신의 강한 자아와 긍정적인 자존심에도 불구하고 공허한 감정을 나타내고 있는 것인지 궁금해 했다. 그러나 치료사가 미처 수긍하기도 전에 엘렌은 "그래, 맞았어. 이것은 바로 나 자신이야."라고 말했기 때문에 치료사는 더 이상 아무 말도 하지 않았다(그림 92).

치료사는 엘렌이 소외와 분리에서 오는 느낌을 다루도록 도와 주면서 이러한 정서에 관한 이슈를 대처할 수 있도록 함으로써 치료세션은 끝났다. 치료사는 엘렌에게 "과시적인 행동은 너의 내면에 진행되고 있는 것을 회피하는 방법이었다. 때때로 그것은 보다 깊은 감정을 숨기는 하나의 방어수단이기도 하단다."라고 말했다. 치료실을 떠나려고 일어서는 엘렌의 표정에는 이 이슈에 대하여 탐색해야 할 필요성에 대한 다짐이 들어 있었다.

7) 제7회 치료세션-가족치료 : 아버지, 어머니, 엘렌, 쥬디

가족은 자신들이 '더 잘 지내려는' 노력을 하고 있다고 보고했다. 치료사는 가족들의 인식에 대해 더 많은 것을 알고 싶었기 때문에 그들에게 나무, 집, 사람, 그리고 가족에 대해서 그리도록 지시했다. 모두들 그림이 잘 그려지지 않는다고 투덜거렸다. 치료사는 화가가 그리듯이 잘 그리는 것은 중요한 것이 아니라고 말하면서 그들을 격려했다.

과업이 끝나자 작품을 벽에 붙였다. 비록 각자의 그림에서 가족 구성원들의 위치는 서로 달랐지만 모두가 그림의 중앙에 유학 중인 장남 주니어를 그렸다는 것이 뚜렷하게 나타났다. 오빠의 모습은 모든 점에서 가장 뚜렷했다.

그는 키가 가장 컸으며, 대부분 색칠이 되어 있었고, 가장 섬세한 부분까지 묘사되어 있었다(그림 93A, 그림 93B).

치료사가 이 같은 사실에 대해 가족들에게 질문하자, 가족들은 모두 치료에 참석하지 않은 가족에 대한 이야기를 했다. 이야기의 내용은 주로 주니어의 모습, 지적 능력, 친절함 등이었다. 치료사가 가족들에게 "당신들은 모두 그를 그리워하고 있는 것 같군요."라고 말하자 엘렌은 "그래요." 하고 대답했다. 그러나 부모와 쥬디는 모두 대답을 회피했다. 엘렌은 가족들로부터 뒤로 물러나서 동생과 부모들의 반응을 관찰했다. 엘렌의 그 같은 행동은 치료사로 하여금 그녀가 개인치료 때에는 그렇게 하지 않았다는 것을 기억나게 해 주었다. 엘렌 역시 오빠, 주니어와의 이별에 따른 감정을 다루고 싶지 않았을 것이다.

가족이 그들의 내면적인 고독에 직면하도록 하기 위해 치료사는 그들에게 주니어가 떠난 것에 대한 콜라주를 만들도록 지시했다. 어머니는 콜라주 상자를 자세하게 조사하더니 '결정을 피하는 기술' 이라는 제목의 책을 읽고 있는 사람의 사진을 마음에 들어 했다. 그녀는 그것을 종이에 붙이려고 하더니 마음을 바꾼 듯 전화를 하고 있는 한 남자의 사진으로 바꾸어 붙였다. 그것은 가족의 이야기를 항상 즐겁게 들어 주는 홀

[그림 93A] 아버지의 가족화

[그림 93B] 엘렌의 가족화

[그림 94] 아들을 그리워함

룽한 대학생인 아들에 대한 그녀의 자부심을 나타냈다.

아버지는 공부하고 있는 소년의 사진을 재빨리 선택했다. 그는 치료사에게 "나는 아들이 없어서 쓸쓸하지만 올 여름에는 그가 집에 와서 머물거예요."라고 말했다(그림 94).

젊은 남자들의 그림이 많이 있음에도 불구하고 쥬디는 자신의 감정을 찾는 것에 저항했다. 그녀는 오빠가 집으로 오는 것을 오랫동안 기다릴 수 없다고 말하면서 6월을 나타내는 그림을 선택했다. 비록 엘렌의 부모와 쥬디가 자신들의 감정을 깊이 다루는 것을 거부했지만, 엘렌의 커다란 눈물을 흘리고 있는 고양이 그림은 극적인 효과가 있었다. 엘렌은 고양이가 자신의 '외롭고 슬픈 감정'을 상징한다고 말했다. 그녀는 계속해서 "오빠는 우리 모두에게 필요한 사람이었어요. 그는 모든 사람들에게 관심을 가지는 훌륭한 사람이에요."라고 말했다(그림 95).

치료사는 어머니가 버렸던 '결정을 피하는 기술'이라는 제목의 그림을 집었다. 치료사는 '결정'이라는 단어를 지우고 '정서'라는 말로 바꾸었다(그림 96). 가족은 메시지를 쳐다보더니 토론을 했다. 가족들은 다른 사

[그림 95] 외롭고 슬픈 느낌들

[그림 96] 결정을 피하는 기술

람을 '괴롭히고' 싶지 않았기 때문에 '우울하지 않은 척 하려고' 애썼다는 것과 외로웠다는 것을 인정했다. 어느 누구도 이 같은 공통된 감정들이 있었다는 것에 놀라지 않았다. 그러나 그들은 표현함으로써 우울에서 벗어날 수 있다는 것을 깨달았다.

엘렌은 자신이 가족들과 별로 고립되지 않고 밀착되어 있다고 느낀 이후로 공통된 감정들이 그녀를 편안하게 해 주었다고 말했다. 그것은 곧 가족을 대변한 말이었다.

그때 아버지가 치료사에게 "이봐요, 치료사 양반. 미술치료란 그렇게 나쁜 게 아니군요. 만일 당신이 우리가족을 제대로 치료해 준다면 나는 비용을 지불하는 일로 걱정하지 않겠소."라고 농담을 함으로써 심각한 순간에서 벗어났다. 치료사는 아버지가 가끔 일종의 전환기제로서 농담을 하고 있으며 치료에서 정서적인 면을 다룬다는 것이 얼마나 어려운 일인가를 발견했다고 지적했다. 시간이 다 되었기 때문에 치료세션을 끝내야만 했다.

치료실을 나가는 길에 아버지가 "그 누가 그림이 이렇게 사람을 도울 수 있다고 생각할까?"라고 중얼거리는 것을 들을 수 있었다.

8) 제8회 치료세션-가족치료 : 아버지, 어머니, 엘렌, 쥬디

서로 인사를 나눈 후 치료사는 가족들에게 다음과 같은 제안을 했다. 가족치료는 엘렌이 휴가를 떠나기 전에 끝마쳐져야 한다는 것, 따라서 단기간의 가족치료가 엘렌이나 다른 가족성원을 위해서 가장 생산적일 것이라고 했다. 그리고 치료사는 가족들에게 미술치료를 계속할 것인지 아니면 다른 심리치료사의 전통적인 치료를 받을 것인지를 물었다.

그러자 제일 먼저 엘렌은 "당신은 우리들에 대해 모든 것을 알아요. 뿐만 아니라 나는 미술치료를 좋아하게 되었어요."라고 말하면서 치료사와의 치료를 계속하고 싶어했다. 아버지도 주저하지 않고 동의했다. 그는 이제 치료사의 치료방법에 익숙해졌기 때문에 미술치료를 계속하고 싶다는 것을 자신이 부담해야 하는 '치료비용'에 대해 언급하면서 익살스럽게 말했다. 쥬디와 어머니도 엘렌과 아버지가 덜 다투게 되었다고 하면서 치료를 계속 하고 싶어했다. 그래서 가족들은 모두가 미술치료를 계속하기로 결정했다.

치료문제가 결정되었으므로 치료사는 가족들에게 의사소통에 관한 작업을 제시했는데, 그것은 전 가족이 각자 자유롭게 주제와 매체를 선택하되 하나의 작품이 되도록 하는 것이었다. 아버지는 가족들의 의견을 물었다. 아무도 대답하지 않자 그는 다시 모두가 미술자료들을 결합시켜서 작품을 만들면 어떻겠느냐고 물었다. 어머니와 딸들이 아버지의 제안에 동의했으므로 가족들은 추상적인 디자인을 만들기로 결정했다.

작업을 수행하는 방법을 결정할 때, 아버지는 종이를 길고 가느다랗게 잘라서 여자들이 그것을 조립하자고 제의했다. 그리고 마지막 남은 종이는 하나의 배경이 될 수도 있으며 혹은 공중에 매달 수도 있다고 말했다. 아버지의 제안은 매우 창의적이었기 때문에 여자들은 그가 먼저 시작하도록 격려했다.

아버지는 아주 주의 깊게 종이를 잘랐다. 그는 평소의 습관대로 치료사의 책상에서 자를 집더니 종이 위에 정확하게 눈금을 표시했다. 그는 정확하게 표시하는 일로 상당한 시간을 보냈다. 비록 아내와 두 딸은 인내심을 가지고 기다렸지만 마침내 더 이상 참지 못한 엘렌이 "아빠, 이제 그만 끝내세요. 그렇지 않으면 우리가 할 기회는 전혀 없잖아요."라고 말했다. 그러나 아버지는 딸의 말을 무시한 채 정확하게 줄을 표시했다. 마침내 그는 표시선에 따라 종이를 자르기 시작했다. 엘렌이 아버지에게 "빨리 끝내세요."라고 재촉했을 때 종이의 일부를 잘못 오리게 되었다. 엘렌의 재촉 때문에 실수를 하게 된 아버지는 몹시 화가 나서 엘렌에게 고함을 쳤다. 그는 자신의 실수는 엘렌이 방해했기 때문이라고 말했다. 치료사 앞에서 호되게 야단맞은 엘렌은 당황한 나머지 아버지에게 화를 냄으로써 자신을 방어했다. 아버지는 그녀의 행동을 그에 대한 일상적인 무례함의 대표적인 행동이라고 하면서 딸의 말을 무시해 버렸다. 어머니와 쥬디는 무기력한 모습으로 조용히 쳐다보고 있었고 두 사람은 계속해서 다투었다.

　가족이 작업을 포기한 것이 명백해지자 치료사는 그들에게 "이제 그만 중단하고 지금까지 일어난 일에 대해 생각해 보도록 하세요."라고 말했다. 치료사는 어머니에게 아버지와 엘렌의 상호작용을 관찰한 것에 대해 이야기하도록 함으로써 역동성에 관한 반영을 시작했다. 어머니는 "그는 엘렌이 재촉했을 때 최선을 다하려고 애쓰고 있었어요."라고 말했다. 그러나 어머니는 딸의 얼굴에서 상처받은 모습을 발견하자 덧붙여 "비록 엘렌이 아버지에게 스트레스를 주려고 한 것은 아니지만 그것이 그를 화나게 만들었어요. 나는 남편이 늦어지게 된 것이 엘렌의 잘못은 아니라고 생각해요."라고 말했다. 치료사는 그 다음 순서로 쥬디가 이야기하도록 했다. 쥬디는 엘렌을 지지할 필요가 있다고 믿으면서 "언니가 옳았어요. 아빠는 너무도 꼼꼼한 분이셨기 때문에 우리 모두의 시간을 혼자서 사용하고 있었어요. 우리 중 어느 누구에게도 결코 차례가 돌아오지 않았을 거예요."라고 말했다. 엘렌은 질문을 받자 "무슨 소용 있겠어요? 아빠는 결코 변하지 않으실 거예요. 어쨌든 그는 듣지 않을 거예요. 그리고 곧 화를 낼 거예요."라고 대답했다. 맨 마지막으로 아버지는 엘렌과 의사소통을 할 수 없는 것에 대한 무력감을 이야기했다.

　가족들은 무엇보다 그들의 역동성을 이해할 필요가 있었다. 따라서 치료사는 논쟁을 일으킨 사건의 줄거리를 요약했다.

① 아버지는 지난 치료시간에 불공정하고 지나치게 권위적인 것에 대해 비난을 받았기 때문에 다른 구성원들에게 의견을 묻는 일을 중요시하는 것 같았다.
② 여자들은 자신들의 생각을 표현할 기회가 있었는데도 불구하고 의견을 제시하지 않았다.
③ 아버지는 재료를 결합하는 것에 대한 가능성을 가족들에게 질문했고, 그들은 기다렸다는 듯이 즉시 동의했으며 '추상적인 디자인'을

하기로 결정했다.

④ 아버지가 다시 작품구성계획을 위한 방법의 제시를 시도했다.

⑤ 여자들은 아버지가 먼저 시작하도록 격려했다.

⑥ 아버지는 그가 기능하는 전형적인 방법으로, 그러나 지나치게 진지하게 작업을 했다.

⑦ 아무도 그가 종이를 자르는 것을 도와 주지 않았다.

⑧ 여자들은 모두 불만스러워 했다.

⑨ 불만에 대해 용감하게 이야기한 사람은 단지 엘렌 뿐이었다.

⑩ 아버지는 빨리 하라는 재촉을 받는 동안 자신의 일을 훌륭하게 하려고 애쓰느라고 불만을 이야기하지 않았다. 불만을 토로하는 대신 그는 엘렌을 무시한 채 계속해서 작업했다.

⑪ 엘렌은 무시된 감정을 반복해서 표현했다.

⑫ 아버지는 긴장감을 느끼기 시작했다.

⑬ 자신의 실수는 그를 더욱 격분시켰다.

⑭ 아버지는 자신에 대한 분노를 엘렌에게 돌렸다.

⑮ 아버지의 비난에 상처를 받은 엘렌은 적대감을 나타냄으로써 보복했다.

⑯ 엘렌의 반응으로 상처를 받은 아버지는 습관적인 방법으로 그녀를 조롱했다.

⑰ 두 사람 모두 자신의 감정에 대해 소리 내어 알리지 않았다. 그대신 그들은 언어적으로 상대방을 공격하여 상처를 주었다.

⑱ 쥬디와 어머니는 수동적인 입장을 취했다. 그들은 자신들의 생각을 엘렌이 대표해서 아버지에게 표현했기 때문에 죄책감을 느끼는 지도 몰랐다.

⑲ 모든 일은 엉망이 되어 버렸고, 그들에게 지시했던 미술작업은 결코 완성되지 못했다.

치료사는 가족들에게 방금 이야기한 사실들에 대해 생각하라고 말했다.

그리고는 잠시 후에 가족들에게 그들의 상호작용에 대한 대안책을 탐구해 보도록 지시했다.

　쥬디가 맨 먼저 "우리는 아빠에게 생각하도록 하는 대신에 각자의 의견을 제안할 수 있었어요."라고 말했다. 쥬디의 말에 동의하면서 어머니는 "우리 중에 누군가는 오랜 시간이 걸리지 않고 종이를 자르는 일을 할 수 있어요. 우리는 모두 남편이 항상 완벽하게 하는 것을 좋아한다는 것을 알고 있었어요."라고 덧붙여 말했다.

　엘렌은 동생과 어머니의 이야기에는 관심이 없는 듯한 태도로, 여자들은 아버지 때문에 열등한 지위에 놓이게 되었다고 말하면서 곁눈으로 아버지를 힐긋 쳐다봤다. 왜냐하면 그가 자르는 일을 하고, 여자들은 길게 자른 종이를 엮기 위하여 기다려야 했기 때문이다.

　엘렌은 그런 일은 여성들이 항상 해야만 하는 대표적인 것으로, 처음부터 이 같은 별난 '놀이'를 수용할 수 없었다고 말했다. 치료사는 그녀의 생각을 자제시키기 위해 아버지로 하여금 그녀를 불쾌하게 여기도록 한 것은 엘렌 자신이라는 사실을 지적했다.

　치료사는 "간혹 청소년들은 부모를 화나게 하는 것이 스스로 독립하는 쉬운 방법이라 생각하고 부모들에게 화를 내게 되요. 이것은 개별화하려는 청소년의 발달과업이며, 더욱 더 자율적인 존재가 되고 싶어하는 바람의 표현이지요."라고 말함으로써 그들의 행동을 중단시켰다.

　치료사는 가족에게 협력해서 미술작업을 다시 시작하도록 지시할 것인지, 아니면 치료를 끝낼 것인지를 심사숙고했다. 결국 치료사는 가족으로 하여금 그들이 행했던 역할에 대해 자기반성을 하도록 하는 것이 최선이라고 생각했다. 그래서 치료사는 가족에게 콜라주 사진들에서 오늘 일어났던 일에 있어서 각자가 어떤 역할을 했었는지 찾아 내라고 지시했다.

　지시가 주어지자 모든 사람들은 각자의 역할에 대해 신중하게 생각하느라고 조용해졌다. 그들이 콜라주 사진들을 살펴 보고 있는 동안 온 방안은 우울한 분위기로 가득 차 있는 것 같았다. 치료사는 이 같은 분위

기를 엘렌의 가족이 일상적인 방어기제인 거부나 기피가 아닌 직면의 방
법으로 감정을 다루는 징조라고 확신했다.

작업이 완성되자 모두들 개인적인 사실을 폭로한 것에 깜짝 놀랐다.
예컨대, 어머니와 딸들은 아버지를 서류 다루는 일로 지나치게 과로하고
있는 한 희극배우로 표현했고, 아버지는 내면은 불타고 있는데 얼굴은
미소짓고 있는 한 남자를 자신이라고 표현했다. 그리고 그는 또 다른 그
림을 보여주었는데 이는 그의 두통을 상징하는 진통제 병이 묘사된 것이
었다. 그는 덧붙여 "지금 한 알을 사용했으면 좋겠어요."라고 말했다. 그
는 치료사를 쳐다보면서 진통제를 갖고 있는지 물었다. 치료사는 곧장
대답을 하기 전에 자신이 그의 고통을 제거해 주기를 기대하는지 물었
다. 아버지는 자신의 메시지가 무엇을 의미했는지를 깨닫고 "나는 치료
를 받아야 한다고 생각해요."라고 말했다. 그는 자신의 진술에도 불구하
고 진정제 병 위에 '의사선생님' 이라고 써 넣었다(그림 97).

집단작업을 하는 동안 자신의 역할이 무엇이었는지를 생각한 어머니
는 자기가 행한 역할에 대해 슬퍼했다. 그녀는 여러 가지 사진들을 선택
했다. 하나는 두 눈을 감고 있는 일본인형이었고, 다른 것은 '차를 몰고
있는 실험용 모조인간' 이었다. 엘렌의 어머니는 사진을 통해 자신의 '침

[그림 97] 느낌을 나눔

묵'을 극적으로 표현했으므로 어떤 말도 필요 없었다(그림 98).

쥬디는 자신의 차례가 되자 시선을 어디에 두어야 할지 몰랐다 그녀는 특히 언니를 쳐다보지 않으려고 했다. 그녀는 콜라주를 쳐다보는 것이 더욱 안정이 된다는 것을 깨닫고는 그림을 쳐다보면서 '슬프게 앉아서 일들이 되어 가는 대로 보고 있는 무기력한 아이'가 바로 자신이라고 고백했다. 그리고는 "그것은 나에게 죄책감을 느끼게 했다."라고 말하면서 자신의 역할이 가져온 결과를 반영해 주는 다른 사진을 보여 주었다. 그녀는 이전에 이와 같은 감정을 결코 가져본 적이 없었다고 말했다(그림 99). 과거에는 그녀를 불안하게 한 것이 아빠와 엘렌의 싸움이었다고 믿었지만 이제 그것은 싸움이 계속되도록 방관한 자신의 죄책감에서 기인했다는 것을 깨달았다.

마지막으로 엘렌은 생생한 서술이 적혀진 그녀의 콜라주를 보여 주었다. 하나는 반항적인 자세를 하고 있는 어린 소녀의 사진으로, 그녀는 "나는 항상 싸우려고 하는 그림 속의 소녀를 좋아해."라고 말하면서 그

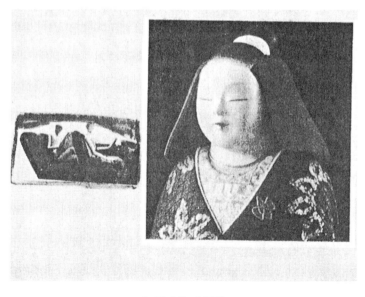

[그림 98] 수동성

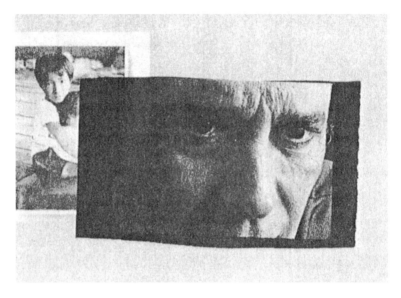

[그림 99] 무기력과 죄책감

소녀와의 동일시를 인정했다. 두 번째 사진은 경기장에 있는 두 명의 레슬링 선수를 나타낸 것이었다. 그것은 그녀와 아빠가 자주 언쟁하는 것을 상징하는 것이었다. 마지막 사진은 부상당한 군인들이 서로를 부축하면서 걷고 있는 것이었다. 그녀는 자신이 사진 속의 군인들과 비슷하다고 하면서 '아직도 둘 다 서로를 돕기에는 벅찰 만큼 심하게 상처를 입었기 때문에 치료를 받아야만 하는 군인들'이라고 썼다(그림 100).

모든 구성원들, 특히 아버지는 엘렌의 사진들을 보고 깊은 감동을 받았다. 그의 눈은 눈물로 가득 찼고, 그는 말을 할 수가 없었다. 그는 "나는 네 군인들 중 한 사람이 머리에 상처를 입었다는 것을 알아. 너는 우리 두 사람이 두통으로 고통받고 있다는 것을 알고 있어. 어쩌면 나는 너의 군인들에게 나의 진통제 한 알을 줄 수도 있어."라고 농담을 함으로써 분위기를 밝게 하려고 애썼다. 가족들은 그의 농담에 안도감을 느끼면서 웃었다.

치료사는 가족의 감정이 가라앉는 것을 막으려고 애쓰면서 "나는 고통

[그림 100] A) 저항, B) 싸울 곳을 찾음, C) 부상은 서로를 돕게 한다.

스러운 것에 직면하는 일은 어렵다고 생각해요."라고 말했다. 치료사는 더 이상 언급하지 않고 치료를 끝마쳤다. 치료실을 나가면서 어머니와 엘렌은 치료에 대한 감사의 표시로 치료사의 손을 따뜻하게 잡아 주었다. 아버지도 또한 감사한 마음을 전하고 싶은 듯 치료사의 어깨를 한번 잡았다가는 놓았다. 쥬디만이 치료사의 시선을 피한 채 방을 나갔다.

9) 제9회 치료세션-가족치료 : 아버지, 어머니, 엘렌, 쥬디

지난번 치료세션이 자기반성의 분위기에서 끝났기 때문에, 치료사는 가족들이 계속해서 통찰하고 싶어하는지, 혹은 잠시 동안 미루고 싶어하는지를 알아보기로 했다. 그래서 치료사는 엘렌의 가족에게 이번 치료세션에서 하고 싶은 것이 무엇인지를 나타내는 것을 묘사하도록 지시했다.

아버지는 과거에 사용했던 벽돌과 대조되는 점토를 사용했다(벽돌은 미술치료에 대한 그의 혐오를 나타낸 것이었다). 그는 초록색의 공들을 만들었는데 이는 붉은 벽돌과는 색상으로나 형태적으로 대조되는 것이었다. 둥근 형태와 초록색의 공들은 '앞으로 전진'하려는 그의 의지를 나타냈다. 이것은 큰딸과의 관계를 진전시키고 싶은 동기를 나타낸 것이었다. 엘렌의 추상적인 조각도 아버지와 비슷하게 그녀와 아빠의 상호작용을 개선하려는 메시지를 전달했다. 보다 나은 가정생활에 대한 소망이나 (어떤) 자기반성을 회피한 유일한 사람은 쥬디였다. 그녀의 미술작업은 일부분만 색칠이 된 단순한 낙서였다. 그것은 보통 9세 정도의 아이들이 학교에서 그리는 수준에 불과했다. 비록 치료사가 말하지는 않았지만, 그것은 쥬디가 가정에서 어린애 노릇을 하고 있다는 것을 확인시켜 주었다. 그녀는 '착한' 어린애가 되는 반면에 엘렌은 '나쁜' 아이로 낙인찍힘으로써 이득을 보았기 때문에 그녀는 가족항상성이 유지되기를 더욱 원했던 것이다.

작품들이 토론된 후에, 아버지는 치료사에게 "이제 우리는 무엇을 할까요?"라고 질문했지만, 치료사는 대답하는 대신에 가족에게 "당신들은 무엇을 해야만 한다고 생각합니까?"라고 되물었다. 아버지는 농담조로 치료사를 향해 "이봐요, 치료사 선생님. 우리는 당신에게 돈을 지불하고 있어요."라고 말하면서도 대답을 기대하지 않는다는 듯 가족들에게 시선을 돌렸다. 엘렌은 만일 그들이 3차원의 그림이 되도록 다양한 형태의 자료를 사용한다면 재미있을 것이라고 생각한다면서 '무엇인가 색다른 일'을 하고 싶다고 말했다. 아버지는 그녀의 의견이 좋다고 하면서 아내와 쥬디에게도 의견을 물었다. 갑자기 관심의 대상이 된 어머니는 "엘렌의 제안이 훌륭한 것 같아요."라고 말하고는 더 이상 언급하지 않았다. 쥬디도 잇달아 "나도 그것이 좋다고 생각해요."라고 말했다. 아버지가 미술작업의 주제에 대해 질문했을 때에도 쥬디와 어머니는 아무런 의견도 제시하지 않았으므로 아버지와 엘렌이 결정해야만 했다.

이번에는 두 사람 모두 긍정적인 상호작용을 하기로 결심했다. 확고한 결심을 한 아버지는 엘렌에게 주제를 정하라고 격려했다. 엘렌은 "주제가 중요한 것이 아니고, 우리가 어떻게 할 것인가 하는 방법이 중요해요."라고 대답했다. 아버지도 동의하는 것 같았다. 그런데 지금까지 아버지는 가족이 전력을 기울여 추진해 나가는 데는 계획이 중요하다고 생각해 왔다. 가족들은 10분 동안 여러 가지 가능성 있는 방법들을 논의했다.

엘렌이 "팀별 작업이 생각나지 않아요?"라고 말하면서 가족이 두 팀으로 나누어서 작업할 것을 제안하자 비로소 최종 결정이 이루어졌다. 이는 각 팀이 한 가지 작품을 만들어서 두 개의 작품을 통합시키는 것이었다. 비록 어머니와 쥬디가 엘렌의 제안에 동의했지만, 파트너를 선택하는 문제는 꺼려하는 것 같았다. 그래서 엘렌이 쥬디를 선택하자 부부가 한 팀이 되었다.

부모는 집 같은 구조물을 만들기 시작했다. 그들을 쳐다보던 엘렌은 쥬디에게 "우리는 종이로 가족들을 만들자."라고 말했다. 두 소녀가 작업에 몰두하는 동안 그들은 마치 어린아이들 같이 천진난만해 보였다. 딸들은 유년시절로 되돌아 가서 서로 농담하고 낄낄거리면서 작업을 했다.

부모는 딸들이 '오리고 있는 것'을 힐끗 쳐다보더니 기쁜 표정을 지었다. 그 같은 모습이 치료사에게는 전 가족이 행복하고, 역할이 분명하며, 권력싸움이 일어나지 않았던 과거의 행복한 시절로 되돌아 간 것처럼 보였다.

부모의 종이집은 아주 쉽고 빠르게 진행되었다. 아버지는 기초가 단단한 건물을 만들었고, 어머니는 아무런 불만 없이 세부적인 면과 가장자리 장식들을 첨가함으로써 보충적인 부분을 만들어 나갔다. 각자 자신의 역할을 정확하게 아는 것 같았다.

소녀들도 부모팀과 동일한 방법으로 작업했다. 엘렌은 기본적인 형태를 만들고, 쥬디는 세부적인 것과 장식적인 것을 첨가했다. 그들의 역할은 분명했다. 각자의 욕구에 적합한 지도자 역할과 추종자 역할이 정의된 것이다.

그들이 작업을 끝마치자 치료사는 그들에게 플라스틱 상자를 주었다. 어머니와 아버지는 상자 안에 집을 넣었고, 딸들은 오려 낸 사람그림을 넣었다. 아버지는 두 손을 펴고 있는 '아빠'의 모습을 보았을 때 기뻐했다. 그는 아빠를 정면에 놓도록 요청했다. 어머니는 아빠 옆에 어머니 그림을 놓기로 했다. 쥬디는 그들에게 '아기'가 앉을 그네를 만들어 줄 수 있는지를 물었고, 아버지는 그네를 오려서 집 옆에 놓은 뒤, '아기 쥬디의 그림'을 그네 안에 붙였다. 엘렌은 아빠와 어머니 사이에 엘렌을 대변하는 사람그림을 놓고 싶다고 말했다. 마지막으로 오빠 주니어를 대변하는 그림이 남았는데 가족들은 아기 옆에 그것을 놓기로 결정했다(그림 101).

가족은 미술작업이 즐거웠다고 말했다. 치료사는 그들이 과거에 대해 이야기하도록 유도했다. 가족들은 각기 행복했던 시절에 대한 생각에 빠져 들었다. 주니어가 대화 속의 주인공으로 등장하기 시작했다. 치료사가 그들에게 만일 주니어가 직접 자신의 위치를 결정한다면 어디에 두고 싶어할 것인가에 대해 질문을 하자, 그들은 모두 '한가운데'일 거라고 대답했다. 그래서 이번에는 아들/오빠와 떨어져 사는 것에 따른 감정을 언급하기로 결정을 한 치료사는 "어쩌면 당신들 중의 누군가는 온 가족

[그림 101] 팀들이 합세함

이 함께 있었던 지난날을 그리워하면서 슬퍼하고 있는지도 모르겠군요." 하고 말했다.

이 주제에 대한 엘렌가족의 저항은 농담을 통해서 처리되었다. 치료사는 그들의 저항을 존중하기로 했다. 가족들은 공동작업에서 성공했고, 좋은 감정을 가지게 되었으며, 그 같은 좋은 감정을 계속 유지하기 위한 기회를 갖는다는 것이 중요한 일로 여겨졌기 때문이었다.

❖ 덧붙이는 말

시기가 적절하지 않았기 때문에 치료사는 아버지와 엘렌의 기능하는 방법이 비슷했다는 것을 지적하지 않았다. 그들의 갈등은 권력 투쟁과 하나의 독립된 존재로 성장하려는 엘렌의 반항적인 태도 때문에 발생했다.

오빠는 가족을 조화시키는 역할을 수행했던 것으로 나타났다. 그의 존재가 빠지게 됨으로써 가족체계는 균형을 잃게 된 것이었다. 엘렌가족은 새로운 가족역할이 확립되지 못한 상태였기 때문에 새로운 가족역할의 확립을 필요로 했다.

치료사는 몇 달 후에는 엘렌이 떠난다는 것을 염두에 두었다. 이 같은 사실은 남게 되는 가족원에게 또 다른 가족구조의 위기를 초래할 것이었다.

10) 제10회 치료세션-가족치료 : 아버지, 어머니, 엘렌, 쥬디

가족은 그들이 텔레비전에 출연한 치료사를 보았다는 소식을 가지고 치료실로 들어왔다. 치료사는 하나의 치료형태인 미술치료의 적용에 관한 인터뷰를 했던 것이다. 그들은 '유명인사'에 의해 치료받고 있는 것이 자랑스럽다고 말했다. 치료사는 가족이 인터뷰한 것을 보지 않았기를 더 원했다. 왜냐하면 그것은 전이에 영향을 미칠 수 있기 때문이었다. 치료사는 그 같은 일이 그들의 치료에 어떤 영향을 미칠 것인지에 대해 질문했다.

아버지가 맨 먼저 평가자의 입장에서 그는 그것이 미술치료에 대한 '신뢰성과 책임'을 증가시켰다고 말했다. 그가 텔레비전을 통해 들은 것은 그들이 받고 있는 치료에 대해 더욱 더 신뢰하도록 했다고 단언했다.

한편, 엘렌의 어머니는 텔레비전을 보기 전에는 치료에 대해 '좋게' 느꼈지만, 텔레비전에서 설명되는 것을 들은 후에는 '특별한' 것으로 생각되었다고 말했다. 쥬디는 치료사가 텔레비전 프로그램에서 다루었던 사례에 대해 언급하면서, 사례로 등장했던 아이가 항상 완벽하려고 애썼지만 지나친 기대에 의해 방해를 받았기 때문에 '불완전한 그림'을 그리게 되었다는 이야기를 했다. 치료사가 왜 사례가 그녀의 관심을 끌게 되었는지를 묻자, 그녀는 자신을 그 아이와 동일시했음을 시인했다.

엘렌은 치료사에게 TV프로그램에 아주 흥분했었음을 침착하게 이야기했다. 그녀는 전문분야에서 유명한 사람에게 치료를 받고 있다는 것에 대한 기쁨을 털어놓았다.

치료사는 급진적인 전이를 일으키는 사례는 좋지 않다는 것을 알고 있었다. 과거에도 비슷한 상황에 의해 그 같은 경우가 촉진되었던 것이다. 가족은 단기치료를 받아야 하기 때문에 치료사는 가족의 전이에 따른 환상을 긍정적인 변화로 이끄는 데 이용하기로 결심했다. 그래서 치료사는 가족들에게 치료사가 가족을 위해 무엇을 할 수 있다고 생각하는지를 나타내는 그림을 선택하라고 지시했다.

지시에 따라 아버지는 붕대를 감고 있는 한 남자의 그림을 재치 있게 오렸다. 그는 치료사가 붕대 감는 일을 바르게 하도록 도울 수 있다고 말했다. 그는 또한 의사모습의 그림을 선택하더니, 그것은 치료사를 상징하는 것으로, 그의 두통과 궤양을 치료할 수 있을 거라고 단언했다(그림 102). 의사그림은 치료사에게 미술적인 전지전능을 기대하는 것으로 치료의 초기단계에 있는 환자들이 자주 선택하는 것이다.

다음 단계로 어머니는 여섯 개의 사진으로 콜라주를 만들었다. 하나는 탄광노동자의 그림으로 '일을 열심히 하는' 치료사의 능력을 나타낸 것

[그림 102] 아버지가 치료사가 그를 치료해 줄 것임을 믿음

이고, 다른 하나는 링컨과 워싱턴의 얼굴이 그려진 지폐였다. 그는 이 그림은 치료사가 가족문제를 세밀하게 조사할 수 있는 사람으로, 정직하고, 신뢰할 수 있다는 것을 나타낸다고 말했다. 그리고 마지막 그림은 수많은 형태의 전화였는데, 그것은 치료사가 '모든 종류의 의사소통방법을 제공' 할 수 있다는 것을 의미했다(그림 103).

쥬디의 그림은 '더 이상 엉키게 하지 않는' 샴푸광고를 관련 잡지에서 오린 것이었다. 그림은 엉켜진 머리카락이 아기샴푸로 씻겨지고 있는 불행한 어린 소녀의 모습이었다. 쥬디는 치료사가 '가족의 혼란을 모두 무마시킬 것' 이라는 기대를 충족시켰다고 확신했다(그림 104).

엘렌이 마지막으로 그림을 보여 주었다. 그녀는 여러 개의 문과 여러 사람을 첨부했다. 그녀는 그것을 '자신들의 내면적인 문을 열 수 없었던 그녀 가족들이 치료사의 사무실 앞에 도착한 것' 을 묘사한 것이라고 말

[그림 103] 치료사의 능력을 믿음

[그림 104] 치료사가 얽혀 있는 문제들을 풀어 줄 것

했다. 또 다른 그림은 여행가방 위에 한 남자가 있는 것이었다. 엘렌은
치료사가 "가족을 도우러 나왔고, 그들은 문제를 털어놓았다."고 자랑스
럽게 말했다(그림 105).

　문제에 대한 설명이 끝나자, 치료사는 모든 사람들이 기대하는 것들을
분명히 알게 되었다. 치료사는 단지 내담자들이 자신을 돕도록 그저 도
울 수 있을 것이라고 말하자, 그들은 치료사가 아주 겸손한 사람이라고
생각하는 것 같았다.

　가족역할을 강화하기 위해 치료사는 가족들에게 치료과정에 있는 그
들 각자의 역할을 나타내도록 지시했다.

　치료사의 지시에 따라 아버지는 철물상점에 있는 자신을 그렸다. 그는
미술치료가 그의 수선작업에 필요한 기본적인 공구들을 살 수 있는 가게
와 같았다고 말했다. 이제 그는 실제적인 일을 할 수 있는 '하드웨어'를
가졌다는 것을 깨닫게 되었다. 그의 아내와 딸들은 그의 작품이 실물과
너무도 비슷하다고 하면서 칭찬했다.

[그림 105] 치료사가 닫혀 있던 마음의 문들을 엶 : 문제를 풀어냄

어머니는 스펀지를 선택했다. 그녀는 그것이 모든 것을 빨아들여서 '사물을 말끔하게' 할 수 있는 기능적인 물건을 의미한다고 말했다. 어머니는 생활 속에서 자신의 역할을 수용하는 것으로 나타났다. 쥬디는 자신의 역할을 '가족을 위해 모든 일들이 보다 더 좋도록 만드는 사람'인 실내장식가로 인식했다.

엘렌은 한 마리의 꿀벌그림을 선택했다. 그녀는 "나는 자신을 위해 열심히 일하느라고 바빠요. 나는 미래를 위해 많은 꿀을 저장해야 해요."라고 말함으로써 자신의 희망을 나타냈다. 모든 그림들은 각자에게 통찰을 가져왔다. 치료사는 그들이 마술적인 기대들을 갖지 않도록 하기 위해 섬세하게 고찰하기로 했다. 가족들은 지시받은 작업을 신뢰했으며, 가족생활의 향상을 위한 구체적인 노력을 했다.

가족이 치료실을 떠나기 전에 엘렌은 치료실로 오는 도중 부모님께 자신의 개인치료에 관해 이야기했다고 보고했다. 부모님은 엘렌의 개인치료가 진행 중인 가족치료와 별도로 이루어지기를 원했다.

11) 제11회 치료세션-개인치료 : 엘렌

엘렌은 치료실로 들어오면서 비슷한 주제를 가진 일련의 꿈 때문에 괴로웠다고 했다. 치료사는 엘렌에게 꿈의 내용과 관련된 감정을 상징하거나, 혹은 사건의 일부를 표현하라고 지시했다. 그림들은 각각으로 표현되거나 혹은 일관성 있거나, 현실적, 혹은 추상적으로 그려질 수 있다고 덧붙였다.

엘렌은 자동차, 운전시험, 교통신호 등을 그리느라고 분주했다. 그리고 덧붙여서 아버지, 오빠, 자신과 판사를 상징하는 의사봉, 그리고 경찰관 모자를 그렸다(그림 106). 전체적인 꿈에 대해 이야기하라고 요구하자, 엘렌은 다음과 같이 말했다.

　　나는 가족을 남겨둔 채 혼자서 집을 나와 걸었다. 나는 혼자서 차를 타

[그림 106] 엘렌의 꿈

고 운전하기 시작했다. 내가 기뻐하는 동시에 놀라는 듯 했을 때, 그 꿈은 다른 장면으로 바뀌었다.

이제는 아빠가 운전을 하고 계셨고 온 가족이 차 안에 있었다. 오빠는 아빠와 나 사이에 앉아 있었다. 그는 무릎에 지도를 얹어 놓고 있었고, 우리를 올바른 방향으로 인도하는 것 같았다. 그런데 꿈은 다시 바뀌었다.

나는 혼자서 차를 운전하고 있었다. 나는 주차장 근처에 주차했고 다시 돌아왔을 때 교통위반 딱지를 받게 되어 매우 놀랐다. 나는 왜 교통위반 딱지를 받아야 하는지 이유를 이해할 수 없었다. 갑자기 나는 교통위반 즉결 재판소에 있었다. 판사는 나에게 검사를 받아야만 한다고 말했다. 그래서 나는 운전시험을 치고 있었다. 나는 가는 것은 푸른 신호등이며 멈추는 것은 붉은 신호등이라는 것을 알았지만 노란 신호등이 무엇을 의미하는지는 확실히 알 수 없었다. 나는 항상 미술에서 'A학점'을 얻었기 때문에 당황했다.

갑자기 모자를 쓴 경찰관이 내 옆에 앉아 있었다. 나는 그가 여자인지, 남자인지 확인할 수 없었다. 왜냐하면 갈색머리는 특별한 것 같았기 때문이다. 나는 그가 텔레비전에 나오는 경찰관들이 아닐까 하고 생각했다.

꿈속에서 나는 옆에 앉은 경찰관과 함께 교통과에 가서 교육을 받아야
한다는 것을 알았다. 나는 교통과 교육실에서 나와 차를 탔다. 나는 차가
우리가족의 차가 아니라는 것을 깨달았고 내가 실수했을지도 모른다고 생
각하면서 사방을 둘러보다가 나의 공책이 그곳에 있음을 발견했다.
그리고 나서 꿈에서 깨어났다.

치료사는 엘렌에게 꿈속에서 나타난 이미지들에 대해 자유연상을 해
보기를 권했다. 비록 엘렌이 이미지를 연상하는 동안 그 의미가 바뀌는
경향이 있었지만 그것을 다시 점검하는 등의 노력을 했다. 치료사의 도
움으로 엘렌은 다음과 같이 꿈의 이미지를 은유적으로 분석했다.

① 집에서 걸어 나온 것은 엘렌이 자율적인 존재가 되려는 시도를 나
　　타낸다.
② 아버지가 몰고 가는 차를 탄 것은 여전히 통제하는 아버지로 인해
　　생긴 그녀의 갈등을 의미한다.
③ 오빠는 지도를 사용해서 차를 안내했다. 그는 가족들의 생활이 올
　　바른 방향으로 가도록 돕는 중요한 입장에 있다.
④ 혼자서 운전하는 것은 독립하려는 시도다.
⑤ 교통위반 딱지는 그녀가 집을 떠나는 것에 따르는 불리한 입장으
　　로, 그녀가 당연히 치러야만 하는 대가를 의미한다.
⑥ 판사는 엘렌에게 '그녀가 마땅히 배워야 할 과업' 을 하게 하는 권
　　위적인 존재인 치료사를 의미한다(실제로 최근에 대학원 교수로서 졸
　　업에 따르는 행사를 주제했던 사진이 치료사의 책상에 있었다. 비록 엘렌
　　은 그것이 치료사라는 사실을 알지 못했다고 주장했지만 검은 모자와 가
　　운을 입은 치료사의 사진은 보았을 것이다).
⑦ '가다' 라는 초록색 신호등과 '멈추다' 라는 붉은 신호등은 성숙에
　　대한 양가감정을 나타낸다.
⑧ '노란색' 신호등은 '멈추기 위해 속도를 줄이거나 혹은 갈 준비를
　　하는 것' 을 나타내는 것으로 엘렌을 당황하게 만들었던 색깔이다.

그것은 개별화에 대한 그녀의 갈등을 나타낸다.

⑨ 미술에서 'A학점'이라는 것은 미술치료에서 뛰어나기를 원하고 있음을 의미한다.

⑩ 금발머리(치료사와 같음)의 경찰관(권위)은 텔레비전 인기 연속극의 주인공인 여자경찰과 치료사를 동일시한 것이다. 엘렌은 이것을 지난주에 텔레비전에 출연한 치료사와 연관지었다.

⑪ 엘렌 옆에 경찰관(치료사)이 있을 때 시험에 통과(성장)하기 위한 도움을 받고 있다고 느낀다.

⑫ 멈추는 신호등과 가는 신호등은 엘렌이 그녀의 생활에 있어 과시적인 행동을 멈추고, 스스로의 삶을 위하여 전진할 수 있음을 나타낸다.

⑬ 엘렌은 가족의 차가 아닌 차에 들어간다. 처음에 그녀는 차를 잘못 탄 것이라고 생각했다(낯설었기 때문에). 그러나 그녀는 자신의 공책을 발견했을 때 그녀 자신이 자신의 생활을 통제해야 한다는 것을 깨달았다.

12) 제12회 치료세션-가족치료 : 아버지, 어머니, 엘렌, 쥬디

치료사와 함께 치료적인 관계가 형성되어 감에 따라, 이 가족이 장남의 부재에 따른 각자의 느낌을 깨닫도록 해 주는 것이 무엇보다 중요했다.

처음에 치료사는 가족에게 특별한 어떤 것에 대하여 작업하고 싶은지 물었다. 그들이 아무런 제안도 하지 않았으므로 치료사는 그들에게 장남이 집을 떠난 것에 대한 각자의 감정을 묘사하라고 지시했다.

아버지는 두꺼운 종이에 디자인을 하더니 그것을 오렸다. 오려 낸 그림의 한쪽에는 가위로 깨끗하게 자른 날카로운 모서리가 있었는데, 그것은 그의 긍정적인 지적갈등을 나타내는 것이었다. 그리고 다른 쪽에는 갈기갈기 찢어진 모서리들이 있었는데, 그것은 너무도 소중한 사람에게서 받은 그의 상처를 나타낸 것이었다.

어머니는 자신이 남편과 똑같은 감정을 가졌다는 것을 남편에게 알리고 싶었기 때문에 남편 다음으로 작품을 보여 주고 이야기하고 싶어했다. 그녀는 울고 있는 사람의 그림을 보이면서 아들이 떠났기 때문에 너무도 적적해서 가끔 슬픔을 느꼈다고 말했다. 그녀는 아들의 웃음, 트럼펫, 레코드 틀기, 그리고 집으로 친구들을 데리고 오는 행위들이 집안을 아주 활기차게 만들었다고 설명했다. 어머니는 아들의 활동을 열거하는 동안 아들이 가정에서 얼마나 생기를 불어 넣었는지를 깨달았다. 다른 가족들도 오빠에 대해 생각하면서 낙담하는 것 같았다.

엘렌은 보상적인 그림들을 제시했다. 그녀는 점토를 사용해서 한밤중의 가벼운 식사, 테니스 게임, 레코드 듣기 등의 활동을 상징하는 것들을 만들었다. 그림에서 가장 큰 부분을 차지한 것은 심장이었다. 엘렌은 자신이 상실한 것은 오빠의 온화함이었다고 말했다.

쥬디 또한 오빠는 그녀에게 필요한 사람이었다고 말했다. 그녀는 오빠와 그녀가 '중요한 일에 관해 이야기하는 것'을 나타냄으로써 오빠의 필요성을 강조했다. 치료사는 그들이 오빠를 상실했으면서도 그가 떠난 것에 대한 감정을 표현하지 않았다는 사실을 지적했다. 그래서 치료사는 엘렌과 쥬디에게 오빠가 떠난 것에 대해 그들이 느끼는 감정을 상세하게 묘사하도록 지시했다.

엘렌은 이따금 공허감과 우울감을 느꼈지만, 우울해지지 않으려고 바쁘게 지내고 있음을 분명하게 나타내 주는 커다란 동그라미를 그렸다. 쥬디는 슬픔과 공허감을 나타내는 텅 빈 방을 그렸다.

전 가족은 다른 사람들의 구체적인 진술에 대한 반응과 마찬가지로 그들이 어떻게 느꼈는가에 대해 계속 이야기하도록 촉진되었다. 토론이 끝난 후 치료사는 가족에게 각자의 슬픔과 외로움을 어떻게 다루었는지를 그림을 통해 이야기하라고 지시했다.

아버지는 자신이 하고 싶어하는 것을 확실히 알고 있었다. 그는 재빨리 '타이레놀(감기, 두통에 사용하는 가벼운 진통제 : 역주)' 알약과 '미란타(스트레스로 위산이 과다하게 분비될 때 복용하는 흰색의 액상 약물 : 역주)' 병을 그렸다. 그는 자신의 병이 상실감과 억압된 감정에서 생겼다는 것을 깨닫게 되었다고 가족에게 말했다. 엘렌은 아버지의 말에 동의하면서 덧붙여서 "아빠는 오빠가 떠났을 때 나를 비난했어요. 아빠는 오빠의 방을 나올 때 거의 항상 나에게 숙제를 하지 않은 것이나 청소하지 않은 것에 대해 꾸중을 했어요."라고 말했다. 아버지는 엘렌의 지적에 깜짝 놀랐으며 앞으로 고려하겠다는 태도를 나타냈다.

어머니는 어떤 작품도 만들지 못했다. 그 대신에 그녀는 '세일(sale)'이라는 낱말을 적었다. 그녀는 '세일을 할 때 시장보기'를 함으로써 상실감을 나타내지 않으려고 노력했다는 것을 고백했다. 쥬디는 오는 가을학기에는 학교에서 보다 일찍 돌아오겠다고 이야기함으로써 어머니의 이야기를 중단시켰다. 치료사는 쥬디의 이러한 행동이 어머니의 외로움을 전환시키는 방법이라는 것을 알게 되었다. 치료사는 어머니가 자신의 감정을 다루어야 하며 최선을 다해서 대처해 나가는 것을 배워야 한다는 것을 상기시켰다. 치료사의 이 같은 진술은 쥬디가 어머니의 감정에 대한 책임감에서 벗어나도록 해 주려는 것이었다. 엘렌 또한 자신의 감정으로부터 벗어나고 싶다고 이야기했는데, 그녀는 어머니와 다른 방법을 사용했다. 그녀는 데이트, 과속운전, 음주와 같은 방법을 통해 집으로부터 벗어나고자 했다.

엘렌은 이전에는 '권태' 혹은 '불만'이라는 것에 대해 자주 생각했다는 사실을 깨달았다. 그녀는 외로움을 무시하는 방법으로 예전에 했던 행동에 대한 진정한 이유를 생각하지 않았다. 그런데 가족들이 자신들의 감정에 직면해서 표현하게 됨으로써 그녀 자신을 인식하는 데 도움을 받게 되었다고 말했다.

쥬디는 불안에 대처하는 방법으로 음악을 이용한다는 것을 나타내는 녹음테이프를 그렸다. 가족들은 각자의 방어기제나 대처기제에 대해 계속 이야기했다. 가족들은 '공통적인 쓰라린 경험'을 알고는 깜짝 놀라면서 서로에게 친절하게 대했고 지지적인 관계가 되었다. 이번 치료세션은 가족들이 자기반성을 통해 새로운 이해를 하게 된 계기가 되었다.

13) 제13회 치료세션-가족치료 : 아버지, 어머니, 엘렌, 쥬디

가족은 2주 동안 지난번 치료세션에 대해 여러 차례 이야기했다고 말했다. 이별, 유기, 상실에 대한 감정을 계속적으로 탐색하기 위해 치료사는 엘렌의 가족에게 지난번 치료세션에서 가장 기억나는 것을 그리도록 지시했다.

어머니는 엘렌의 '개방'을 상징하는 것으로 펼쳐진 책을 그렸다. 과거에 어머니는 큰딸의 과시적인 행동에 대한 의혹을 가지고 있었기 때문에 딸을 믿을 수가 없었다. 그리고 간혹 딸을 믿지 못하는 것에 대해 죄책감을 느꼈다. "그러나 이제 나는 어느 정도 안심이 되요. 이제 엘렌이 그것을 인정했기 때문에 우리는 그 상황에 직면할 수 있어요."라고 말했다.

쥬디는 안경을 그렸다. 그녀는 아버지가 자신의 분노를 다른 사람에게 치환시킨 것에 대한 엘렌의 통찰에 깊은 감명을 받았다. 아버지의 행동은 여태까지 결코 이해되지 않게 습관적으로 하는 것들이었다. 과거에 쥬디는 항상 아버지의 행동이 노화과정의 일부였다고 믿음으로써 아버지를 변명했다.

백열전구의 그림은 엘렌이 자신의 행동을 통찰하게 되었음을 나타냈다. 그녀는 특히 이 새로운 의식을 발전시킨 것에 대해 기뻐했다. 빛나는 전구의 그림은 '모든 이의 마음속을 너무도 잘 알게 된 것'을 발견한 아버지의 놀람을 상징했다. 그는 과거에는 직접적으로 자신의 감정에 직면하지 않았다고 솔직하게 인정했다. 아버지가 집에서 가족들의 치료세션에 대해 이야기할 때, 아내와 딸들은 그가 이유 없이 그들을 비난했던 때를 여러 번 상기시켜 주었다고 말했다.

어머니는 '세일 때 시장 보는' 것이 남편을 괴롭힌 큰 원인이 아니라는 것을 알았지만, 남편이 그 일에 대해 아내를 힐난했던 것을 예로 들었다. 그녀는 남편이 사소한 일들에 대한 불평을 통해 그녀와 유일하게 접촉하고 있다는 것을 알았다. 쥬디는 또한 아버지가 그녀 방문이 잠겨진 것과 비극적인 노래를 듣고 있는 것에 대해 이유 없이 "화를 내었어요."라고 말했다.

치료사는 가족에게 이런 예가 그들이 상실감을 회피하기 위해 사용한 방어기제였다고 말했다. 비록 이처럼 서로를 힘들게 했던 행동들은 불안감을 없애려는 시도였지만, 어느 누가 장남의 떠남에 대한 불안감을 직접 이야기한 경험이 있었느냐고 물었다.

가족들이 대처하기에 질문이 너무 무거웠는지 모두가 함께 "물론 안 했지요."라고 말했다. 모두가 장남이 좋은 학교에 장학생으로 가게 된 것을 기회로 알고 있었다고 변명을 늘어 놓았다. 비록 치료사가 "분노의 감정은 흔히 상실과 함께 합니다."라고 말했지만 그들은 집을 떠난 장남을 나무라고 있지는 않았다. 치료사는 가족들이 가지고 있는 정서적인 경직에 대해 의혹을 가지기 시작했다. "어떤 개인에게 직접적으로 도발하지 않으면서 한 개인에게 화를 내는 것은 나쁜 것인가요?"라는 이 질문은 가족으로 하여금 각자 나름대로의 정서적 저변을 탐구해 보는 과제를 제시했다.

엘렌은 이러한 이야기가 오고가는 과정에 줄곧 낙서를 하고 있었다. 치료사가 종이에 그려진 이미지들에 대해 물어보았을 때 그녀는 아무 의미가 없는 보통의 낙서라고 했다. 치료사가 다시 묻자 엘렌은 그리던 종이에 'X'를 그린 뒤, "X는 내가 나의 감정을 탐구해 보고 싶지 않다는 것을 의미한다는 것쯤은 아실 텐데요?"라고 말했다. 잠시 후 엘렌은 "짐작컨대 당신은 우리가족을 변하게 한 오빠를 내가 나무라야 한다고 생각하고 있어요. 오빠가 있었던 과거에는 가족이 화목했는데 이제 문제가 있다는 것이 오빠의 잘못은 아니잖아요. 내가 왜 그에게 화를 내야 하나요? 그는 정말 멋진 오빠인데요."라고 덧붙여 말했다.

어머니는 치료사에 대한 엘렌의 적대적인 언행에 치료사가 상처받지 않을까 걱정하면서 치료사에게 엘렌과 오빠는 매우 친한 사이였다고 말하여 상황을 중재하려고 했다.

치료사는 어머니에게 항상 대면하는 상황에서 중재하는 역할을 해 왔느냐고 물었고, 그녀는 즉각적으로 말싸움은 그녀를 불편하게 하고 언제나 그런 상황에서 그녀의 '역할'은 달래는 것이었다고 고백했다.

치료세션이 끝나감에 따라 치료사는 가족원 모두에게 미술치료를 받으면서 경험하는 내용을 다루는 저널의 기록을 제안했다. 원하면 이미지 상으로 일상에서의 일이나 인간관계적인 사건들을 기록할 수도 있고, 가족치료에서 했던 방식대로 각자의 느낀 점에서 의미 있다고 생각하는 것을 적을 수도 있었다.

특히 엘렌의 경우에는 치료저널을 기록하는 작업이 중간대상적이고 승화적인 도구가 될 것으로 기대했다.

14) 제14회 치료세션-가족치료 : 아버지, 어머니, 엘렌, 쥬디

치료사가 미술작업을 시작하려고 하자 가족들은 모두 반대했다. 엘렌과 쥬디는 이야기만 하고 싶다고 분명하게 말했다. 치료사는 그들과 다투기보다는 저항을 받아들이기로 했다.

가족은 대부분의 시간을 보고하는 것으로 보냈다. 그들이 하는 이야기의 숨은 의미는 불분명했다. 가족들이 스스로 이야기를 한다는 것은 치료에 대해 보다 큰 책임을 진다는 것이기도 했다. 만약 그것이 아니라면 그들은 종결을 향해 가고 있으며 더욱 더 자율적이 되려고 시도하는 것이거나 혹은 치료사에게 의존하는 것이 불쾌하기 때문에 치료사로부터 벗어나려고 하는 것인지도 몰랐다.

치료실을 떠나는 순간 아버지와 딸들은 그들 모두가 미술치료 저널을 쓰고 있다고 말했다. 그들은 다음 번 치료세션 때 그것을 가져 와야만 하는지, 아니면 다른 절차가 있는지를 질문했으나 치료사는 지시하는 대신 그들이 결정하라고 말했다. 치료사의 대답에 불만을 느낀 듯 가족들은 시무룩해져서 떠났다.

15) 제15~16회 치료세션-가족치료 : 아버지, 어머니, 엘렌, 쥬디

이 두 번의 치료세션에서는 가족들이 계속해서 미술작업을 하기보다 그들에게 있었던 일들을 보고하는 형식으로 방어기제를 사용했다. 그들은 엘렌의 긍정적인 태도변화와 관계개선에 대해 이야기했다. 그러면서도 그들은 무엇인가 비밀스러운 문제를 회피하고 있는 듯 했다. 치료사는 엘렌이 지나치게 빨리 부모로부터 독립하고자 했는지가 궁금했다. 아마도 가족은 모두 함께 슬퍼하는 과정을 겪느라 너무 많이 힘이 들었기 때문에 치료사가 그들의 감정들을 다루지 못하도록 했는지도 모른다. 그것도 아니라면 그들은 어느 정도 수준에 도달하여 잠시 쉬는 상태에 있을 수도 있다.

과거에 대한 미술작업에서 보여준 아버지의 역동성은 타인을 배려하는 것이었다. 그는 자신의 권위가 침해받는 것을 별로 두려워하지 않을 정도로 권위적이던 그의 태도를 완화시켰다. 비록 가족들은 미술과업을 하는 동안 서로 협동하는 방법을 이해하기는 했지만 그와 같은 상호작용 방식을 실제의 가정생활에 적용시키는 데는 많은 노력이 요구되었을 것이다.

치료사는 엘렌의 가족이 쟁점들을 계속하여 보고하도록 허용하지 않고 그림작업을 통해 불만스러웠던 가정의 상황을 묘사하도록 지시했다. 이 작업은 가족이 부정적으로 서로 얽혀 있는 내용으로 한정되었다.

여기서 내용을 소개하지 않은 것은 독자들이 치료과정에 대하여 가질 수 있는 편견의 소지가 있기 때문에 의도적으로 배제하였다는 것을 밝힌다. 이 작업에서 그들의 태도가 이상했기 때문에 치료사는 그 동안의 행동들을 조사하기로 했으나, 신중하게 생각해 본 결과 새로운 자료가 지금 드러나는 것은 생산적이 아니라는 것이 명백해졌다. 이러한 시기에 가족 구성원들은 이제까지 자신들이 경험했던 것을 점검하는 시간을 가져야 하고 이 같은 점검과정은 가족 구성원들의 역할들이 전환될 때 필수적인 요소라고 보았다.

설리반 가족의 사례를 평가하면서 치료사는 그들이 비교적 단기간 안에 많은 것을 수행했다는 것을 깨달았다. 환자의 행동은 개선되었으며 아버지는 자신을 변화시키고 있고 가족체계는 재구성되는 과정에 있었다. 계속 촉진시키려고 하는 치료사의 욕구는 이기적이고 비현실적인 것이었다. 그러므로 가족들이 스스로 적절한 속도로 진행하도록 지켜보는 것이 무엇보다 필수적인 일이었다.

16) 제17회 치료세션-가족치료 : 아버지, 어머니, 엘렌, 쥬디

딸들은 치료사에게 그들이 오빠를 방문할 계획이기 때문에 다음 번에는 결석할 것이라고 이야기했다. 엘렌은 또한 미국 동부지방에 있는 여러 개의 대학교를 방문하려고 한다고 말했다. 이 같은 사정 때문에 부모는 자신들을 위한 부부상담을 받을 수 있는지를 치료사에게 물었다. 두 딸에게 부모들의 생각에 대해 어떻게 생각하는지를 물었더니 그들은 부모가 치료사와 함께 할 기회를 갖는 것에 적극 찬성했다.

현재 치료를 받고 있는 이유를 재확인하기 위해서 치료사는 가족들에게 치료목표에 대해 묘사하도록 지시했다.

아버지는 꼼꼼하게 작업하고 나서 자신의 작품에 대해 아주 만족하는 것 같았다. 그는 종이로 건물을 만들었다. 그것은 자신을 나타내는 것이라고 말했다. 그는 자기 속에 몰두하는 일을 하고 싶어했고 누구에게도 기대지 않고 홀로 설 수 있는 그 구조물과 같게 되기를 원했다. 그는 자신의 감정과 행동에 대해 책임지려고 노력하고 있다고 말했다. 아버지는 자신의 목표가 성취되었다고 믿고 있었다. 왜냐하면 그는 욕구불만인 상태에 있거나 화가 날 때 다른 사람들을 비난하지 않기 때문이다. 가족은 아버지의 꼼꼼한 성격에 불만을 가지고 있는데도 불구하고 그는 자신의 꼼꼼함이 완벽주의를 나타내는 것은 아니라고 주장했다. 그는 꼼꼼하게 하는 것이 그에게 만족감을 주었기 때문에 매사를 깔끔하게 하는 것을 좋아한다고 설명했다.

치료사는 아버지에게 가족과 자신 사이에 경계선을 그렸던 과거에 대한 콜라주 작품을 보여 주면서 그가 엘렌과 관계를 갖고 싶어 하는 욕구를 나타냈던 것을 상기시켰다. 이제 치료사는 그가 스스로 변화하는 쪽으로 옮겨간 것이라고 지적했다.

어머니의 치료목표는 새로운 개입에 관한 것이었다. 어머니는 자신의 생활이 항상 가족의 주위를 맴도는 것이었음을 깨달았다. 그녀는 다양하게 활동하고 골프를 배우는 자신의 모습을 묘사했다. 그녀의 마지막 작품은 남편과 함께 지내는 것이었다. 그녀는 머지않아 '가정의 보금자리가 텅 비게 되리라는 것'을 깨달았다.

쥬디가 자신의 치료목표를 나타내는 것으로 망치를 만든 것을 보고 모두 깜짝 놀랐다. 그것은 혼자 힘으로 일어서고 싶은 욕구를 나타낸 것이었다. 놀란 가족은 쥬디에게 그 동기에 대해 질문했다. 모두가 이구동성으로 쥬디가 가족들 중에 가장 느긋한 사람이었다고 말했다. 그들은 쥬디의 그 같은 감정에 놀라움을 나타냈다. 치료사는 망치가 공격과 분노의 상징이라고 생각했다. 치료사는 그녀에게 망치가 생각과 감정을 억제하게끔 하는 가정에 대한 분노를 의미하는 것인지를 물었다. 질문에 대답하는 대신 쥬디는 계속해서 홀로 서고 싶다는 자기주장을 했다. 치료사가 쥬디의 현재를 나타내는 콜라주를 보고 그림 속에서 전화로 '도움을 구하는' 사람이 실제로는 그녀의 개인적 욕구를 나타낸 것이 아니냐고 질문하자 그녀는 부인하면서 '도움을 구하는' 사람은 아버지와 언니를 의미한다고 대답했다. 그럼에도 불구하고 쥬디는 가족치료를 통해서 그녀가 중재자 역할을 좋아하지 않는다는 사실을 깨닫게 되었다.

엘렌은 자신의 치료목표를 상징하는 것으로 위를 향한 화살을 그렸다. 그것은 현재 향상되고 있는 그녀 자신을 의미했다. 엘렌은 일관성 있게 새로운 생활을 추구하고 있었다. 치료사는 가족에게, 만약 다른 구성원들이 치료목표를 달성한다면 당신에게 어떤 모습이 되도록 영향을 줄 것인지를 묘사하라고 지시했다.

어머니는 기뻐하는 얼굴을 그렸다. 그녀는 다른 가족들이 자신의 목표를 성취하는 것보다 더 행복한 일은 없다고 단언했다.

아버지는 점토로 연결고리를 만들었다. 만일 엘렌이 '좋아진다면,' 그는 이제까지의 산만한 양상의 일상을 중지하고 자신에게 더욱 전념할 수 있을 것이라고 했다. 그러나 그는 쥬디의 주장에는 의구심을 가졌다. 만일 쥬디가 요구적이고 자기중심적인 사람이 된다면 그가 어떻게 느낄지는 확실하지 않다고 말했다. 또한 그는 아내의 변화는 자신에게 영향을 미치지 않을 것이라고 믿었기 때문에 아내에 대해서는 언급할 것이 아무것도 없다는 표시로 동그라미를 그렸다.

쥬디가 오려 낸 심장은 가족의 변화에 대한 기쁨의 표현인 반면, 점토로 만든 미소짓는 얼굴은 가족의 변화에 대한 엘렌의 기쁨을 나타낸 것이었다.

가족은 실제적으로 변화하는 것보다 변화에 대한 이야기를 하는 것이 더욱 용이하다는 것에 대해 활기차게 토론을 했다. 치료세션의 분위기는 긍정적이어서 어느 정도 변화해야겠다는 생각이 가족들에게 나타나는 것 같았다.

마지막으로 치료사는 가족에게 함께 종이로 작품을 만들도록 지시했다. 아버지는 각자 나름대로 만드는 것이 최선이 될 거라는 자신의 생각을 이야기했다. 그래서 모두가 하나의 작품을 완성하기 위해 미술과업에 참여하게 되었다. 어머니가 개인적으로 작업하는 것에 이의를 제기했지만 남편은 만일 모든 사람이 자율적으로 행동할 수 있다면 자신의 시간을 가질 수 있을 것이라고 설명함으로써 아내의 이의를 받아들이지 않았다. 어느 누구도 아버지의 말을 부인할 수 없었다. 아버지는 자신의 제안이 모든 사람들에게 유익할 것임을 확신했다. 여자들은 아버지의 생각을 이해할 수 있었으므로 그의 제안에 동의했다.

엘렌이 제일 먼저 탁자 가운데에 자신의 추상적인 그림을 놓았다. 쥬디는 언니의 작품 옆에 종이상자를 놓았다. 아버지의 차례가 되자, 그는 독단적으로 결정하지 않았다는 것을 분명하게 하려고 어머니에게 손으로 신호를 했다. 어머니는 쥬디의 상자 옆에 자신이 만든 종이로 된 나무를 놓았다. 마지막임을 확인한 아버지는 의도적으로 여자들에게 공간을 사용할 수 있는 '자율권'을 주었다고 말하면서 탁자 모서리에 로봇을 놓았다.

치료사는 가족에게 "만일 여러분이 자신의 그림을 이동시키고 싶다면 그렇게 해도 좋지만 위치를 바꾸었다면 그 이유를 설명해야 합니다."라고 말했다.

재빨리 쥬디가 앞으로 나오더니 자신의 상자를 엘렌과 같이 중앙으로 옮기고 싶다고 말했다. 그러나 언니가 그녀의 추상적인 그림을 옮기지 않는다면, 그녀는 그렇게 할 수 없었다. 엘렌은 미소를 짓더니 기꺼이 여동생을 위해 자리를 마련해 주었다. 쥬디의 표현이 의미하는 감정을 이해하기란 어려운 것이었다.

어머니는 자신의 위치에 대해 만족스럽다고 말한 반면에 아버지는 아주 자연스러운 태도로, 자신은 의도적으로 새로운 역할을 상징하기 위해 한켠에 놓았기 때문에 옮기고 싶지 않다고 말했다(그림 107). 가족은 시간이 끝날 때까지 작업에 대해 토론했다.

[그림 107] 가족 프로젝트

17) 제18회 치료세션-부부치료 : 설리반 부부

부모들은 치료실로 들어오자 이번 치료세션에서는 미술작업을 생략하고 싶다고 이야기했다. 치료사는 동의를 하면서 그들에게 마음속에 간직한 것이 무엇인지 물었다. 그들은 대학에 다니게 될 두 아이의 부양으로 인한 경제적 어려움에 대해 이야기하고 싶어했다.

비록 가족은 엘렌의 돈 문제에 대한 한정된 대답만을 했지만, 치료사는 그들의 문제가 엘렌이 집을 떠나게 되는 것에 대한 불안감을 경제적인 문제를 통해 나타내고 있는 것이라고 파악하여 미술치료를 생략하기로 동의한 것을 후회했다. 미술치료는 부부의 이성적인 방어를 무너뜨릴 수 있었기 때문이다. 그들의 대화는 이별에 따른 불안을 가중시켰으므로 이별을 다룰 마음의 여유가 없었다.

그들은 치료사를 독점하는 기회를 가지게 되었던 것에 대해 만족해 하면서 치료실을 떠났다. 아마도 엘렌이 집을 떠나게 되었을 때 치료사의 도움을 원하는 것일지도 모른다는 생각을 했다.

18) 제19회 치료세션-가족치료 : 아버지, 어머니, 엘렌, 쥬디

딸들에게 여행에 관해 묻자 그들은 오빠와 대학의 분위기에 대해 흥분을 감추지 못한 채 많은 이야기를 했다. 엘렌은 앞으로의 학교생활에 대해 열정적이고 유쾌한 어조로 이야기했다. 그럼에도 불구하고 부모들은 양가감정을 느끼고 있음이 명백해 보였다. 부모로 하여금 자신들의 갈등을 탐색하도록 도와 주기 위해 치료사는 가족들에게 엘렌이 집을 떠나 대학에 가는 것에 대한 장점과 단점을 그려 보게 했다.

쥬디가 맨 먼저 더 큰 침실을 차지하고 있는 자신을 그림으로써 엘렌이 집을 떠나는 것에 대한 장점을 표현했다. 그 침실은 현재 엘렌의 것이었다. 그리고 단점은 슬프고 외로운 감정을 나타내는 그림으로 표현되었다.

엘렌은 학교에서 행복하게 지내는 자신을 긍정적으로 묘사한 반면에 '부정적인 점'은 공포와 죄책감이라고 했다. 그녀는 "내가 소유했던 것을 없앤다는 것은 두려운 일이에요. 어떤 면에서는 내가 가족을 버리는 것 같이 느껴져요."라는 말과 함께 빈 옷장이 그것을 보여 주는 것 같다고 했다.

어머니는 엘렌이 대학에서 잘해 나가리라고 확신한다고 말하면서 미소짓고 있는 엘렌을 그렸으며 다른 한편으로는 눈물을 흘리고 있는 슬픈 얼굴을 통해 자신의 외로운 감정을 나타냈다.

아버지는 엘렌과 자신이 서로 싸우고 있는 그림을 그렸다. 엘렌이 떠나는 것에 대한 장점은 그녀와 그가 더 이상 다투지 않게 되는 것이었다. 그리고 단점은 동전의 다른 면과 마찬가지로 '선의의 다툼'을 더 이상 하지 않게 되는 것이라고 했다. 아버지는 최근에 있었던 엘렌과의 다툼은 보복하는 것이 아닌 '정상적'인 것이었다고 덧붙여 말했다.

미술작업은 그들의 감정을 보다 자세하게 들여다보도록 촉매역할을 했던 것이다. 모든 사람들이 혼란스러운 감정을 가지고 있었다는 것이 분명해졌다. 가족들은 자신들의 마음 깊숙이 숨겨진 것을 털어놓음으로써 안도감을 느꼈으며, 이들 감정들을 더욱 쉽게 수용할 수 있게 되었다는 것을 깨달았다.

엘렌은 "이제 우리는 내가 떠나는 것에 대해 이야기할 수 있게 된 거예요. 오빠가 대학으로 떠났을 때 우리는 어떻게 해야 할지를 몰랐어요."라고 말했다. 그 말은 쥬디로 하여금 엘렌이 떠났을 때 자신은 몹시 힘들 거라는 말을 하도록 만들었다. 쥬디는 자기만 집에 남겨지게 될 때의 어려움을 깊이 생각하더니 언니와 오빠가 떠난 뒤에 혼자 남겨지는 것이 진정으로 싫다고 말했다.

설리반 부부는 막내딸이 그와 같은 감정을 가졌으리라고는 짐작도 못했다고 말했다. 또한 그들은 쥬디가 한번도 그 같은 감정에 대해 내색을 하지 않았다고 말했다. 염려한 대로 부모의 이야기는 쥬디에게 자신을 표현하도록 격려한 것이 아니라 그녀에 대한 관심부족만을 보여주었을

뿐이었다. 그래서 치료사는 가족에게 각자 현재 가족을 상징하는 것을
그리도록 지시했다.

쥬디는 점토를 가지고 작은 이동식 문을 만들었다. 그녀는 만일 그녀
가 털어놓더라도 가족이 근심하거나 당황하지 않는 것이 좋겠다고 말했
다. 그녀는 자신의 내면에서 매우 빈번하게 진행되고 있는 것들을 나타
내고 싶어했다(그림 108).

치료세션과정을 평가한 엘렌은 입을 그렸다. 그녀는 모든 사람들이 참
가를 좋아했으며, 그들은 계속 이야기하기를 원한다고 주장했다(그림
109).

아버지는 자유의 종을 그렸는데, 이는 그가 모두에게 '자유롭게 자신
의 마음을 이야기하기' 를 원하고 있음을 나타냈다(그림 110).

그러나 다른 사람들과는 대조적으로 어머니는 정서적인 욕구를 언급했
다. 그녀는 점토로 담요를 만들어 장난감 침대 위에 놓았다. 그것은 가족
으로부터 따뜻한 사랑을 받고 싶은 그녀의 욕구를 나타냈다(그림 111).

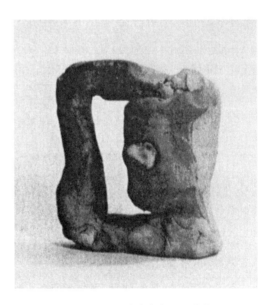

[그림 108] 개방하기를 소망함

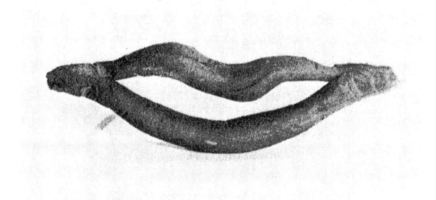

[그림 109] 계속해서 말함

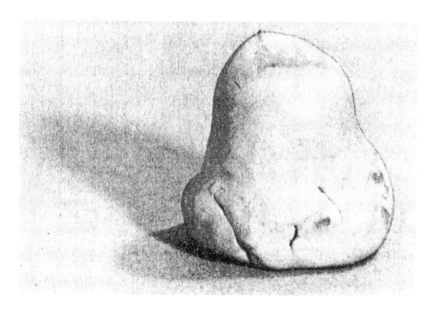

[그림 110] 자유롭게 말함

[그림 111] 따뜻함을 받아들임

또다시 그림이 가족들로 하여금 진지한 대화를 하도록 이끌었다. 그들의 의미있는 대화는 사려 깊은 상호작용을 하는 촉진제 역할을 했다.

19) 제20회 치료세션-가족치료 : 아버지, 어머니, 엘렌, 쥬디

가족은 시무룩한 표정으로 들어왔다. 그들이 자리에 앉기도 전에 아버지는 쥬디가 개인운전교습을 받고 싶어했기 때문에 혼란스러운 상태라는 것을 설명했다. 아버지는 만일 그녀가 가을까지 기다려서 운전학원에 등록한다면 수백 달러를 저축할 수 있다고 말했다. 그러나 쥬디는 언니는 15세 반 때 운전했는데 왜 자신은 더 오랫동안 기다려야 하는지 모르겠다고 말했다.

논쟁이 해결되지 않을 것 같았으므로 치료사는 쥬디에게 운전이 의미하는 것을 콜라주로 만들라고 지시하고, 다른 사람들에게는 운전에 대한 대안들에 관해 콜라주를 만들도록 지시했다. 쥬디는 자동차에 새 한 마리가 겹쳐진 사진을 선택했다. 그녀는 콜라주가 보다 자유로워지고 싶은 그녀의 욕구를 나타낸 것이며, 만일 자동차를 가지게 된다면, 그녀는 더욱 자유롭게 돌아다닐 수 있고 폭넓은 사회활동을 할 수 있다고 말했다.

어머니는 식품광고 잡지를 오렸는데, 그것은 쥬디의 운전공부를 위해 그녀의 예산에서 돈을 저축하고 싶다는 것을 의미한다고 설명했다. 가족들은 아버지의 백지그림에 실망했다. 그는 어떤 대안도 찾을 수 없었다고 말했다.

마지막으로 엘렌이 자신의 콜라주를 보여 주었다. 그것은 차 옆에 한 청소년이 서 있는 그림이었다. 아주 아래쪽에 그녀는 "내가 쥬디에게 운전법을 가르칠 거예요."라고 썼다.

쥬디는 언니의 제안에 기뻐했다. 엘렌이 쥬디를 가르치는 것에 대한 이점을 이야기하자 가족들은 타협을 하게 되었다. 치료사는 이처럼 단순한 해결책이 왜 가정에서 스스로 나올 수 없을까 의아해 했다. 가족들은 자신들이 해결할 수 있음에도 불구하고 가끔 치료사에게 의존하는데, 그것은 마치 그들이 종결을 다루기 시작한 듯 보였다.

20) 제21~25회 치료세션-가족치료 : 아버지, 어머니, 엘렌, 쥬디

여러 차례의 치료세션을 하는 동안 가족은 다양한 미술작업에 협조했으며, 대부분 스스로가 선택했다. 대체로 그들은 만족스럽게 생각하는 것을 증명하는 듯 했다.

엘렌은 자신이 선택한 대학에 가려는 동기를 갖게 되면서 학업성적이 향상되었다. 그녀의 육체적 불만이나 정신적인 불안은 생리 전을 제외하고는 줄어들었다고 했다. 아버지는 두통과 가슴의 통증이 적어졌다고 보고했다. 그는 자신의 생활로부터 보다 많은 즐거움을 얻기로 결심한 것 같았다.

쥬디는 여전히 말이 적었지만 과거보다 자기주장을 훨씬 더 많이 했다. 반면 어머니는 본질적으로 똑같은 상태였다. 가족 구성원 간의 상호작용은 크게 향상되었다. 아버지와 엘렌은 여전히 조롱했지만 비난적인 의미로 논쟁하지는 않았다.

치료의 최종단계에 접어들자 가족은 약속시간보다 늦게 왔다. 그들의 변명은 아주 정직한 것이었으므로 치료사는 그들이 무의식적으로 치료를 끝낼 준비를 하고 있다고 생각했다. 단기간의 목표가 모두 성취되었기 때문에 치료를 끝내는 것이 적절했다. 앞으로 쥬디나 부모가 치료를 원한다면 치료사는 그들의 제의를 수용할 계획을 세웠다.

몇 번의 치료세션들 가운데 한번은 쥬디가 매우 유쾌한 기분으로 들어왔다. 그녀는 운전교육에 대한 기쁨에 대해 재빨리 이야기했다. 쥬디가 시장, 세탁소, 그리고 기타 여러 곳으로 운전하는 것을 즐거워했기 때문에 어머니는 쥬디의 도움을 많이 받았다고 말하면서 즐거워했다. 어머니는 쥬디가 자질구레한 일들을 기꺼이 도와주어 굉장히 편해졌음을 솔직하게 털어놓았다.

이 같은 언급이 있은 후 가족들은 쥬디의 운전에 대해 오랜 시간 동안 이야기했다. 치료사는 그들 이야기의 이면적인 의미를 이해하기 위해서 가족들에게 계속하고 싶은 것이 무엇인지를 물었다. 그들은 어떤 특별한 문제를 생각해 낼 수 없으므로 "불만 없어요."라고 대답하면서 그들의 만족감에 대해 이야기했다.

엘렌의 가족을 치료에 참여시키기 위해 치료사는 가족에게 한 가지 실험을 하겠다고 이야기하면서 새로운 기법을 시도하기로 결심했다. 치료사의 제안을 이해한 가족들은 흥분했다. 가족 중 누구에게 치료사 역할을 맡길 것인가를 가족들이 결정하도록 했다.

아버지는 하고 싶지 않다고 말했다. 그는 치료사 역할은 너무도 세심한 것이어서 그의 권위적인 지위와는 어울리지 않는다고 했다. 딸들이 어머니에게 맡기려고 하자 그녀는 단호하게 거절했다. 엘렌과 쥬디 중 누군가가 맡아야만 하는 상황에 이르자 이들은 서로 의논했다. 엘렌은 여동생이 치료사 역할을 하도록 격려하면서 자신은 그것을 회피했다.

쥬디가 치료사에게 자기와 자리를 바꿀 것을 요구하면서 실험은 진지하게 진행되었다. 실제로 치료사가 완전히 역할이 바뀌기를 기대한 것은 아니었다. 그저 관찰자가 되려고 한 것이 실험의 목적이었을 뿐이었다. 그럼에도 불구하고 치료사는 쥬디의 생각이 유익한 것이라고 판단되어 그녀의 요구에 따라 자리를 바꾸었다. 쥬디는 가족들에게 각자가 그림을 하나씩 선택해서 콜라주를 만들도록 지시했다. 그리고 모든 작품들을 일렬로 배열해서 하나의 이야기가 되도록 해야 한다는 조건을 제시했다. 그녀의 지시는 가족들을 설득시켰고 각자의 그림을 찾는 일이 시작되었다.

엘렌은 열정적으로 여러 주에서 사용되는 다양한 자동차 번호판을 나타내는 그림을 집어 들었다. 어머니는 세 아이들과 함께 있는 젊은 부부(아들 하나와 딸 두 명)의 그림을 선택했고, 아버지는 한 손에 일 달러짜리 지폐를 들고 있는 그림을 선택했다. 쥬디의 역할을 맡은 치료사는 달리고 있는 자전거 여행자의 광고를 오렸다. 각자에 의해 만들어진 줄거리는 다음과 같다.

엘렌의 번호판은 '세상구경이 개인에게 유익하다' 는 것을 의미한다. 어머니의 젊은 부부와 아이들의 사진은 '가족은 처음에는 모든 것을 함께 하지만 성장하면 아이들은 가정 밖으로 나가야만 하고 자기 스스로 친구들과 즐겨야 한다' 는 것을 의미한다(그림 112).

아버지의 달러표시($)를 들고 있는 손은 '즐거운 일을 하려면 돈이 들지만, 아버지는 최선을 다해 가족들을 부양하려고 애쓴다' 는 것을 뜻한다. 쥬디의 자전거 선수 그림은 '결국 모든 사람들은 자신의 책임 하에 있다. 한 가지 상황이 끝나면 다른 상황이 시작된다.' 는 것을 의미한다.

치료사 역할을 하게 된 쥬디가 "아주 좋았어요. 여러분들은 모두 훌륭하게 협동했어요. 엘렌은 집을 떠나고 싶어하는 것을 말해 주는군요. 어머니께서는 딸들이 성장하도록 도와 주세요. 아버지는 아이들을 행복하게 해 줄 돈이 충분하지 못한 것 때문에 근심하고 있군요. 그리고 쥬디

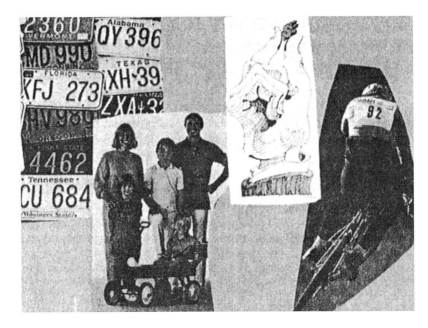

[그림 112] 가족들의 이야기

(치료사가 담당한 역할)도 떠나기를 원하는 동시에 성장하고 싶어하는군
요."라고 말했다.

치료사로서의 쥬디는 계속해서 "좋아요. 콜라주에 대한 각자의 생각을
말해 주세요."라고 지시했다. 부모와 엘렌은 쥬디의 지시에 따라 콜라주
에 대한 생각을 말하는 것이 아니라 쥬디가 얼마나 훌륭하게 치료사 역
할을 했는가에 대해서 이야기했다.

쥬디에게 그 경험은 아주 긍정적이었다. 그녀는 자신의 능력을 표현하
고 검토할 기회를 가졌으며 또한 훌륭하게 역할을 수행함으로써 관심의
초점이 되는 기회를 가질 수 있었다. 쥬디의 역할이 끝나자 치료사는 마
지막 문제를 언급하고 싶었다. 치료사는 자전거를 탄 사람을 손가락으
로 가리키면서, 그의 등에 '도전'이라는 단어가 적혀 있었다는 것을 알
려 주었다. 그것은 가족이 치료에 대해 도전한 것을 상징했다고 치료사
는 다시 말했다. 치료사의 언급이 종결에 대한 촉매역할을 하지 않았기

때문에, 치료사는 다시 가족에게 "누가 치료사 역할을 하고 싶나요?"라
고 질문했다. 그러자 엘렌이 재빨리 지원했다. 그녀는 "여기에 더 이상
오지 않을 것에 대해 여러분이 느끼는 것을 나타내도록 하세요."라고 지
시함으로써 작업을 이끌어 갔다. 아버지는 달과 해를 만듦으로써 혼란
스러운 감정을 나타냈다. 그는 익살스러운 어조로 '달은 랜드가튼 여사
의 가족협상가적인 역할'을 의미하는 것이며, '해'는 가족이 '잘 해나가
게 될' 것에 대한 그의 기쁨을 나타낸 것이라고 말했다(그림 113). 치료
사 입장에서 엘렌은 "당신의 감정을 충분히 이해할 수 있어요."라고 반
응했다.

　어머니는 파이프 청소용 철사를 사용해서 슬픈 얼굴을 만들었다(그림
114). 그녀는 치료사 엘렌에게 경의를 표하면서 이곳에 더 이상 올 수 없
게 된 것은 무척 섭섭한 일이라고 말했다. 엘렌은 "그럴 거예요. 나는 당
신이 여기 옴으로써 편안함을 느꼈다는 것을 알아요. 그렇지만 당신 가
족들은 여기에 더 이상 오지 않더라도 아주 잘 지내리라고 확신해요."라

[그림 113] 양가감정

[그림 114] 상실

고 대답했다.

  눈이 그려진 작품은 쥬디의 것이었다(그림 115). 그것은 그녀에게 치료
사 역할을 할 기회를 제공해 준 치료사에 대한 감사함을 나타낸 것이었
다. 그녀는 자신의 감정을 배출할 수 있는 기회를 그림이 가져다 주었다
는 것을 깨달았다고 말했다. 쥬디는 종결에 대해 매우 섭섭하게 생각하
고 있다고 고백했다. 비록 우연한 일이었지만 그녀는 치료사가 저널을
제안한 후부터 지금까지 계속해서 그것을 기록해 왔다고 말했다.

[그림 115] 성찰을 얻게 됨

그러자 치료사 역할을 하는 엘렌이 "오! 알았어요. 어쩌면 당신은 여기에 계속 와도 좋겠군요. 10대의 소녀들이 자신을 표현할 만한 장소를 가진다는 것은 좋은 생각이에요."라고 쥬디를 향해서 이야기했다.

　엘렌과 치료사와의 대화는 부모와 쥬디에게 충격을 주었다. 이 같은 제안은 이미 고려되어 있었음에 틀림없었다. 엘렌 역할을 맡은 치료사는 커다란 차와 그 위에 눈물이 겹쳐진 그림을 보여 주었다. 눈물은 치료사와의 만남이 끝나는 것에 대한 슬픔과 유감의 뜻을 나타냈다. 그러나 대학으로 떠나는 것 때문에 종결하게 되었으므로 다른 한편으로 행복감을 느낀다는 것을 의미하기도 했다.

　치료사로서의 엘렌은 "좋아요, 엘렌. 나 역시 당신을 볼 수 없게 되어 슬퍼요."라고 대답했다. 그녀의 대답은 바로 종결이 다가오고 있는 이때에 그녀 자신이 얻고 싶었던 확신이기도 했다. 가족이 치료실을 떠나기 전에 부모는 다음 주에 한번 더 치료세션을 가질 수 있는지를 물었다. 치료사는 그들이 그토록 원한다면 치료받을 기회를 가지게 될 것이라고 약속했다. 치료사는 마지막 치료단계에서 역할놀이가 가족을 위해서 훌륭한 기법이었다고 확신했다. 쥬디와 엘렌은 종결단계에서 역할놀이를 통해 권위적 입장에서 그들이 표현하고 싶었던 것을 노출할 수 있어서 기뻐했다. 치료사는 쥬디의 저널이 중요한 계기가 될 것이라고 생각했다.

　그것은 치료목표에 도움이 될 것이므로 다음 번에는 쥬디의 개인상담을 통해서 그 내용을 고찰하기로 계획을 세웠다.

21) 제26회 치료세션-가족치료 : 아버지, 어머니, 엘렌, 쥬디

　아버지는 큰 봉투를 겨드랑이에 낀 채 치료실로 들어왔다. 모두 자리에 앉자 그는 자신이 치료사 역할을 하고 싶다고 말했다. 치료사가 동의했고 서로 자리를 바꾸어 앉았다.

　치료사의 역할을 맡은 아버지는 가족에게 어떻게 지냈는지를 물었다.

짧은 대화가 오고 간 후 그는 갖고 온 봉투를 열더니 아주 주의 깊게 자른 잡지그림들을 꺼내 놓았다. 그는 아무런 망설임 없이 가족에게 더이상 여기 오지 않는 것에 대한 감정이나 생각을 나타내는 그림을 각자 선택하라고 말했다(치료사는 아버지가 종결문제를 다루는 방식에 감명을 받았다).

어머니는 수많은 좋은 점을 열거하기 위해 여러 개의 그림을 선택했다. 하나는 책상 뒤에 않아서 신경질적으로 종이를 씹고 있는 한 남자의 그림이었다. 어머니는 남편이 사진 속의 인물 같은 면이 있었는데, 지난 몇 달 동안 화를 덜 내며 덜 불만스러워 했다고 말했다. 다른 그림은 행복한 늙은 여인의 모습이었는데, 그것은 남편과 엘렌의 향상된 관계가 그녀를 행복하게 해 주었음을 나타낸 것이었다.

치료사로서의 아버지는 아내에게 '가족치료로부터 그 같은 행운'을 얻게 된 것은 정말 다행스러운 일이었다고 이야기했다.

쥬디는 컴퓨터에서 불쑥 튀어나온 한 남자의 두 손이 있는 그림을 선택했다. 양손에는 여러 가지 물건들을 쥐고 있었는데 그녀는 이 이미지가 이전의 아버지의 모습을 대변한다고 했다. 대조적으로 두 번째 그림은 "한번에 한 가지씩"이라는 제목과 함께 컴퓨터 위에 조용히 올려져 있는 한 손의 그림이었다. 쥬디는 이 사진이 "자신을 혹사시키지 않으려고 노력"하는 아버지라고 했고 "우리 역시 해야 할 노력"이라고 덧붙였다.

쥬디는 또다시 남자 옆에 서서 전화통화를 하고 있는 한 10대 소녀 전화의 그림을 선택했다. 그것은 그녀에게 더욱 더 성숙한 메시지로 의사소통을 하는 아버지를 나타낸 것이었다. 그녀는 "아빠는 이제 내가 더이상 어린애가 아니라는 사실을 인정하려고 많이 노력하시는 것 같아요."라고 말했다.

치료사인 아버지는 "너희 아버지는 변화하고 있구나. 그는 자기 자신뿐만 아니라 너의 성장을 이해하려고 노력하는 것 같다."라고 대답했다. 아버지는 자신의 향상에 대해 딸의 신뢰를 받자 크게 기뻐하시는 것 같았다.

엘렌은 목발을 포기하려는 한 작은 소녀의 처절한 모습이 있는 사진을 선택했다. 그것은 제대로 걷지 못해서 방황하는 것이 아니라 대학에 갈 준비를 열심히 하고 있는 자신을 상징하는 것이라고 말했다. 또 다른 엘렌의 그림은 도전적인 아이를 나타낸 그림으로, 그것은 그녀가 대부분의 시간을 피나는 투쟁을 하면서 지낸다는 것을 나타냈다. 엘렌은 자신이 진실로 선택하고 싶었던 그림은 쥬디가 선택한 전화를 쥐고 있는 한 남자와 소녀의 그림이었다고 털어 놓았다. 그녀는 그것이 아버지와 그녀 사이의 향상된 의사소통을 상징해 주는 것이라고 확신했다. 엘렌의 마지막 그림은 행복한 사람의 모습으로 그녀의 긍정적인 태도를 나타냈다.

치료사로서의 아버지는 엘렌에게 그것이 치료에서 너무도 많은 이득을 보게 된 것에 감사하고 있음을 나타낸다고 말했다. 그는 환자는 엘렌이었지만 정작 치료를 통해 도움을 받게 되었던 것은 전 가족이었다고 지적했다. 그리고 나서 그는 아버지 역할을 하는 치료사의 콜라주를 집어 들었다. 그것은 여러 개의 잡지사진들로 첫째 그림은 깨어진 창문 뒤에 있는 한 남자의 얼굴그림이었다. 그것은 아버지가 집에서 잡지에 있는 원형 그대로를 오린 것으로, "지난날의 안전함에 의존하던 생각들은 산산조각이 된다."라는 글귀가 적혀 있었다. 아버지로서의 치료사는 그것이 '내가 지난 생각과 행동에서 벗어나려고 애쓰고 있는' 것을 의미한다고 강조했다. 두 번째는 즐거운 모습의 한 남자사진이었는데 그것은 '내가 변화하려고 애쓰고 있는 방법에 대해 좋게 느끼고 있다.' 는 것을 나타낸 것이었다. 세 번째로 선택한 그림은 '행복한 사람' 으로, 소녀들의 일방적인 태도를 상징한 것이었다. 그리고 치료사는 도날드 덕의 그림이 그려진 지폐를 선택했다. 아버지로서의 치료사는 "나는 미술치료를 통해 돈의 가치 이상의 것을 얻었다. 왜냐하면 오리 같이 미련하게 치료에 임했으나 자신에게 일어나고 있는 변화를 부정할 수 없기 때문" 이라고 해석했다(그림 116).

모든 사람들이 치료사의 진실이 담긴 농담에 웃었다. 그러나 아버지는

[그림 116] 치료를 파헤치지 않음

치료사가 대신하여 선정한 그의 미술작업에 대해 아주 진지한 관심을 보였다. 그는 산산조각이 난 유리창 뒤의 남자사진에 압도된 것 같았다. 그림의 강렬한 영상은 위협적이었다(그림 117). 어쩌면 그것이 그의 표현되지 않는 분노를 설명했는지도 모른다. 그는 마치 이번 미술작업에 사용된 그림들을 자신이 오렸다는 사실을 잊은 사람처럼 보였다. 그래서 치료사는 아버지에게 그 그림이 긍정적인 변화를 상징하기 위해 사용되었다는 것을 재확인시켜야만 했다.

어머니가 치료사의 역할을 하기에는 시간이 충분하지 않았기 때문에 다음 회기에 하기로 했다.

가족이 치료실을 떠나기 전에 치료사는 아버지가 자신에 관한 자료들을 가지고 온 것은 자신을 전면적으로 통제하고 있는 징표이며, 특히 종결이 임박했다는 점에서 그렇게 보인다고 해석했다. 그러자 아버지는 의식적으로 그렇게 한 것은 아니지만 어쩌면 그것이 사실일지도 모른다고 대답했다.

[그림 117] 위협적인 이미지

22) 제27회 치료세션-가족치료 : 아버지, 어머니, 엘렌과 쥬디

　가족이 미처 자리에 앉기도 전에 엘렌은 흥분된 태도로 부모님이 영국으로 수학여행 가는 것에 찬성하셨다고 보고했다. 그녀가 2주 동안 떠나 있기 때문에 앞으로 한번의 치료세션만이 가능했다. 엘렌은 치료받으러 오지 않는 기간 중에 졸업을 하게 되며, '졸업무도회'를 위한 '멋진 데이트'를 했다고 말했다. 그녀는 자신의 생활이 아주 '만족스럽다.'는 것을 인정했으며 치료사에게 '좋은 일이 일어나리라는' 확신을 심어주었다. 치료사가 그녀의 자립을 지지해 주자, 엘렌은 여전히 치료사의 역할이 중요했다고 주장했다. 부모는 엘렌과 치료사와의 대화를 지켜보는 동안 엘렌이 치료사에게 애정과 고마움을 표현했다는 것에 대단히 자랑스러워하는 것 같았다.

　치료사는 어머니에게 치료사 역할을 할 준비가 되었는지 물어보았다. 그녀는 "준비되었어요."라고 대답했다. 어머니는 치료사 역할을 미리 준비해 온 것임에 틀림없었다. 그녀는 선반에서 마분지 상자를 하나 내리더니 탁자 위에 놓고 가족에게 상자를 가지고 뭔가를 만든 다음 그 의미를 설명하라고 지시했다. 엘렌은 작업의 통일감을 주기 위해 종이로 표면을 장식하자고 제안했다. 쥬디는 상자 주변을 추상적으로 디자인하자고 제안했다. 아버지는 확신이 서지 않았지만 딸들의 생각에 따랐다. 그러나 아버지는 우선 각자가 종이에 그림을 그린 다음 상자 표면에 붙이는 것이 일을 쉽게 해 줄 것이라고 말했다. 그러자 치료사인 어머니는 그들에게 디자인은 각자에게 어떤 의미가 부여된 것이라야 한다는 것을 상기시켰다.

쥬디가 제일 먼저 그림을 완성한 다음 상자의 표면에 풀로 붙였다. 그녀는 여러 가지 색깔의 선이 가정이 더욱 평화스럽다는 것을 의미한다고 설명했다.

다음으로 엘렌은 햇살이 퍼져 있는 그림을 구석에 붙였다. 그것은 졸업, 여행, 학교에 대한 그녀의 행복을 나타낸 것이라고 말했다.

어머니 역할을 하게 된 치료사는 한 묶음의 꽃다발을 만들었다. 치료사는 그것이 자부심을 갖게 된 소녀들을 상징하는 것이라고 말했다.

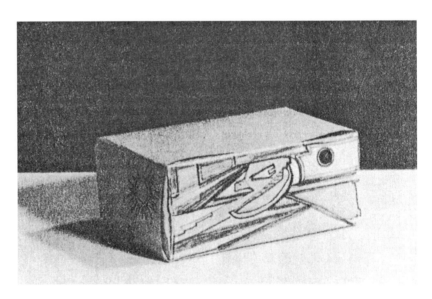

[그림 118] 아버지의 집단화

마지막으로 아버지는 자신의 그림은 특별한 의미가 없다고 말했다. 그는 단지 집단작업을 위해 추상적인 디자인을 만들었던 것이다(그림 118).

치료사 역할을 하는 어머니는 아버지에게 항상 "메시지"를 포함하는 어떤 것을 만드는 것이 필요한 것은 아니라고 말했다. 치료사와 가족들은 어머니의 역할이 훌륭하다고 칭찬했다. 격려를 받은 어머니는 치료사로서의 두 번째 지시를 하기로 결심했다. 그러나 이번에는 그녀가 지시를 한 다음 치료사의 입장에서 벗어나 자신의 역할로 돌아가고 싶다고 했다. 다시 말해, 그녀는 미술작업에 대한 지시를 내린 후 즉시 어머니의 역할로 돌아가서 자신이 내린 지시를 따르겠다는 것이다.

치료사는 어머니의 제안에 동의했다. 어머니는 두 번째 지시를 했다. "다음 주가 마지막이기 때문에 가족 모두가 치료사를 위해 뭔가 만들었으면 해요."

그녀가 가족들로 하여금 종결을 다루도록 유도했을 때 그녀가 치료사만큼 훌륭하게 일을 처리했다는 것을 알리려고 치료사는 그녀에게 미소를 지었다.

어머니는 색종이로 꽃들을 만들었다. 그것은 '치료사 헬렌이 행복한 삶을 살기를 바라는 소망'이었다(그림 119).

쥬디의 작별선물은 사탕 한 상자였고, 엘렌의 작품은 설명하지 않으면 이해하기 어려운 것이었다. 그녀는 푸른색 점토로 중간에 원이 있는 4개의 사각형 조형물을 만들었다. 엘렌에게 그것이 무엇이냐고 묻자, 그녀는 각 사각형은 가족 구성원을 의미하고, 그 속의 원들은 치료사를 뜻하는 것으로, 그들이 간직하게 될 치료사의 역할을 의미하는 것이라고 말했다(그림 120).

마지막으로 아버지의 선물은 보석상자로서 '보석과 같이 소중한 사람에 대한 감사를 전하는 보석들'이라고 말했다. 여성들은 치료사에 대한 아버지의 개방적이고 솔직한 표현에 기쁨을 나타냈다. 비록 이제까지 여러 가지 방법으로 치료사에 대한 존경을 나타냈지만 이처럼 솔직한 표현은 아내와 딸들을 놀라게 만들었다. 치료사는 가족의 선물을 진심으로

[그림 119] 어머니의 이별선물

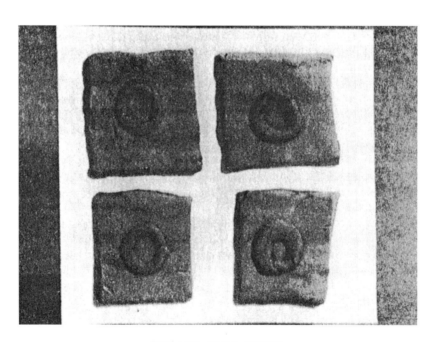

[그림 120] 엘렌의 이별선물

기쁘게 받았다. 이제 모두 다정함과 슬픈 감정을 경험할 수 있게 되었다. 그들은 성장에 대해서는 감사하고 이별에 대해서는 고통스러워 했다. 치료사는 가족들에게 마지막 치료세션은 그들의 모든 미술작업들을 되돌아보는 형식으로 진행될 것이라고 말했다. 그 작업은 치료기간 동안 그들이 성취한 것들을 정리하게 할 것이었다.

23) 제28회 치료세션-가족치료 : 아버지, 어머니, 엘렌, 쥬디

두 시간으로 연장하며 진행될 마지막 세션에 들어오면서 가족은 이제까지의 작품들을 모아 놓은 포트폴리오를 볼 것에 대한 기대에 차 있었다. 치료사는 탁자에 놓을 수 있는 이젤을 이용하여 평면작업은 세워서 볼 수 있게 준비했고 입체적인 조형물은 선반 위에 정렬시켜 놓았다. 모든 작품들은 만들어 진 날짜에 맞게 순서대로 놓여진 가운데 전체를 뒤돌아 볼 수 있게 했다. 어떤 그림의 메시지는 여전히 가족들에게 슬픈 느낌을 가져다 주었고, 일부 작품들은 만족스러운 미소나 애정의 눈길을 서로 주고받게 했다.

가족들은 그들의 목표가 모두 달성되지는 않았다는 것을 깨달았지만 그들이 성취한 결과가 그들에게 기쁨과 자부심을 주었다는 것에 대해서는 의견이 일치했다.

3. 요 약

모범적인 가정의 17세 소녀인 엘렌이 갑자기 과잉행동을 나타내기 시작했다. 그것은 가정에서의 거부적인 태도와 학업성적의 불량, 교통법규의 위반 등으로 나타났다.

치료는 법정명령에 의해서 이루어지게 되었는데, 치료의 평가단계에서 가족미술치료는 다른 가족 구성원과 마찬가지로 환자에게 효과적이라는

것이 증명되었다.

미술작업을 통하여 잘못된 가족체계가 드러났다. 아버지는 자신이 가족을 지나치게 통제해 오고 있었다는 사실에 직면하게 되었고 그와 엘렌은 서로를 증오했다. 그들의 갈등은 개별화 과정을 겪고 있는 청소년기의 딸과 뒤엉켜 있는 심리적인 관계로부터 벗어나야 하는 것에서 오는 아버지의 두려움에서 파생된 것으로 해석되었다. 여기에 대한 통찰은 가족들로 하여금 자신들의 표면적인 메시지와 내면적인 메시지 그리고 행동들에 대해 알도록 해 주었다.

가족역할과 체계에 있어서 변화를 일으키게 한 아버지의 변화는 딸이 더욱 더 자율적으로 행동하는 것을 수용하도록 했다. 한편 자신의 소극성에 불만을 가지고 있는 사춘기 소녀 쥬디는 자기주장을 하기 시작했으며 보다 독립적이 되려는 노력을 시작했다. 어머니의 역할은 안정된 것이기는 했지만 이제까지 지켜온 자신의 역할형태를 벗어나려 하지 않는다는 것을 깨닫게 되었다. 분리와 그로 인해 발생된 정서를 다룬 것이 설리반 가족을 치료하는 핵심이었다.

 참고문헌

Haley, J. *Uncommon Therapy*. New York: Norton, 1973.

 추천도서

Bandura, A., & Walter, R. H. *Adolescent Aggression: A Study of the Influence of Child Training Practices and Family Interrelationships*. New York: Ronald, 1959.

Bldood, R. O., & Wolfe, D. M. *Husbands and Wives: The Dynamics of Married Living.* New York: Free Press of Glencoe, 1960.

Bloom, M. V. *Adolescent Parental Separation.* New York: Gardener Press, 1980.

Blos, P. On *Adolescence.* New York: The Free Press, 1962.

Blos, P. *The Young Adolescent.* New York: The Free Press, 1970.

Brown, S. L. Family therapy for adolescents. *Psychiatric Opinion, 7*(1), 8-15, 1970.

Dragastin, S., & Elder, G. H. *Adolescence in the Life Cycle.* New York: Halstead Press.

Esman, A. H. (Ed.) *The psychiatric Treatment of Adolescents.* New York: International Universities Press, 1983.

Ginott, H. G. *Between Parent and Teenager.* New York: Macmillan, 1969.

Glaser, K. Masked depression in children and adolescents. *American Journal of Psychotherapy, 21,* 563-74, 1976.

Glasser, P. N., & Glasser, L. Role reversal and conflict between aged parents and their children. *Marriage and Family Living, 24,* 46-51, 1962.

Hadley, T. R., Jacob, T., Milliones, J., Caplan, J., & Spitz, D. The relationship between family development crisis and the appearance of symptoms in a family member. *Family Process, 13*(2), 207-214, 1974.

Harkins, E. G. Effects of empty nest transition on self-Report of psychological and physical well-being. *Journal of Marriage and the Family, 40,* 549-556, 1978.

Hess, B. B., & Waring, J. M. Changing patterns of aging and family bonds in later life. *Family Coordinator, 27,* 303-314, 1978.

Howells, J. G. (Ed.). *Modern Perspectives in Adolescent Psychiatry.* New York: Brunner/Mazel, 1971.

Impey, L. Art media: A means to therapeutic communication with families. *Perspectives in Psychiatric Care,* XIX(2), 70-77, 1981.

Ishikawa, G. Some therapeutic effects of family drawings: With special reference to the adolescent patients. *Psychiatria et Neurologia Japonica,*

84(9), 681-705, 1982.

Kaplan, L. J. *Adolescence: The Farewell to Childhood.* New York: Simon & Schuster, 1984.

Kidwell, J. Fischer, J. L., Dunham, R. M., & Baranowski, M. Parents and adolescents: Push and pull of change. In H. I. McCubbin & C. R. Figley (Eds.), *Stress and the Family: Coping with Normative Transitions.* New York: Brunner/Mazel, 1983, pp. 74-90.

Leader, A. L. Intergenerational separation anxiety in family therapy. In J. G. Howells (Ed.), *Advances in Family psychiatry, II.* New York: International Universities Press, 2, 1980.

Lowenthal, M. F., & Chiribuga, D. Transition to empty nest: Crisis, challenge, or relief? *Archives of General psychiatry, 26,* 8-14, 1972.

McArthur, A. Developmental tasks and parent-adolescent conflict. *Marriage and Family Living, 24*(May), 189-191, 1962.

McPherson, S. R., Brackelmanns, W. E., & Newman, L. E. Stages in family therapy of adolescents. *Family Process, 13*(1), 77-95, March 1974.

Malmquist, C. P. *Handbook of Adolescence.* New York: Jason Aronson, 1985.

Marmor, J. *The Crisis of Middle Age. Annual Meeting of the American Orthopsychiatric,* Washington, D. C., March 1967.

Meeks, J. *The Fragile Alliance.* Baltimore: Williams & Wilkins, 1971.

Meissner, W. W. Family process and psychosomatic disease. In J. G. Howells (Ed.), *Advances in Family Psychiatry, I.* New York: International Universities Press, 1979.

Miller, D. *The Age Between: Adolescence and Therapy.* New York: Jason Aronson, 1983.

Ravenscroft, K. Normal family regression at adolescence. *American Journal of Psychiatry, 131*(3), 31-35, 1974.

Schildkrout, M. S., Shenker, I. R., & Sonnenblick, M. *Human Figure Drawings in Adolescence.* New York: Brunner Mazel, 1972.

Stierlin, H. *Separating parents and Adolescents.* New York: Quadrangle, 1974.

Siterlin, H. Countertransference in family therapy with adolescents. In M.

Sugar (Ed.), *The Adolescents in Group and Family Therapy*. New York: Brunner/Mazel, 1975, pp. 161-178.

Stierlin, H. Family therapy with adolescents and the process of intergenerational reconciliation. In M. Sugar (Ed.), *The Adolescent in Group and Family Therapy*. New York: Brunner/Mazel, 1975, pp. 194-205.

Stierlin, H., & Ravenscroft, K. J. Varieties of adolescent separation conflicts. *British Journal of Medical Psychology, 45*, 299-313, 1972.

Wadeson, H. S. Art techniques used in conjoint marital therapy. *American Journal of Art Therapy, 12*, 147-164, 1973.

Williams, F. S. Family therapy: Its role in adolescent psychiatry. In S. C. Feinstein & P. G. Giovacchini (Eds.), *Adolescent Psychiatry, Development and Clinical Studies, 2*. New York: Basic Books, 1973.

Winnicott, D. W. Transitional objects and transitional phenomena. *Collected Papers*. New York: Basic Books, 1961.

Wood, B., & Talmon, M. Family boundaries in transition: A search for alternative. *Family Process, 22*, 347-357, 1983.

제8장 죽음을 앞둔 조부모를 둔 3세대 가족치료

1. 들어가는 글

최근에 정신건강, 의학, 그리고 종교계에 있는 전문가들이 과거에 비하여 훨씬 더 분별력 있고 솔직하게 죽음을 앞둔 환자들을 다루고 있다는 것은 매우 다행스러운 일이다.

죽음을 앞둔 환자를 돌보는 치료사들은 환자들로 하여금 자신의 감정을 표현하게 하여 스스로의 생각을 알 수 있도록 도와 주어야 할 책임이 있다. 그리고 그들이 임박한 죽음에 대하여 이야기하고, 이별을 고하며, 그들이 원한다면 재산처리에 대한 의논과 함께 능동적이고 솔직하게 임종을 지키도록 유족들을 돕는 것이 중요하다. 협력적인 의사소통체제가 이루어진 가족의 경우 죽음을 앞둔 환자와 유족들은 이별, 애도, 슬픔을 겪는 동안 심리적인 고통을 완화하는 방향으로 노력하게 된다.

이러한 위기 속에서 가족 모두를 대상으로 하는 치료사는 가족원 각자의 상황을 다룰 때 각각 다른 방법으로 다루어야 하기 때문에 그 역할이 쉽지 않다. 어떤 가족은 현실을 그대로 받아들이는 반면 다른 가족은 거짓된 희망을 지니는 부정이라는 방어기제를 사용하기도 하기 때문이다. 이와 같은 방어적인 자세는 갈등의 출발점이 되고 관련된 모든 사람에게 또 다른 스트레스를 주게 된다. 그러므로 가족들로 하여금 질병 말기에 있는 사람은 곧 죽음을 맞게 된다는 사실을 인정하게 하고 받아들이게 하는 것이 중요하다.

치료사는 죽음을 앞둔 환자에게 마지막으로 남기고 싶은 말을 하도록 하여 의사소통이 이루어지도록 돕는다. 아주 드물지만 지나치게 헌신적인 가족들이 환자로 하여금 임종시에 작별인사를 하지 못하도록 하는 경우가 있다. 그들은 이와 같은 선의의 거짓말이 환자를 돕는 것이라고 믿는다. 그들이 가지는 환상 중의 하나는 환자에게 필연적인 죽음을 직접 대면하게 하는 것이 환자의 죽음을 앞당길 수도 있다는 두려움이다. 그러나 기정사실을 은폐하는 것은 죽음을 맞기 전에 모든 인간에게 정당하게 부여되어야 하는 존엄성을 무시하는 불행한 처사이므로 지양되어야 할 것이다.

3세대 치료는 모든 가족 구성원들을 포함시킨다. 죽음이라는 경험은 한 가지일지라도 이는 세대와 발달단계에 따라 다르게 받아들여지기 때문이다. 배우자에게 있어서 남편이나 아내를 잃게 된다는 생각은 고통스러운 것일 뿐만 아니라 위협적인 것이다. '사이에 끼인 세대'인 2세대에게는 부모를 잃는 것이고 자식이라는 편안함을 포기해야 하는 것이며 마지막을 향하고 있다고 느끼게 하는 것이다. 동시에 3세대에게는 죽음의 황량함을 체험하게 하고 죽음이 피할 수 없는 것임을 알게 하는 것이다. 이러한 이유 때문에 가족 전체가 이 어려움을 함께 겪는다는 것이 치료에 있어서 이점이 된다. 이러한 경험은 가족 모두가 상실감을 겪는 기회이면서 한편으로는 친밀하게 서로를 알게 하는 계기를 제공한다.

따라서 이러한 가족을 위하여 일하는 치료사는 죽어가는 사람과 유족들 사이의 지지적인 친밀감이 유족들에게 오랫동안 위로를 주는 기억으로 남기 때문에 매우 만족스러운 경험이 될 수 있다는 점에 유념해야 할 것이다.

2. 사례소개

다음 사례는 3세대 가족미술치료의 중요성을 소개한 것으로 임종이 임박한 할머니에게 초점을 맞추고 있다. 여기서는 가족 모두가 4개월에 걸쳐 비정기적으로 시행된 7회의 치료에 참여했다.

치료에 의뢰된 경위

처음에는 힌드 벨몬트 부인 혼자서 친정어머니의 말기 암으로 인해 임박한 죽음에 대처하기 위하여 치료실을 찾아 왔다. 몇 차례의 치료세션 후 그녀는 가족이 '붕괴되고' 있는 것 같다고 치료사에게 호소하면서 그녀의 친정아버지는 이러저러한 핑계로 어머니로부터 멀어져 가는 것처럼 보인다고 말했다. 그녀의 남편은 "의사는 아무 것도 모른다"는 식으로 반복하여 말하면서 힘들어 하고 있고, 그녀의 딸들도 초조하게 지내는 것 같다고 했다. 그러나 그보다 더 힘든 것은 최근에 어머니가 심리적으로 철수해 가고 있는 것이라고 했다. 힌드 부인은 '이런 문제들로부터 안정감을 유지시키는 것'이 그녀 자신에게 달려 있다고 믿고 있었다. 치료사가 전 가족이 도움을 받아야 한다고 생각하는지를 물었을 때 힌드 부인은 그렇다고 수긍했다. 그녀는 남편과 부모, 아이들 모두가 동의할 것이라고 확신했다. 왜냐하면 그녀의 딸들이 사춘기 때에 받았던 미술심리치료의 경험을 아직까지도 이야기하고 있기 때문이었다.

1) 제1회 치료세션-가족치료 : 가족 모두 참석

힌드 부인은 첫 가족모임에 대해 특히 걱정했다. 그녀는 친정아버지와 어머니인 로젠 부처, 남편 앤디, 그리고 이제 막 성인이 된 두 딸 레다와 다이안을 데리고 사무실로 왔다. 로젠 씨는 주차의 어려움을 불평하면서 흥분해 있었으며 매우 불안해 보였다. 그와 반대로 힌드 부인과 딸들은 저자에게 다정하게 인사를 했다. 레다와 다이안은 잠시 동안 그들이 과 거에 가족미술치료를 받았던 추억을 정겹게 말했다. 할머니(환자)는 치료 사를 다시 보게 되어 기쁘다고 말했지만 그녀의 감정은 우울해 보였다.

치료를 받아야 할 '이유'에 대하여 말하도록 가족들에게 권하자, 가족 모두 할머니인 로젠 부인의 불치병을 받아들이는 데 많은 어려움을 겪고 있다고 했다. 가족들 중에서 누군가가 고통스러운 주제를 말하려고 할 때마다 대화는 중단되었다.

가족들로 하여금 치료의 목표를 명료화하도록 돕기 위해 그들에게 '미 술치료를 통해 각자가 이루고 싶은 것을 나타내는 콜라주'를 만들도록 지시했다. 가족들은 대화를 하지 않게 된 것에 안도감을 느끼면서 제각 기 잡지에 있는 사진을 찾느라고 분주했다.

가족들이 작업을 마쳤을 때, 손녀들은 할머니가 먼저 이야기하도록 그 녀를 격려했다. 할머니는 두 장의 사진으로 구성한 콜라주를 보여 주었 다. 하나는 '한 집단의 사람들이 선물을 주고받는 장면'이었고, 다른 한 장은 한 가족이 서로를 껴안고 키스하고 있는 사진'이었다. 할머니는 그 녀가 나타내고자 한 의미를 더듬거리며 설명하면서 그녀가 사랑했던 가 족들이 '서로 돌보며 사랑하기'를 바란다고 했다. 그 말은 진심어린 당 부 같아서 그녀의 말을 들은 가족들은 눈물을 흘렸다. 이와 같은 애절한 요구 때문에 가족들은 감동을 받았던 것이다. 할머니는 다음 차례에 이 야기할 사람으로 할아버지 로젠 씨를 지적했다.

로젠 씨가 보여준 콜라주는 화면을 꽉 채운 것이었다. 그는 화면을 '날아가는 비행기, 손을 잡고 걸어가는 노부부, 극장차양, 4명이 함께하 는 브릿지 게임 장면'으로 구성했다. 할아버지는 이것이 할머니와 함께 했던 모든 활동들을 상징하는 사진들이라고 말했다. 그리고 '우리는 이 러한 일들을 모두 다시 함께 하게 될 것'이라고 강한 어조로 덧붙여 말 했다.

할아버지는 그의 말을 듣고 부인이 기뻐할 것을 기대했지만 반응이 없 자 실망했다. 매우 약해진 할머니는 가족들로부터 거부가 아닌 지지를 원했고, 매우 슬퍼하면서 애써 남편과 눈 마주치기를 피했다. 노부부 간의 상호작용을 관찰하던 가족들은 침묵했다.

부모의 상호작용이 순조롭지 못한 것을 걱정하던 힌드 부인은 아버지에게 고통스럽겠지만 현재의 상황을 바로 알도록 설명해 주어야겠다고 생각하고 어머니는 이제 곧 바깥활동들을 그만 두어야 한다고 말했다. 자신의 작품으로 아내의 주의를 끌려했던 앤디의 작품에는 차가운 음료수가 들어있는 컵이 그려져 있었고 그 옆에 처음으로 걷기 시작하는 아이의 사진이 붙어 있었다. 그는 미술치료가 '가족이 냉정을 되찾고, 한 발짝 걸어 갈 수 있게 도와 줄 것'을 기대한다고 말했다(그림 121).

그는 아내인 힌드 부인을 향해 "어쩌면 아버지가 하고 싶어 하시는 일들 중 일부는 지금도 가능한 일일 거요. 만약 어머니가 더 약해지시면 그때는 계획을 바꿀 수도 있지 않소."라고 말했다. 앤디의 말은 질병이 일정한 흐름에 따라 진행된다는 점을 지적한 일리 있는 것이었다.

[그림 121] 침착하고 차근차근하게

다음으로 큰손녀인 레다가 그녀의 콜라주를 보여 주겠다고 했다. 그것
은 이스라엘의 사진이었다. 그녀는 미술치료가 할아버지와 할머니가 가
능한 한 오랫동안 인생을 즐길 수 있도록 도와 주는 방안을 제공할 것으
로 믿는다고 했다. 다이안의 콜라주에도 역시 할머니, 할아버지가 함께
활동하는 생생한 모습들이 포함되어 있었다.

앤디가 맨 먼저 여러 가지 재료를 사용하여 만든 작품을 보여 주었다.
그것은 '안경을 쓴 여성'을 그린 그림이었다. 그는 부인이 그에게 좀더
관심을 가져 주기를 바란다는 말을 했다. 앤디는 최근에 그녀가 무관심
하다고 느껴왔다고 했다(그림 122). 극진한 지지로 일관되어 왔던 앤디가
처음으로 이러한 생각들을 표현했지만 힌드는 놀라지 않았다. 그녀는 동
감하는 듯이 깊은 이해와 사랑이 담긴 표정으로 앤디를 바라보고 있었
고, 남편과 부인이 서로 주고받는 은밀한 시선을 방해하는 것이 될까 봐
두려운 듯 모두들 조용히 있었다.

잠시 후에 힌드 부인은 자신의 작업을 계속했다. 그녀는 지점토로 만
든 '놀이용 카드와 황금색 별'을 보여 주며 설명했다. 그녀는 갑자기 나

[그림 122] 보다 많은 관심을 원함

빠진 어머니의 건강상태를 말하면서, 그녀의 바람을 표현한 작품을 가족들에게 설명했다. 힌드는 '계획이 세워지면 더 좋다는 것을 느끼게' 하기 위하여 '책상에 카드를 놓는 것'이 필요하다고 주장했다. 그녀는 가족들에게 떨리는 목소리로 "나는 행동하는 스타일입니다. 나는 곁에서 지켜보기만 하는 것을 싫어하고 적극적이기를 원합니다."라고 말했다. 그녀는 계속해서 황금색의 별에 대하여 이야기했는데, 어릴 적에 착한 일을 하면 '착한 소녀'라고 어머니가 차트에 황금색의 별을 붙여 주셨던 일을 설명하면서 이는 어린 시절을 생각나게 하는 것이라고 했다. 힌드는 마치 '착한 소녀가 해야 하는 것처럼' 이 시점에서 가족들이 계획을 세워 뭔가 실천해야 할 것이라고 했다.

어머니의 말에 놀란 레다는 다음과 같이 반박했다. "어머니, 지금 별이 필요한 것은 할머니지 어머니가 아니잖아요." 그러나 할머니는 레다의 말을 가로막으며, 딸의 편을 들었다. "아니다. 힌드는 뭔가 하고 있어. 어머니는 최선을 다하고 있단다. 나는 알아." 그러면서 힌드를 돌아보며 "내가 준비가 되면 이야기하자꾸나. 너무 걱정 말아라."라고 말했다. 너무 급하게 대면하려는 상황으로부터 물러서서 다 자란 딸을 이해하고 보호하려는 로젠 부인의 노력에 가족들은 감명을 받았다.

치료세션을 마치면서 치료사는 가족들에게 치료를 계속 받기를 원하는지 물었다. 간단한 대화를 나눈 후 그들은 자신들을 이해해 주는 치료사를 만난 것이 그들의 상황을 이해하는 데 도움이 되었다고 인정했으며, 미술치료를 계속하기로 결정했다.

2) 제2회 치료세션-가족치료 : 가족 모두 참석

가족들은 치료실에 들어오면서 지난번의 미술치료가 의사소통의 촉매 역할을 했다고 말했다. 자리에 앉은 후, 앤디는 그의 부인이 딴 생각에 빠지는 일이 줄어들었고, 자신에게 더 관심을 주고 있다고 했다. 로젠 씨는 "나와 레다는 지난밤에 쇼를 보러 갔어요."고 자진해서 말했다. 작은 손녀는 할머니에게 수채화 물감을 한 상자 드렸으며, 그것은 한 때 미술가였던 그녀에게 무엇인가 그리도록 용기를 주려고 한 것이라고 했다.

치료사는 가족들에게 그들이 특별히 하고 싶은 것이 있는지를 물었다. 가족들은 의사소통을 촉진시킬 수 있는 공동작업을 하고 싶다고 했다. 그러나 그들이 토론하고 싶은 것이 무엇인지는 말하지 않았다. 가족 중 어느 누구도 나서지 않았기 때문에, 치료사는 그들을 세대별로 나누어 세 팀을 만들었다. 마분지 상자를 각 팀마다 나누어 주고 '자신들의 세대의 문제를 나타낼 수 있는 무엇인가'를 만들도록 했다.

로젠 씨 부부는 함께 작업을 하는 동안 아무 말도 하지 않았다. 로젠 씨는 상자로 '2층집'을 만들었고, 부인은 커튼, 나무, 꽃을 붙이려고 색종이를 사용했다(그것들은 모두가 기울어져 있는 형태를 취하고 있었는데 이는 안간힘을 다해서 삶에 매달려 있는 그녀의 마음을 무의식적으로 나타낸 것으로 보인다). 그들이 작품에 대하여 이야기할 때 놀랍게도, 그녀는 기울어진 장식의 의미에 대해서 알고 있었고 그것이 그녀의 질병을 나타내고 있음도 이해하고 있었다.

로젠 씨와 로젠 부인은 자신들의 작품이 그들의 딸과 외손녀들이 항상 가까이에 지내도록 하려는 그들의 열정을 표현한 것이라고 말했다. 그리고 '빈틈없이 짜여진 화목한 가족'은 항상 그들의 가치관에서 가장 중요한 부분을 차지해 왔다고 했다.

우연하게도 벨몬트 부부도 집을 만들었다. 그들의 집은 단층집으로써 사방에 한 개씩의 문을 가지고 있었다. 벨몬트 씨는 자신이 속한 세대는 '자신의 일에 몰두해야 하는 세대'로 각자가 자유롭게 드나들 수 있는 문이 있어야 한다고 했다. 그리고 문이 네 개가 있는 것은 가족 구성원 각자에게 문이 있다는 의미로, 독립적인 개인이어야 함을 뜻한다고 했다.

레다와 다이안은 작품을 만들면서 대화를 했다. 그들은 한 개를 두 부분으로 잘라서 세웠다.

다이안은 '페미니즘'에 관한 상징적인 메시지를 묘사하는 데 그녀의 몫인 상자의 반을 사용했다. 그녀는 자신의 세대의 여성들은 세 개의 벽을 가지고 있음을 상자에 비유하여 설명했는데, 벽들은 여성들을 '아직도 상자 안에 머물도록' 한다는 것이었다. 그리고 열려진 채로 남아 있는 네 번째 면이 '여성들을 위하여 열려있는 새로운 미개척 분야'를 의미한다고 했다. 그녀는 법대에 재학 중이었다. 그녀의 언니 레다는 나머지 박스 반 개로 체육관을 만들었고 그녀 세대의 문제는 언급하지 않았다. 그녀는 건강한 육체는 중요하며 일을 하는 데 필수적인 것이라고 하면서, 육체적 · 정신적 행복에 대하여 종합적으로 설명했다.

작품들은 다시 가족의 역동관계와 상호작용을 관찰하기 위하여 이용되었다. 힌드 부인은 작품들이 맨앞에 그녀의 부모에 의해 만들어진 집, 중간에 그녀와 남편이 함께 만든 집, 마지막에 딸들의 작품으로 나란히 세워져 있는 것에 주목했다. 힌드 부인은 세대별로 세워져 있는 작품들에 분명한 구조적 차이가 있음을 알아 차렸다.

힌드 부인은 그녀의 집이 '두 세대 사이에 끼어 있음'을 지적했으며, 이것은 상징적인 의미를 가진 것으로, 부모와 자녀에 대한 책임감을 나타낸다고 했다. 그녀는 또한 그녀가 만든 집의 벽에 있는 문들이 "양쪽 세대가 드나들 수 있다"는 것을 의미한다고 덧붙였다. 레다가 어머니의 설명을 듣고 있다가 불만스럽다는 듯 끼어들었다. "그건 어머니가 원하는 것이겠지요?" 표면적으로 그 말은 당연한 것으로 간주되었기 때문에 거기에 대해서는 다른 언급이 없었다.

불편한 느낌을 받은 가족들은 로젠 씨 부부가 만든 집을 칭찬하는 것으로 화제를 바꾸었다. 레다는 할머니가 말한 빈틈없이 짜여진 화목한 가족은 그들 모두에게 강렬한 기쁨과 슬픔을 더욱 깊게 나누도록 도와주었다고 말하면서 강한 눈길로 할머니를 주시했다. 레다의 감상적인 언급으로 분위기가 어색해지자 앤디는 "힌드, 우리가 만든 집의 4개의 문에서 서로 다른 의미를 찾아보는 것도 재미있을 거야. 원래 당신과 나는 이 문들에 우리가족의 성격을 각각 상징화하기로 했잖아. 그러면 당신은 책임감에서 벗어날 수도 있을 거야."라고 주제를 바꾸었다.

남편의 말을 비판적이라고 받아들인 힌드는 자신이 빈틈없이 짜여진 가족의 한 부분이면서도 자율적임을 믿고 있다고 반박했다. 곰곰이 다시 생각하던 그녀는 과연 자신이 청소년기에 부모의 영향으로부터 벗어나려고 노력했었는지 잘 모르겠다고 말했다. 그녀의 노력을 이해한 딸들은 어머니를 사랑스러운 눈길로 바라보았다. 여성들끼리는 특별한 이해가 있는 듯 했지만 남자들은 참관자처럼 행동했는데, 이는 아마도 그들이 여성들 간의 친밀감에 빠져들고 싶지 않았기 때문일 것이다.

치료를 마쳐야 할 시간이 다가오자 힌드 부인은 두 번의 미술치료 세션이 자신에게 매우 의미 있었다고 말했다. 그럼에도 불구하고 다음 주에 계속 치료를 받아야 할 필요를 느끼지 않고 있으며 '어머니의 건강이 나빠졌을 때' 가족이 다시 함께 오기를 바란다고 말했다. 이 제안을 받아들인 치료사는 나머지 가족들의 의견을 물었고, 잠시 토론을 거친 가족들은 할머니의 병세가 긴박하다고 생각될 때 다시 치료를 받는 것에 합의했다.

3) 제3회 치료세션–가족치료 : 가족 모두 참석

몇 개월 후, 힌드 부인이 치료사에게 연락하여 어머니가 더욱 더 악화된 상태라고 알려 주었다. 로젠 부인은 침대에 누운 채 대부분의 시간을 보내고 있으며 기력이 날마다 쇠약해진다는 것이었다. 의사는 그녀가 약 3개월 동안 살 수 있을 것이라고 했다고 하면서 로젠 부인의 임종을 다루어야 한다고 깨달은 가족은 미술치료를 받기를 원한다고 했다.

이렇게 하여 다시 시작된 미술치료에서 치료사는 분위기를 조성하기 위한 준비과정으로 다음과 같은 지시를 했다. "각자 자신의 특정한 측면을 나타내는 점토 조형물을 만드십시오."

전과 마찬가지로 가족들은 대화를 하는 대신 작품을 만들게 된 것에 안심을 하는 듯 했다. 작품을 완성한 후 로젠 씨는 자신이 만든 '두 개의 딱딱한 발' 모양의 조형물을 보여 주면서 자발적으로 이야기를 시작했다. 그는 이것이 '부인에게 가까이 머물려는' 최근의 행동을 나타낸 것이라고 했다. 방어적이었던 이전의 그와 매우 다른 태도였다(그림 123). 그의 말에 감동을 받은 할머니가 이어서 이야기하기로 마음먹은 듯 자원했다. 그녀는 '반으로 잘려진 씨가 가득 든 석류'를 만들었다. 로젠 부인은 많은 씨들은 그녀가 뿌린 씨들을 나타내는 것으로, 그녀의 딸과 사위, 손녀들, 사회적 공헌, 좋은 친구들, 그녀가 가르쳤던 학생들을 의미한다고 했다. 그녀는 아직도 남겨진 씨앗이 많이 있는데 그들을 뿌릴 시간이 없다는 것이 슬프고 이것으로 인해 현실에 대한 깨달음을 "있는 그대로 받아들이기가 어렵다."라고 덧붙였다(그림 124).

긴 침묵이 흐른 후 힌드 부인은 그녀의 작품인 '낙지'를 테이블 중앙으로 밀어 놓으면서 그것이 상징하는 몇 가지 일들을 설명했다. 그녀는 "어머니를 돌보고, 가사 일을 하고, 시간제 부업을 하는 것 외에도 나의 가족과 친구들의 이야기에도 관심을 가져야 함을 나타내는 것이에요."라고 했다. 그리고 "지난번 당신(치료사)에게 치료를 받은 후, 우리 모두 어머니의 상태에 따라서 치료를 받겠다는 모호한 태도를 취했지만, 실제로는 서로에게 관심을 가지게 되었어요. 나는 우리가 어머니의 속마음을

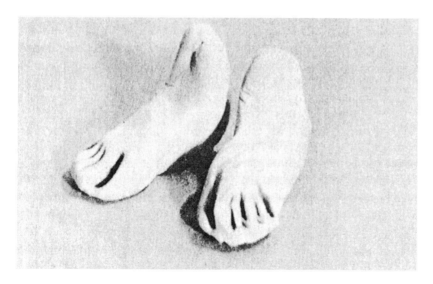

[그림 123] 가깝게 지냄

[그림 124] 씨앗으로 남아 있음

드러내지 못하도록 할까 봐 두려워요. 어머니가 죽음이나 자신의 생각에 대해 암시를 줄 때마다 우리는 그것에 직면하기가 두려워서 화제를 바꾸려고 했거든요."라고 말했다(그림 125).

앤디는 아내의 이야기에 동의하고 '눈과 귀가 하나씩만 있는 자화상'을 보여주면서 "어머니가 불평 없이 조용히 받아들이고 있음을 본다는 것이 너무 힘들고 어렵다는 것을 나타냈어요. 나는 그녀가 두려워하고 있다는 것을 알고 있지요(그림 126)."라고 이야기했다.

애도의 경험을 분명하게 미리 겪고 있는 듯이 보였던 가족들의 관심은 레다가 만든 세 가닥의 지점토를 엮은 작품으로 옮겨 갔다. 레다는 자신의 작품이 가족을 상징하며 각 가닥이 할머니, 어머니 그리고 가운데 것이 자신을 상징한다고 했다. 그녀는 최근에 그들 세 사람이 비슷한 특징들을 가지고 있다는 사실을 알았다고 했다. 구체적인 예로 그녀는 "우리는 모두 차 안에서 노래 부르는 것을 좋아하며, 요리를 잘하고, 청소를 잘하며, 미술감상을 좋아해요. 이것 외에도 점차 나와 할머니와 어머니가 얼마나 많은 공통점이 있는지를 알게 되었어요."라고 말했다.

[그림 125] 낙지

[그림 126] 관찰하기 어려움

자기만 남았다는 것을 안 다이안은 그녀가 만든 '책' 조형물에 대해서 설명했다. "나는 내가 오로지 학업에만 몰두하고 있었다는 것을 알아요. 그것은 할머니의 고통을 생각하지 않을 수 있는 방법이었어요. 그러나 다른 한편으로는 할아버지, 어머니, 아빠가 나에 대하여 자랑스럽게 생각하시도록 내가 할 일을 훌륭하게 해낸 것이기도 했어요."

　치료사는 미술작품이 일으켰던 느낌들을 계속해서 나누도록 가족들을 격려했다. 그리고 나서 테이블에 커다란 종이 한 장을 깔고 참가자들에게 "각자의 조각작품을 종이 위 당신이 내키는 장소 어디에든지 놓으십시오."라고 말했다. 처음에는 할머니가 먼저 놓기를 기다리는 듯 모두가 머뭇거렸다. 가족들이 그녀에게 바라는 것이 무엇인가를 알아차린 로젠 부인은 그녀의 작품 "석류"를 중앙에 놓았다. 힌드 부인은 어머니의 작품 옆에 "낙지"를 놓았으며, 한편 앤디는 장모의 작품 근처에 "자화상"을 놓았다. 로젠 씨도 부인의 석류 옆에 점토로 만든 발을 갖다 놓았다. 그때까지 모든 작품들이 로젠 부인의 작품을 둘러싸고 있었고 이어서 손녀들도 같은 방식으로 따라함으로써 작업을 마감했다.

　치료사는 "어떠한 모양으로든지 당신이 원하는 대로 바꾸어 보세요." 라고 가족들에게 지시했다. 로젠 부인은 조용하게 그녀의 가족의 작품 하나하나에다 뿌리기 위하여 석류의 씨앗을 땄다. 로젠 씨는 그의 작품을 부인의 작품에 닿을 정도로 아주 가까이 갖다 놓았다. 어떠한 의식적인 의도도 없었지만, 발 하나는 그의 부인의 작품과 닿도록 중앙에 있었고, 다른 하나는 밖에 있었다(아마도 부인에 대한 친밀감의 확인과 앞으로 자신이 나아갈 인생을 상징하는 것 같았다). 힌드와 앤디와 레다는 로젠 부인에게 다가가려고 작품의 위치를 움직였으나 처음의 위치에서 크게 바꾸지 않고 그대로 남겨 두었다. 다이안은 마지막까지 기다리다가 움직여야 할 차례가 되었을 때 자신의 작품 "책"의 한쪽은 할머니의 작품에 기대게 하고 다른 한쪽은 부모가 있는 곳에 닿도록 놓았다.

　모두 공동작업으로 만들어 낸 작품을 말없이 바라보다가 다이안이 먼저 입을 열었다. 할머니와 가까이 있고 싶다고 말했고, 죽음은 할머니뿐만 아니라 자신의 부모에게도 다가올 수 있을 거라는 사실을 최근에 알게 되었다고 말했다. 그리고 아주 어린 시절 이후로 부모님이 죽을지도 모른다는 생각을 잊고 살았다고 말하자 경악한 가족들은 숨을 죽이고 듣고 있었다. 침묵을 깨뜨린 것은 다이안의 말을 이해한다고 말한 레다였다. 그리고 나서 그녀는 점토로 또 네 번째 가닥을 만들어 그녀의 세 가닥이 엮어진 작품에 첨가하여 엮었다. 이는 언니에게로 향한 그녀의 친밀감과 애정의 표현인 듯 했다.

레다의 작업이 끝난 후 힌드 부인은 낙지의 촉수가 모든 가족들에게 충분히 닿을 수 있을 정도로 길게 다시 만들기로 결심했다. 감동과 의미 있는 경험을 하게 된 가족들은 그들 각자의 생각에 빠져서 그들이 함께 만든 작품을 바라보았다. 치료사는 개인적인 자기 관찰을 존중했고 그 상태에서 치료를 마쳤다.

4) 제4회 치료세션-가족치료 : 가족 모두 참석

가족들은 다음 주에 왔을 때 지난번 미술치료 시간이 얼마나 "중요하고" 보람 있었는지에 대하여 이야기했다. 그들은 미술치료가 그들에게 깊은 인상을 남겼다는 것에 모두 동의했다. 다이안은 그때 나타냈던 감정들은 평소에는 표현하지 않았던 것으로 "좋게 느껴졌다."고 말했다. 그녀는 가족들이 솔직하게 표현하는 것을 용납하지 않았으며, 부모와 조부모들이 지나치게 보호적이라고 말했다. "그러한 그들의 행동은 제가 일을 제대로 처리하지 못한다는 메시지를 전하는 것 같아요. 아마도 나를 너무 어리거나 연약하다고 보나봐요." 부모와 조부모 모두 다이안의 생각이 잘못되었다고 주장했다. 그러나 객관적인 관찰자처럼 행동했던 레다는 그녀의 동생이 그렇게 생각하는 것이 옳다고 말했다. 그리고 어떤 부정적인 것을 교묘히 감추기 위해 변명한다는 것은 그 감정이 '나쁜 것' 이라는 메시지를 포함하고 있는지도 모른다고 했다. 다이안은 자신의 생각을 지지해 준 언니 레다를 고맙다는 표정으로 바라보았다.

지난번의 치료과정을 회상하면서 상호의견을 나눈 후 가족들에게 치료사는 각자가 자유로이 주제를 선택하여 작품을 만들도록 지시했다. 로젠 씨는 '텔레비전 세트'를 만들기 위하여 공작용 색판지를 사용했다. 그는 부인의 침실에 놓아 둘 컬러 TV 세트를 살 계획이라고 말했다.

힌드는 그녀의 아버지의 말에 귀 기울이면서 콜라주 상자를 샅샅이 뒤져 '환자의 침대 옆에 서 있는 간호사의 사진'을 골랐다. 그리고 그녀는 집에서 병상을 만들어 환자를 돌보는 것에 관한 자료를 입수했다고 말했다(그림 127). 이 소식을 듣고 깜짝 놀란 로젠 부인은 미술치료 시간을 이용하여 말기 환자의 고통을 덜기 위한 가정 호스피스에 대한 정보를 내비치는 것에 대하여 딸에게 화를 냈다. 로젠 부인은 힌드에게 "왜 집에서는 나에게 그 정보를 보여 주지 않았지?"라고 물었고, 힌드 부인은 그녀의 어머니에게 "너무나 겁이 나서 전에는 그 문제를 꺼낼 수 없었어요."라며 사과했다. 치료사는 로젠 씨 부부와 담당의사, 그리고 힌드가 함께 호스피스 프로그램을 이용해 볼 것을 제안했다. 모두가 앞으로 그것이 적절한 방법일 것이라고 생각했다.

"호스피스 계획에 대하여 듣고 보니, 나의 작품이 우스워 보인다."라고 말한 것은 바로 레다였다. 레다의 작품은 임금인상을 위하여 투표하고 있는 여성들의 사진이었다. 그녀는 자신의 그림을 마음에 들지 않아 했다. 치료사는 그녀의 그림이 나타내는 것이 현실을 부정하는 한 방법이라고 믿었다. 그녀는 할머니가 치명적인 질병에 걸렸다는 사실에 대해 받아들이기를 거부하고 있었던 것이다. 그러나 이러한 치료사의 해석은 거론되지 않았다. 손녀가 죄책감을 느끼지 않게 하기 위하여 할머니는 "그것은 전혀 우습지 않다. 나는 여성의 지위향상을 위하여 네가 참여한다는 것이 기쁘다. 나는 여성의 지위향상을 위하여 더 많은 일을 하지 못해 후회스럽단다."라고 말하였다. 힌드 부인이 그녀의 어머니가 '후회스럽다'라고 말하는 것에 당황하고 있을 때, 두 딸들은 재빨리 "할머니는 완성하지 못한 것을 후회스럽게 느낄 만한 권리를 가지고 있어요."라고 말하며 할머니를 지지했다.

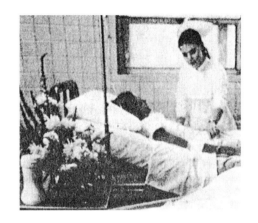

[그림 127] 집에 마련된 호스피스

가족들은 다른 사람의 생각이나 느낌을 너그럽게 보아 줄 필요성에 관하여 이야기를 나누었다. 그 후 다이안은 수채화 물감을 가지고 '지는 해'를 그렸다. 그녀는 그림을 그리고 있는 도중에 아무런 생각도 없었는데 온 가족이 함께 배를 타고 여행을 했던 것을 기억해 냈다. 가족들 중 몇 사람은 멋진 추억으로 남아 있는 특별한 휴가에 대한 추억에 잠겼다. 치료사는 '석양'이 또 다른 의미, 즉 할머니의 '인생의 만년'을 의미하는 것이라고 말해 주었다. 다이안은 그 해석을 인정하면서 슬퍼했다(그림 128).

앤디는 장모의 질병을 받아들이고 있는 것처럼, '장모가 침대에 일어나 앉아 있는 것'을 그렸다. 그는 이것을 다이안의 수채화 그림이 있는 곳으로 옮겨 놓으면서 미술가로서의 로젠 부인의 재능을 기억했다. 그는 장모의 얼굴을 바라보면서 "장모님의 상태가 좋아졌을 때 나의 사무실에 걸 수채화 그림을 그려 주시면 좋겠습니다."라고 했고, 로젠 부인은 앤디의 요구에 미소로 답하면서 그녀의 미술에 대한 애정과 존경을 받게 된 것을 기뻐했다.

미술작품을 마지막으로 내놓은 사람은 로젠 부인이었다. 그녀의 그림은 중간에 "달"이 있었고, 그 둘레에는 동그라미가 그려져 있었다. 첫째

[그림 128] 해가 저물어 감

동심원에는 다섯 개의 별이 그려져 있고, 바깥쪽에 위치한 두 번째 동심원 속에는 더 작은 다섯 개의 별이 있었다. 로젠 부인은 "나는 달을 나타낸다. 첫 번째 원 안의 별은 너희들 모두를 나타낸다. 두 번째 원에 있는 더 작은 별들은 점점 더 멀어져가는 너희들 모두를 나타낸다. 이와 같이 되어야만 한다. 친밀한 것은 좋다. 그러나 너무 친밀한 것도 그렇게 좋지 않다. 너희 모두가 내가 죽었을 때 작게 흩어진 별 같이 되어야만 한다. 이것은 어쩔 수 없이 일어나게 되는 일이란다. 너희 모두가 각자가 해야 하는 일을 하면서 살아야만 한다."라고 이야기했다 (그림 129).

가족들은 그들의 감정을 억누르기 위해 낙서를 시작했다. 로젠 씨는 흐느끼기 시작했고 아내에게 다가가 그녀의 손을 들어 키스하고 아주 부드럽게 어루만졌다.

로젠 부인의 메시지가 준 충격은 좀처럼 가시지 않았다. 치료사는 그것이 가족들을 토론으로 이끌어가기 보다는 모두에게 '그들 자신의 인

[그림 129] 놓아버림

생철학과 삶과 죽음에 대하여 깊이 생각하게 한 것'으로 임상적으로 중요하다고 보았다.

❖ 덧붙이는 말

치료과정에서 가족의 역동관계는 끊임없이 나타났지만 이를 굳이 해석하거나 언급하지 않았다. 치료사는 가족들에게 할머니가 별세하기 전에 표현되어야 할 필요가 있는 감정이나 생각을 다룰 수 있는 계획을 세우도록 했다.

5) 제5회 치료세션-가족치료 : 가족 모두 참석

로젠 부인의 건강이 급속하게 쇠약해지기 시작했다. 그녀는 더 이상 집을 떠날 수 없었고 대부분의 시간을 침대에서 보냈다. 치료사는 치료를 계속하기 위하여 가정방문을 하기로 약속했다. 이번 치료는 네 번째 만남으로부터 2주 후에 이루어졌다.

치료사는 사진첩을 다시 보면서 '긍정적인 인생을 다시 음미' 해 보는 것이 가족들을 위로하고 미래를 대처해 나가는 데 도움이 될 것이라고 확신했다. 치료사는 로젠 부인과 전화통화로 그러한 계획을 이야기하면서 미리 사진을 훑어볼 것과 사진들이 정리가 되지 않은 상태라면 연대 순으로 정리하도록 요청했다.

로젠 부인은 전화를 받을 당시 힘이 없고 우울한 음성인 듯 했지만 이 제안을 기꺼이 받아들였고 가족사진을 음미해 볼 수 있다는 생각 때문에 생기를 얻은 것 같았다.

가족미술치료가 시작되자 앨범을 펼친 채로 식탁의 상석에 앉아 있는 로젠 부인에게 모든 가족들이 가까이 모여 앉았다. 그녀는 멋진 순간들을 찍은 사진들을 순서대로 정리했던 것이 그녀 자신과 남편에게 매우 즐거운 일이었다고 말했다. 그녀는 '자신의 삶을 아름답게 마무리하도록 돕기 위한 치료사의 의도' 를 알고 있는 것 같았다. 그녀는 후손들이 누 군지 알지 못하는 조상들의 사진을 분류하여 설명을 붙였고 많은 가족사 진들을 버리게 했다.

치료사를 염두에 둔 듯 로젠 부인은 특별히 의미 있는 추억과 관련된 사진들을 모아 사진첩의 페이지를 표시하는 것에 특별히 정성을 쏟는 듯 했다.

앨범은 인생주기의 순서에 따라서 로젠 부인의 부모사진, 그녀 자신, 형제자매 등을 포함하여 어린 시절의 사진으로 시작되었다. 고등학교 시 기부터 로젠 씨와 로젠 부인의 사춘기 이후의 사진도 있었는데, 이는 연 애기간, 결혼사진으로 이어졌다. 앨범의 마지막 부분에는 그녀의 손녀들 의 사진을 넣었다. 모두가 함께 참가하여 다정다감하게 여행을 하는 것 같았다. 앤디는 가족의 역사에 대하여 말하고 있는 어머니의 모습을 기 록으로 남기기 위해 비디오카메라를 대여하고 싶다고 말했다. 모두가 '훌륭한 생각' 을 해 낸 그에게 찬사를 보내면서 손녀들은 그들이 비디오 기록의 일부가 되기를 바란다고 말했다.

앨범사진을 검토하는 일을 마친 후 치료사는 앨범을 통해 회고하면서 야기된 감정을 느껴보게 하기 위해 '과거의 긍정적인 추억들과 관련된 집단화를 만들어 보도록' 지시했다.

가족들은 로젠 부인이 집단화 작업을 주도해 줄 것을 요청했다. 실제로 그림 그리기를 시작하기 전에 할머니는 가족 모두의 의견을 제시할 것을 제안했다. 그리고 각자의 의견들을 종합하여 제목을 '축하에 관련된 추억들'로 지었다. 첫 그림은 '흰 천과 푸른 천으로 만든 차양 아래에서 결혼식을 올리고 있는 로젠 씨 부부의 모습'이었다. 다른 장면은 '힌드와 앤디의 결혼식'을 표현한 것이었다. 그리고 다음에는 레다와 다이안이 있는 '두 개의 아기 침대'를 그렸다. 다음으로는 잡지사진으로 콜라주를 구성했는데 이는 한 가족이 '해마다 열리는 유대인의 전통적인 명절, 유월절 만찬을 하고 있는 장면'이었다. 마지막으로 로젠 부인의 최근의 결혼기념일을 의미하는 '45개의 초가 꽂힌 웨딩 케이크'를 그리기 위해 모두가 협력했다(그림 130).

가족화는 가족 모두에게 즐거우면서도 괴로움과 슬픔을 느끼도록 했다. 치료를 마감하면서 로젠 씨 부부는 가끔 어려웠을 때도 있었지만 '훌륭한 인생을 함께' 살아 왔음을 선언했다.

[그림 130] 축하함

6) 제6회 치료세션-가족치료 : 가족 모두 참석

　치료사는 지난주보다 로젠 부인의 체력이 급속히 악화되고 있음에 충
격을 받았다. 임종의 시간이 가까워진 것을 인식한 치료사는 서로가 작
별인사를 해야 할 시간이 가까워지고 있다고 생각했다. 이러한 이유로
가족원들에게 "당신의 부인, 어머니, 할머니에게 각자가 표현하고 싶은
어떤 것을 만들어 보십시오."고 지시했다. 그 지시에서 제외된 로젠 부
인에게는 아직도 미처 끝내지 못한 메시지 또는 가족들에게 하고 싶은
무엇을 전달하도록 요청했다.

　로젠 씨는 마분지로 만든 '심장모양'을 들어 보이면서 이것은 아내에
대한 그의 사랑을 나타낸다고 말했다(그림 131). 김이 나는 '닭고기 수프
가 든 그릇'을 그린 힌드는 어머니에게 "당신은 항상 내가 필요로 하는
것을 주셨어요. 당신은 배려 깊은 멋진 어머니였어요(그림 132)."라고 말
한 후에 그녀의 부모님에게로 다가가서 꼭 껴안고 키스를 했다. 앤디는
'저녁 식탁에 둘러앉아 있는 가족사진'을 보면서 눈물을 글썽이고 있었
다. 그는 '한 가족'이라는 단어를 오려서 붙였고, 로젠 부인을 바라다보
면서 말했다. "장모님을 나의 어머니처럼 느껴왔어요(그림 133)." 레다는

[그림 131] 사랑

[그림 132] 양육함

머뭇거리다가 팔을 벌리고 있는 사람의 조각상을 보여 주었다. 그녀는 할머니를 응시하면서 "당신은 항상 나를 위하여 거기에 있으셨어요. 어머니나 아버지가 화가 나셨을 때마다 나는 항상 할머니에게로 달려갈 수 있다는 것을 알았어요. 당신은 내 말에 귀 기울이셨고, 맛있는 음식을 주셨고, 나의 얼굴을 씻겨 주셨고, 껴안아 주셨고, 나의 부모님에게 나와 같은 아이가 있다는 것은 행운이라고 전화로 말씀하기도 하셨어요(그림 134)."라고 말했다.

종이 위에 "100%"라는 하나의 표시를 그렸던 다이안은 그녀의 작품을 마지막으로 보여 주었다. "할머니, 항상 당신을 의지할 수 있다고 생각했어요. 결코 그 약속을 어긴 일이 없었어요. 언제나 할머니를 속이는 나쁜 일은 할 수 없었어요. 할머니가 없이 살아간다는 것은 상상할 수 없어요." 다이안은 더 이상 말을 잇지 못하고 흐느끼기 시작했다. 아버지가 딸에게 다가서자 그녀는 아버지의 어깨에 기대어 계속 울었다.

가족들 각자의 고백을 들으면서 로젠 부인은 의연함을 잃지 않았다. 그녀는 흐트러짐이 없는 태도로 그녀 자신의 작품을 보여 주었다. 그것

[그림 133] 가족에 통합함

[그림 134] 항상 거기에 있음

은 가운데에 하트 모양이 있는 무지개를 수채화로 그린 것이었다. "각각의 무지개 색깔은 가족 수를 나타낸다. 그들(각각의 무지개 색깔) 모두가 모였을 때는 혼자 있을 때보다 그것 이상의 아름다운 무엇을 나타내게 되지. 그러면서도 각자의 색깔 그 자체만으로도 사랑스러울 수 있단다." 라고 설명했다. 그녀는 어떤 색깔이 불명확한 위치에 그려진 것에 대하여 지적하면서, "나는 살 날이 얼마 남지 않았다. 모든 것들이 항상 완벽할 수는 없기에 화가 날 때도 있었고, 상처받았을 때도 있었지. 그러나 전체적으로 나는 아주 운이 좋은 사람이었어. 암, 아주 운 좋은 행복한 사람이었지. 나는 모두가 그것을 알기를 바란다."라고 말했다(그림 135).

작별은 모두에게 심신을 지치게 하는 경험이었다. 치료의 중요한 목표에 도달했기 때문에 앞으로의 미술치료는 종결에 초점을 두기로 했다.

7) 제7회 치료세션-가족치료 : 가족 모두 참석

치료를 시작할 때 로젠 부인은 가정 호스피스가 배치되었다고 하면서

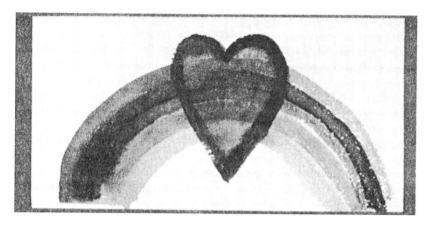

[그림 135] 가족은유

"홀가분하다."고 말했다. "치료사는 할머니를 제외한 가족들은 로젠 부인에게 주고 싶은 무엇인가를 만들고, 로젠 부인은 가족들에게 주고 싶은 무엇인가를 만들어 보십시오."라고 지시했다.

애도과정은 이미 시작되었고 가족 모두에게 깊은 슬픔이 엄습했다. 작품을 만드는 것은 가족들에게 억눌렸던 생각들을 풀어주기 위한 기회를 주었다. 로젠 씨는 자신이 만든 그릇에 담긴 알약을 보여 주면서 부인에게 '고통으로부터 벗어날 수 있는 자유'를 선물로 주고 싶다고 말했다. 그리고 "만약 당신의 고통을 제거할 수만 있다면 무엇이든 기꺼이 하겠다."라는 말을 덧붙였다. 로젠 부인은 남편에게 그 사실을 잘 알겠다고 하면서 힘없이 희미하게 웃었다.

힌드는 그녀의 어머니에게 '마음의 평화'를 의미하는 '만다라 그림'을 건네 주면서 어머니가 바라는 것은 어떠한 것이라도 따를 것이라고 했다. 앤디는 오려낸 '베개'를 보여 주면서 이것은 장모님을 '더욱 더 편안하게' 하고 싶은 그의 바람을 나타내는 것이라고 말했다. 다이안은 공작종이로 '귀'를 만들었는데 이는 '할머니가 원하는 것은 무엇이든지 듣겠다'는 그녀의 바람을 표현한 것이다. 레다는 다양한 색상과 디자인으로 그린 그림을 제시하면서 이것은 '은유적으로 할머니의 인생에 어떤 아름다움을 가져다 주기 위한 자신의 노력'이라고 말했다.

로젠 부인은 가족으로부터 큰 기쁨을 얻게 되었다고 말했고, 그들의 선물이 정말로 고맙고 그녀에게 가장 필요한 것들이라고 덧붙였다. 또 그녀는 신체적으로나 정서적으로 지쳤다고 느껴서 아무 작품도 만들지 못한 것에 대하여 사과했다. 로젠 부인은 그녀의 가족들에게 그녀가 할 수 있는 한 많은 것들을 이미 준 것처럼 보였다.

방안에 있는 가족은 애정과 슬픔이 뒤엉킨 표정들을 하고 있었다. 가족들이 이미 그들 자신의 일들을 했기 때문에 어떠한 맺음말도 할 필요가 없었다.

8) 다음 주

벨몬트 부인은 전화를 걸어 (그녀의) 어머니의 임종이 임박해 오고 있으며 약물치료를 집중적으로 받고 있다고 말했다. 그리고 다음 주, 로젠 부인은 세상을 떠났다.

9) 몇 달 후

저자는 벨몬트 부인으로부터 전화를 받았다. 그녀는 미술치료 포트폴리오를 가질 수 있는지를 물으면서 가족들이 그것을 다시 한 번 보기를 원한다고 설명했다. 치료사는 기꺼이 그 요구에 동의했고 그들의 애도과정에 위안을 줄 수 있게 되기를 바란다고 했다.

10) 몇 주 후

벨몬트 부인이 저자에게 다시 전화를 주었는데 그 일은 고통스럽기도 했지만 매우 만족스러웠다고 알려 왔다. 그녀는 가족들 스스로가 어머니를 돕는 데 그들이 행했던 역할들을 아주 훌륭하다고 느끼면서 어머니의 죽음의 날을 겪었다고 말했다. 로젠 부인은 또한 저자에게도 특별한 내담자와 그의 가족과의 기억에 남을 만한 경험을 유산으로 남겼는데, 힌드가 저자에게 마지막으로 한 "우리에게 남겨 준 어머니의 유산(미술작업을 통하여 남긴 메시지를 의미했음)을 보았을 때 어머니가 매우 친밀하게 느껴집니다."라는 말은 지금까지도 인상 깊게 남아 있다.

3. 요 약

3세대 가족미술심리치료를 실시했다. 이는 할머니의 닥쳐 오는 죽음을 둘러싸고 있는 문제에 대한 치료였다. 치료의 목적은 다음과 같다. ① 말기 환자를 돕고 가족들이 앞으로 닥칠 죽음에 직면하도록 돕는다. ② 가족들로 하여금 자신들의 감정을 표출하여 다루도록 한다. ③ 개방적인 지지 체제를 설정한다. ④ 작별할 시간을 제공한다. ⑤ 포트폴리오는 남아 있는 가족들에게 사후치료의 가치를 가지게 하고 그들이 서로를 진실, 위엄, 사랑으로 다루었다는 경험을 확인시켜 준다.

치료회기는 치료실뿐만 아니라 가정방문도 포함하여 주로 긍정적인 가족생활을 회고하는 방법을 미술작업을 통하여 하게 하는 것으로 진행된다. 남겨진 미술작품들은 가족들로 하여금 그들이 할머니의 죽음을 진실되고 존엄성이 존중된 방식으로 사랑을 가지고 다루었다는 확신을 가지도록 했다는 점에서 가족들에게도 치료적인 가치가 있음이 입증되었다.

추천도서

Aldrich, G. K. The dying patient's Grief. *Journal of American Medical Association, 184,* 109-111, 1963.

Beatman, F. L. Intergenerational aspects of family therapy. In N. W. Ackerman (Ed.), *Expanding Theory and Practice in Family Therapy.* New York: Family Service Association of America, 1967, pp. 29-38.

Blazer, D. G. Working with the elderly patient's family. *Geriatrics, 33,* 117-123, 1978.

Boszormenyi-Nagy, I., & Spark, G. M. *Invisible Loyalties: Reciprocity in intergenerational Family Therapy.* New York: Harper & Row, 1973. (Reprinted by Brunner/Mazel, New York, 1984.)

Brink, T. L. Family counseling with the aged. *Family Therapy, 3,* 163-169, 1976.

Cameron, P. the generation gap: Time orientation. *The Gerontologist, 12*(2), 117-119, 1972.

Crap, F. Some Components of disengagement. *Journal of Gerontology, 23,* 382-386, 1968.

Feifel, H. Death. In N. L. Farberow (Ed.), *Taboo Topics,* New York: Atherton Press, 1963.

Hammer, E. F. *The Clinical Application of Projective Drawings.* Springfield, IL: Charles C Thomas, 1971.

Headly, L. *Adults and Their Parents in Family Therapy.* New York: Plenum Press, 1977.

Herr, J. J., & Weakland, J. H. *Counseling Elders and their Families: Practical Techniques for Applied Gerontology.* New York: Springer Publishing, 1979.

Hinton, J. *Dying.* Baltimore: Pelican Books, 1972.

Horowitz, L. Treatment of the family with a dying member. *Family Process, 14*(1), 95-107, March 1975.

Junge, M. the book about Daddy Dying: A Preventative art therapy technique to help families deal with the death of a family member. *Art therapy, 2*(1), 4-10, March, 1985.

Killer, M. R. *Families: A Multigenerational Approach.* New York: McGraw-Hill, 1974.

Kimmel, D. C. *Adulthood and Aging.* New York: John Wiley & Sons, 1974.

Kubler-Ross, E. *Living with Death and Dying.* New York: Macmillan, 1980.

Landgarten, H. B. Art psychotherapy for depressed elders. *Clinical Gerontologist: The Journal of Aging and Mental Health, 2*(1), 45-55, Fall 1983.

Neugarten, B. L. *Middle Age and Aging.* Chicago: University of Chicago press, 1967.

Peterson, J. A. Marital and family therapy involving the aged. *Gerontologist, 13,* 27-31, 1973.

Pincus, R. *Death and the Family.* New York: Random House, 1974.

Reilly, D. M. Death propensity, dying and bereavement: A family systems perspective. *Family Therapy, 5,* 35-55, 1978.

Schulz, R. *The Psychology of Death, Dying and Bereavement*, Reading: Addison-Wesley, 1978.

Seelbach, W. C. Correlates of aged parents' filial responsibility expectations and realizations. *Family Coordinator, 27,* 341-350, 1978.

Schneidman, E. S. *Death.* Palo Alto: Mayfield, 1984.

Siegler, I. C., & Blazer, D. G. (Eds.) *Working with the Family of Older Adults.* Reading: Addison-Wesley, 1981.

Soulen, R. *Care for the Dying.* Atlanta: Knox, 1975.

Spark, G. M., & Brody, E. M. the aged are family members. *Family Process, 9,* 195-210, 1970.

Spark, G. M. Grandparents and intergenerational family therapy. *Family Process, 12*(2), 225-239, 1974.

Stoddard, S. *The Hospice Movement.* New York: Vintage, 1978.

Weisman, A. *On Dying and Denying.* New York: Behavioral Publications,

1972.

Worden, J. W. *Personal Death Awareness.* Englewood Cliffs, NJ: prentice-Hall, 1976.

Zuk, G. H. *Family Therapy: A Triadic Based Approach.* New York: Behavioral Publications, 1971.

에 필로그

 이 책에 소개된 사례들을 기록해 가면서 나는 가족들이 가지고 있는 이슈 중에는 언제나 분리와 상실이 포함된다는 사실을 알게 되었고 충격을 받았다. 그러한 아픔이 성숙에 이르게 하기도 하고 지연시키기도 한다는 것을 아는 만큼 너무 성급하게 직접적으로 연결하려는 것에서 오는 무리함을 은유적으로 작업하는 미술치료가 더욱 적절하다고 생각하게 되었다.

 가족미술심리치료사로서 일을 한다는 것이 저자에게는 만족의 원천이 된 것 같다. 미술치료를 통해 가족들이 가진 서로를 보는 태도와 그들의 사고체계, 서로를 받아들이는 방식이 기꺼이 변화할 수 있음이 증명되고 있다. 나는 여러 해 전에 미술치료를 받았던 어느 환자와 일회적인 위기중재 목적의 만남을 통해서 후속정보를 입수했다. 두 번의 미술치료세션에서 구성원들이 치료적 경험을 하게 되었고, 그 경험을 통하여 변화된 것이 그 이후에도 유지될 수가 있었다고 했다. 그리고 그 이후 그 환자들은 결혼을 했고 자녀를 갖게 되었다고 했다. 그것이 가능했던 것은 family-of-origin이라는 주제의 미술치료가 그들에게 스스로를 성찰할 수 있게 했기 때문이라고 했다.

 독자들에게 이 사실이 중요하다고 밝히는 이유는 가족미술심리치료사는 두 가지의 영역에서 동시에 창조적이 되어야 함을 보여 주고 있기 때문이다. 즉, 치료에 참여한 구성원들의 심리적인 현실에 관심을 집중할 뿐만 아니라 치료적인 목적에 이바지하는 적절한 미술작업을 즉각적으로 결정하여 시행할 수 있어야 한다는 것이다. 이러한 두 가지의 도전은 가족치료 임상가들이 흔히 경험하는 "burn-out" 현상을 낮추어 줄 수 있고, 가족미술심리치료를 만족스럽고 생동감 있게 실시할 수 있게 한다고 본다.

미술을 통한 심리치료가 가지는 여러 부가적인 장점들 중 대수롭지 않게 취급되는 부분이 있다면 치료대상의 지적 및 심리적인 세련됨이나 빈부귀천을 넘나든다는 것이다. 또한 이 책에서 증명되었듯이 미술매체는 가족미술심리치료사로 하여금 그 치료적인 목적에 따라 성찰, 상호소통, 인간관계성, 증상경감 등에 다양한 치료적인 접근방법들을 수용할 수 있게 한다는 것이다.

최근 가족치료에 대한 서적들이 많이 편찬되고 있는 것은 그만큼 이 분야의 일이 중요하게 다루어지고 있다는 것을 보여 주는 현상일 것이다. 많은 정신건강전문기관들이 가족치료사들을 직원으로 채용하고 있다는 것이 이를 입증하고 있다. 이러한 현상을 볼 때 모든 정신건강을 다루는 분야에서 가족들을 치료하는 서비스가 이루어질 것이라는 예견을 해 볼 수 있다.

가족미술심리치료가 만병통치약은 아니다. 그러나 만약 이것이 사려 깊음, 전문적인 지식, 그리고 숙련됨에 의하여 실행된다면 치유를 위한 심리치료의 한 유용한 기법이 되리라는 점에는 의심의 여지가 없다.

참 고문헌

Abel, T. M. Figure drawing and facial disfigurement. *American Journal of Orthopsychiatry, 23,* 253-264, 1953.

Ackerman, N. W. Family psychotherapy and psychoanalysis: The implications of difference. In N. W. Ackerman (Ed.), *Family Process.* New York: Basic Books, 1970 (a).

Ackerman, N. W. (Ed.). *Family Therapy in Transition.* New York: Little, Brown, 1970 (b).

Albee, G. W., & Hamlin, R. M. An investigation of the reliability and validity of judgments of adjustment inferred from drawings. *Journal of Clinical Psychology, 5,* 389-392, 1949.

Alexander, F. The psychoanalyst looks at contemporary art. In R. Lindner (Ed.), *Explorations in Psychoanalysis.* New York: Julian Press, 1955.

Alschuler, R., & Hattwick, L. W. *Painting and Personality.* Chicago: University of Chicago Press, *1* & 2, 1947 (rev. ed. 1969).

Ames, L. B., Metraux, R. W., Rodell, J. L., & Walker, R. N. *Child Rorschach Responses.* New York: Brunner/Mazel, 1974.

Ames, L. B., Metraux, R. W., & Walker, R. N. *Adolescent Rorschach Responses.* New York: Brunner/Mazel, 1971.

Anastasi, A., & Foley, J. P. An analysis of spontaneous drawings by children in different cultures. *Journal of Applied Psychology, 20,* 689-726, 1936.

Anderson, C. M., & Stewart, S. *Mastering Resistance: A Practical Guide to Family Therapy*. New York: Guilford Press, 1983.

Anderson, F., & Landgarten, H. B. Art therapy program in the mental health field. *Studies in Art Education, 15*(5), 1973-74.

Andolfi, M. *Family Therapy: an Interactional Approach*. New York: Plenum Press, 1979.

Aponte, H. J. Psychotherapy for the poor: An eco-structural approach to treatment. *Delaware Medical Journal,* March 1974.

Ard, B., & Ard, C. (Eds.). *Handbook of Marriage Counseling*. Palo Alto, CA: Science & Behavior Books, 1969.

Arieti, S. *The Intrapsychic Self*. New York: Basic Books. 1967.

Arieti, S. *Creativity: The Magic Synthesis*. New York: Basic Books, 1976.

Arnheim, R. *Visual Thinking*. Berkeley; University of California Press, 1969.

Auerbach, J. G. Psychological observations on "dooding" in neurotics. *Journal of Nervous and Mental Disorders, III,* 304-332, 1950.

Bandler, R., Grinder, J., & Satir, V. *Changing with Families*. Palo Alto, CA: Science & Behavior Books, 1976.

Bandura, A. Psychotherapy based upon modeling principles. In A. E. Bergin & S. L. Garfield (Eds.), *Handbook of Psychotherapy and Behavior Change*. New York: John Wiley & Sons, 1971.

Bandura, A., & Walter, R. H. *Aggression: A Study of the Influence of Child-Training Practices and Family Interrelationships*. New York: Ronald, 1959.

Bank, S. P., & Kahn, M. D. *The Sibling Bond*. New York: Basic Books, 1982.

Barker, P. *Basic Family Therapy*. Baltimore: University Park Press, 1981.

Barnes, M., & Berke, J. *Mary Barnes*. New York: Ballantine Books, 1971.

Barten, H., & Barten, S. *Children and their Parents in Brief Therapy*. New York: Behavioral Publication, 1973.

Beck, H. S. A study of the applicability of the H-T-P to children with respect to the drawn house. *Journal of Clinical Psychology, II,* 60-63, 1955.

Beels, C., & Ferber, A. Family therapy: A view. *Family Process, 8,* 280, -332,

1969.

Bell, N., & Vogel, E. *A Modern Introduction to the Family.* Glencoe, IL: Free Press, 1960.

Bell, N. W., & Vogel, E. F. *The Family.* Glencoe: Free Press. 1960.

Bender, L. (Ed.). *Child Psychiatric Techniques.* Springfield, IL: Charles C Thomas, 1952.

Benedek, T. The emotional structure of the family. In R. N. Anshen (Ed.), *The Family: Its Functions and Destiny.* New York: Harper, 1949, pp. 202-225.

Bertalanffy, L. von. *General Systems Therapy: Foundation, Development, Applications.* New York: Brazillier, 1968.

Betensky, M. *Self-discovery Through Self-expression.* Springfield, IL: Charles C Thomas, 1973.

Betensky, M. Patterns of visual expression in art psychotherapy. *Art Psychotherapy, 1*(2), Fall, 1973.

Bing, E. The conjoint family drawing. *Family Process, 9*(2), June 1970.

Bloch, D. *Techniques of Family Psychotherapy, A Primer.* New York: Grune & stratton, 1973.

Blos, P. *The Adolescent Personality.* New York: Appleton-Century-Crofts, 1941.

Boszormenyi-Nagy, I., & Ulrich, D. N. Contextual family therapy. In A. S. Gurman & D. P. Kniskern (Eds.), *Handbook of Family Therapy.* New York: Brunner/Mazel, 1981, pp. 159-186.

Boszormenyi-Nagy, I., & Framo, J. L. *Intensive Family Therapy: Theoretical and Practical Aspects.* New York: Harper & Row, 1965.

Bowen, M. The use of family theory in clinical practice. *Comprehensive Psychiatry, 9,* 1966.

Bradley, S., & Sloman, L. Elective mutism in immigrant families. Journal of the *American Academy of Child Psychiatry, 14,* 510-14, 1975.

Brant, R. S. T., & Tisza, V. B. The sexually Misused child. *American Journal of Orthopsychiatry, 47*(1), 80-90, 1977.

Broderick, C. B. Beyond the five conceptual frameworks: A decade of development in family theory. In C. B. Broderick (Ed.), *A Decade of family Research and action*. Minneapolis: National Council on family Relations, 1971.

Bross, A. *Family Therapy*. New York: Guilford Press, 1982.

Brown, S. L. Dynamic family therapy. In H. Davanloo (Ed.), *Short-term Dynamic Psychotherapy*. New York: Jason Aronson, 1980.

Burns, R. C. *Self-growth in families. Kinetic Family Drawings (KFD): Research and Application*. New York: Brunner/Mazel, 1982.

Burns, R. C., & Kaufman, S. H. *Kinetic Family Drawings*. New York: Brunner/Mazel, 1970.

Cane, F. *The Artist in Each of Us*. New York: Pantheon, 1951.

Cath, S. H., Gurwitt, A. R., & Ross, J. M. (Eds.). *Father and Child: Developmental Perspectives*. Boston: Little Brown, 1982.

Cohn, F. W. Art Therapy: Psychotic Expression and Symbolism. *The Arts in Psychotherapy, 8*(1), 1981.

Corfman, E. et al. *Families Today*. Rockville, MD: U.S. Department of Health, Education and Welfare, Vol. I, 1979.

Coser, R. *The Family, Its Structure and Functions*. New York: St. Martin's Press, 1964.

Cutter, F. *Art and the Wish to Die*. Chicago: Nelson Hall, 1982.

Davanloo, H. (Ed.). *Short-term Dynamic Psychotherapy*. New York: Jason Aronson, 1980.

Dax, E. C. *Experimental Studies in Psychiatric Art*. London: Faber & Faber, Ltd. 1953.

DeFrancis, V. Protecting the child victims of sex crimes committed by adults. *Fed. Prob., 35*, 15-20, 1971.

Dell, P. J. Beyond homeostasis: Toward a concept of coherence. *Family Process, 21*(1), 21-41, 1982.

Dicks, H. V. *Marital Tensions: Clinical Studies Towards a Psychological Therapy of interaction*. London: Routledge & Kegan Paul, 1967.

Di Leo, J. H. *Young Children and their Drawings*. New York: Bunner/Mazel, 1970.

Di Leo, J. *Child Development: Analysis and Synthrsis*. NY: Bunner/Mazel, 1977.

Duhl, B. S. *From the Inside Out and Other Metaphors*. New York: Bunner/Mazel, 1983.

Duvall, E. M. *Marriage and Family Development* (5th ed.). New York: Lippincott, 1977.

Ehrenzweig, A. *The Psycho-Analysis of Artistic Vision and Hearing*. New York: George Braziller, 1967.

Eisler, R. M., & Hersen, M. Behavioral Techniques in family-oriented crisis intervention. *Archives of General Psychiatry, 28,* 111-16, 1973.

Engel, G. A Life setting conducive to illness-the giving up complex. *Annals of Internal Medicine, 69,* 293-300, 1968.

Epstein, N. B., & Hogan, D. S. Problem-centered systems family therapy. *Journal of Marital Therapy, 7*(1), 23-32, 1981.

Erickson, G. D., & Hogan, T. P. (Eds.). *Family Therapy: An Introduction to Theory and Technique (2nd ed.)*. Monterey, CA: Books/Cole, 1981.

Feater, B. W., & Rhoads, J. M. Psychodynamic behavior therapy: II. Clinical aspects. *Archives of General Psychiatry, 26,* 503-511, 1972.

Feder, E., & Feder, B. *The Expressive Arts Therapies. Engnewood Cliffs*, NJ: Prentice-Hall, 1981.

Ferrira, A. J. Family myths and homeostasis. *Archives of General Psychiatry, 9,* 457-463, 1963.

Fischer, R. Art interpretation and art therapy. In I. Jakab (Ed.), *Psychiatry and Art*. Basel: Karger, 1969, p. 33.

Ford, F. R., & Herrick, J. Family lifestyles. *American Journal of Ortho-psychiatry, 44,* 61-69, 1974.

Framo, J. L. (Ed.). Family Interaction: *A Dialogue Between Family Researchers and Family Therapists*. New York: Springer, 1972.

Framo, J. Family origin as a therapeutic resource for adults in marital and family therapy: You can and should go home again. *Family Process, 15,* 193, 210, 1976.

Frazier, E. F. The Negro family. In R. N. Anshen (Ed.), *The family: Its Function and Destiny.* New York: Harper, 1949, pp. 142-158.

Frazier, E. F. Problems and needs of Negro children and youth resulting from family disorganization. *J. Negro Educ., 19,* 269-277, 1950.

Freud, A. *The Psychoanalytical Treatment of Children.* New York: Schocken, 1964.

Freud, S. *On Creativity and the Unconscious: Papers on the Psychology of Art, Literature, Love, Religion.* New York: Harper & Row, 1958.

Freud, E. *Artistic Productivity and Mental Health.* Springfield, IL: Charles C Thomas, 1964.

Fromm, E. *The Forgotten Language.* New York: Grove Press, 1951.

Fuman, E. *A Child's Parent Dies: Studies in Childhood Bereavement.* New Haven: Yale University Press, 1974.

Gardner, H. *Art, Mind and Brain: A Cognitive Approach to Creativity.* New York: Basic Books, 1982.

Gardner, H. *The Arts and Human Development.* New York: Wiley, 1973.

Ghiselin, B. (Ed.). *The Creative Process.* Berkeley: University of California Press, 1952.

Glaser, K. Masked depression in children and adolescents. *American Journal of Psychotherapy, 21,* 563-74, 1976.

Glasser, P. H., & Glasser, L. N. (Eds.). *Families in Crisis.* New York: Harper & Row, 1970.

Glick, I. D., & Kessler, D. R. *Marital and Family Therapy.* New York: Grune & Stratton, 1974.

Goldenberg, I., & Goldenberg, H. *Family Therapy: An Overview.* Monterey, CA: Books/Cole, 1980.

Goldstein, J., Freud, A., & Solnit, A. *Beyond the Best Interests of the Child.* New York: The Free Press, 1975.

Golombek, H. The therapeutic contract with adolescents. *Canadian Psychiatric*

Association Journal, 14, 497-502, 1969.

Goode, W. *The Family.* Englewood Cliffs, NJ: Prentice-Hall, 1964.

Goodman, N. *Languages of Art* (2nd. ed.). Indianapolis: Hackett, 1976.

Greenburg, L. Therapeutic grief work with children. *Social Casework, 56,* 396-403, 1975.

Greenspoon, D. Case study: The development of self-expression in a severely disturbed adolescent. *American Journal of Art Therapy, 22*(1), October 1982.

Gurman, A. S., & Kniskern, D. P. (Eds.). *Handbook of Family Therapy.* New York: Brunner/Mazel, 1981.

Guerin, J. P. (Ed.). *Family Therapy: Theory and Practice.* New York: Gardner Press, 1963.

Haley, J. *Strategies of Psychotherapy.* New York: Grune & Stratton, 1963.

Haley, J. Family Therapy. In C. Sager & H. Kaplan (Eds.), *Progress in Group and Family Therapy.* New York: Brunner/Mazel, 1972.

Haley, J. *Uncommon Therapy.* New York: Norton, 1973.

Haley, J., &Hoffman, L. *Techniques of Family Therapy.* New York: Basic Books, 1967.

Hanes, K. M. *Art Therapy and Group Work: An Annotated Bibliography.* Westport: Greenwood Press, 1982.

Harris, J., & Joseph, C. *Murals of Mind.* New York: International Universities Press, 1973.

Hatterer, L. J. *The Artist in Society: Problems and Treatment of the Creative Personality.* New York: Grive Press, 1965.

Havelka, J. *The Mature of the Creative Process in Art.* The Hague: Martinus Nijhoff, 1968.

Heinicke, C. M., & Westheimer, I. J. *Brief Separations.* New York: International Universities Press, 1965.

Herjanic, B., & Wilbois, R. P. Sexual abuse of children: Detection and management. *Journal of the American Medical Association, 239,* 331-33, 1978.

Herr, J., & Weakland, J. H. *Counseling Elder and Their Families: Practical Techniques for Applied Gerontology*. New York: Springer, 1979.

Hill, A. *Art Versus Illness*. London: George Allen and Unwin, 1945.

Horowitz, M. J. *Image Formation and Cognition*. New York: Appleton-Century Crofts, 1970.

Howells, J. G. (Ed.). *Theory and Practice of Family Psychiatry*. London: Oliver & Boyd, 1968.

Howells, J. G. (Ed.). *Modern Perspectives in International Child Psychiatry*. New York: Brunner/Mazel, 1971.

Howells, J. G. (Ed.). *Advances in Family Psychiatry*. New York: International Universities Press, Vol. 1, 1979.

Howells, J. G. (Ed.). *Advances in Family Psychiatry*. New York: International Universities Press Inc., Vol. 2, 1980.

Jackson, D. D. Family interaction, family homeostasis, and some implications for conjoint family psychotherapy. In J. Masserman (Ed.), *Individual and Family Dynamics*. New York: Grune & Stratton, 1959.

Jackson, D. The marital quid pro quo. In G. Zuk & I. Boszormenyi-Nagy (Eds.), *Family Therapy for Disturbed Families*. Palo Alto: Science and Behavior Books, 1966.

Jackson, D. *Human Communication*. Vols. I & II. Palo Alto, CA: Science & Behavior Books, 1967.

Jackson, D. D. (Ed.). *Communication, Family and Marriage*. Palo Alto: Science and Behavior Books, 1968.

Jackson, D. D. (Ed.). *Therapy, Communication and Change*. Palo Alto: Science and Behavior Books, 1968.

Jacobi, J. Pictures from the unconscious. *Journal of Projective Techniques, 19*, 264-270, 1955.

Jakab, I. (Ed.). *Psychiatry and Art*. New York: S. Karger, I(1968), II & III(1971), IV(1975).

Jolles, I. A study of the validity of some hypotheses for the qualitative interpretation of H-T-P for children of elementary school age. Sexual identification. *Journal of Clinical Psychology, 8,* 113-119, 1952.

Jung, C. G. *Man and His Symbols.* New York: Doubleday, 1964.

Junge, M. The book about Daddy dying: A preventative art therapy technique to help families deal with the death of a family member. *Art Therapy, 2*(1), 4-9, March, 1984.

Junge, M., & Maya, V. Woman in their forties: A group portrait and implications for psychotherapy. *Woman and Therapy, 4*(3), Fall, 1985.

Kaffman, M. Short-term therapy. *Family Process, 2,* 216-234, 1963.

Kahana, R. J., & Levin, S. Aging and the conflict of generations. *Journal of Geriatric Psychiatry,* 1971, 4, 115-135.

Kellog, R. *The Psychology of Children's Art.* New York: Random House, 1967.

Kestenberg, J. S. *Children and Parents.* New York: Jason Aronson, 1975.

Kiell, N. *Psychiatry and Psychology in the Visual Arts and Aesthetic: A Bibliography.* Madison: University of Wisconsin Press, 1965.

Koestler, A. *The Art of Creation.* New York: Macmillan, 1964.

Kramer, E. *Art as Therapy in a Children's Community.* Springfield, IL: Charles C Thomas, 1958.

Kramer, E. *Art as Therapy with Children.* New York: Schocken Press, 1971.

Kreitler, H., & Kreitler, S. *Psychology of the Arts.* Durham, NC: Duke University Press, 1972.

Kris, E. *Psychoanalytic Explorations in Art.* New York: International Universities Press, 1952.

Kubie, L. *Neurotic Distortion of the Creative Process.* Lawrence, KN: Universities of Kansas Press, 1959.

Kubie, L. Psychoanalysis and marriage: Practical and theoretical issues. In V. Eisenstein (Ed.), *Neurotic Interaction in Marriage.* New York: Basic Books, 1956.

Kubler-Ross, E. *Death: The Final Stage of Growth.* Englewood Cliffs, NJ: Prentice-Hall, 1975.

Kubler-Ross, E. *On Death and Dying.* New York: Macmillan, 1969.

Kurelek, W. *Someone with Me*. Toronto: McClelland and Stewart Limited, 1980.

Lamb, D. *Psychotherapy with Adolescent Girls*. San Francisco: Jossey-Bass, 1978.

Landgarten, H. Lori: Art therapy and self-discovery. 16mm. sound film in color. Los Angeles: Art Therapy Film Distributors.

Landgarten, H. Mutual task-oriented family art therapy. *Proceedings of the American Art Therapy Association, 24*, 1974.

Landgarten, H. B. Adult art psychotherapy. *International Journal of Art Psychotherapy, 2*(1), 1975.

Landgarten, H. B. Art therapy as a primary mode of treatment for an elective mute. *American Journal of Art Therapy, 14*(4), July 1975.

Landgarten, H. Group art therapy for mothers and their daughters. *American Journal of Art Therapy, 14*(2), 1975.

Landgarten, H. Changing status of art therapy in Los Angeles. *American Journal of Art Therapy, 15*(4), 1976.

Landgarten, H. B. *Mutual Task-Oriented Family Art Therapy: Creativity and the Art Therapist's Identity*. American Art Therapy Association, 1977.

Landgarten, H. My struggle with maintaining a dual professional identity: Artist and art psychotherapist. *Proceedings of the American Art Therapy Association, 38-39,* 1977.

Landgarten, H. B. Competency based education. *Art Therapy Education,* Series I, March 1978.

Landgarten, H. B. Status of art therapy in Greater Los Angeles, 1974: Two-year follow-up study. *International Journal of Art Psychotherapy, 5*(4), 1978.

Landgarten, H. B. *Clinical Art Therapy: A Comprehensive Guide*. New York: Brunner/Mazel, 1981.

Landgarten, H. B. Hanna Kwiatknowska's legacy. *Personality of the Therapist.* American Society Psychopathology of Expression, Pittsburgh, PA, 1981.

Landgarten, H. B. Lori finds herself. In E. Feder & B. Feder (Eds.), *Expressive*

Arts Therapy. Englewood Cliffs, NJ: Prentice-Hall, 1981, pp. 104-112.

Landgarten, H. B. Art psychotherapy for depressed elders. *Clinical Gerontologist, 2*(1/2). Haworth Press, New York, Winter 1983.

Landgarten, H. B. Burnout and the role of art psychotherapist. *Clinical Gerontologies, 2*(2). Haworth Press, New York, Winter 1983.

Landgarten, H. B. Visual dialogues: The artist as art therapist, the art therapist as artist, *Art Therapy Still Growing*. American Art Therapy Association, Alexandria, VA, 1983.

Landgarten, H. B. Ten year follow-up survey on art therapy in Los Angeles. *Art Therapy, 1*(2). Alexandria, VA, 1984.

Landgarten, H. B., & Anderson, F. Survey on the status of art therapy in the midwest and southern California. *American Journal of Art Therapy, 13*(2), January 1974.

Landgarten, H. B., & Harriss, M. Art therapy as an innovative approach to conjoint treatment: A case study. *International Journal of Art Therapy, 13*(2), January 1974.

Landgarten, H. B., Junge, M., Tasem, M., & Watson, M. Art therapy as a modality for crisis intervention. *Clinical Social Workers Journal, 6*(3), Fall 1978.

Lange, A., & van der Hart, Anna. *Directive Family Therapy*. New York: Brunner/Mazel, 1983.

Langsley, D. G., & Kaplan, D. M. *The Treatment of Families in Crisis*. New York: Grune & Stratton, 1968.

Lantz, J. E. *Family and Marital Therapy: A Transactional Approach*. New York: Appleton-Century Crofts, 1978.

Laquer, H. P., LaBurt, H. A., & Morong, E. Multiple family therapy. In J. Masserman (Ed.), *Current Psychiatric Therapies, 4,* 150-154, New York: Grune & Stratton.

Lewis, H. P. (Ed.), *Child Art: The Beginnings of Self-Affirmation*. Berkeley: Diablo Press, 1973.

Lewis, J. M., et al., *No Single Thread*. New York: Brunner/Mazel, 1976.

378 참고문헌

Lidz, T., Fleck, S., & Cornelison, A. *Schizophrenia and the Family*. New York: International Universities Press, 1965.

Linderman, E. W. *Invitation to Vision: Ideas and Imaginations for Art*. Dubuque, IA: William C. Brown, 1967.

Lowenfeld, V. *The Nature of Creative Activity* (2nd ed). London: Routledge and Kegan Paul, 1952.

Lowenfeld, V., & Brittain, W. L. *Creative and Mental Growth* (6th ed). New York: Macmillan, 1975.

Luthe, W. *Creativity Mobilization Technique*. New York: Grune & Stratton, 1976.

Luthman, S. *The Dynamic Family*. Palo Alto, CA: Science & Behavior Books, 1974.

Macgregor, R., Richie, A., Serrano, A., & Schuster, F. *Multiple Impact Therapy with Families*. New York: McGraw-Hill, 1964.

Malone, A. J., & Massler, M. Index of nailbiting in children. *Journal of Abnormal Psychology, 47,* 193, 1952.

Marshall, S., Marshall, H. H., & Lyon, R. P. Enuresis: An analysis of various therapeutic approaches. *Pediatrics, 51,* 813-17, 1973.

Martin, P. *A Marital Therapy Manual*. New York: Brunner/Mazel, 1976.

McHugh, A. F. Children's figure drawings in neurotic and conduct disturbances. *Journal of Clinical Psychology, 22,* 219-221, 1966.

McNiff, S. *The Arts and Psychotherapy*. Springfield, IL: Charles C Thomas, 1981.

McNiff, S. The effects of artistic development on personality. *Art Psychotherapy, 3*(2), 1976.

McNiff, S. Cross-cultural psychotherapy and art. *Art Therapy, 1*(3), October 1984.

Meares, A. *Hypnography*. Springfield, IL: Charles C Thomas, 1957.

Meares, A. *The Door of Serenity*. London: Faber & Faber, 1958.

Meares, A. *Shapes of Sanity*. Springfield, IL: Charles C Thomas, 1960.

Miller, D. *The Age Between*. New York: Jason Aronson, 1983.

Milner, M. *On Not Being Able to Paint.* New York: International Universities Press, 1976.

Milner, M. *The Hands of the Living God.* New York: International Universities Press, 1969.

Minuchin, S., Montalvo, B., Guerney, B., Rosman, B., & Shumer, F. *Families of the Slums: An Exploration of their Structure and Treatment.* New York: Basic Books, 1967.

Mizushima, K. Art therapies in Japan. *Interpersonal Development.* 2(4), 213-222, 1971/72.

Moore, R. W. *Art Therapy in Mental Health.* Washington, D.C.: National Institute of Mental Health, 1981.

Moustakas, C. E. *Creativity and Conformity.* New York: Van Nostrand Reinhold, 1967.

Naevestad, M. *The Colors of Rage and Love: A Picture Book of Internal Events.* London: White Friars Press, 1979.

Napier, A. Y., & Whitaker, C. A. *The Family Crucible.* New York: Harper & Row, 1978.

Napier, A. Y. The marriage of families: Cross-generational complementarity. *Family Process, 10,* 373-395, 1971.

Naumburg, M. *Psychoneurotic Art: Its Function in Psychotherapy.* New York: Grune & Stratton, 1953.

Naumburg, M. *Schizophrenic Art: Its Meaning in Psychotherapy.* New York: Grune & Stratton, 1953.

Neumann, E. *Art and the Creative Unconscious: Four Essays.* New York: Princeton University Press, 1969.

O'Hare, D. (Ed.). *Psychology and the Arts.* New Jersey: Humanities Press, 1981.

Papp, P. (Ed.). *Family Therapy: Full-Length Case Studies.* New York: Gardner Press, 1977.

Paul, N. L., & Grosser, G. Operational mourning and its role in conjoint family therapy. *Community Mental Health Journal, 1*(4), 339-345, 1965.

Paul, W. The use of empathy in the resolution of grief. *Perspect. Biol. Med.*, II, 143-155, 1967.

Peckman, M. *Man's Rage for Chaos: Biology, Behavior, and the Arts.* New York: Schocken Press, 1965.

Perkins, D., & Leondor, B. (Ed.). *The Arts and Cognition.* Baltimore: Johns Hopkins University Press, 1977.

Pfister, O. R. *Expressionism in Art, Its Psychological and Biological Basis.* London: Kegan Paul, Trench, Trubner and Co., 1922.

Phillps, W. (Ed.). *Art and Psychoanalysis.* Cleveland: World Publishing Co., 1963.

Pickford, R. W. *Psychology and Visual Aesthetics.* London: Hutchinson, 1972.

Pickford, R. W. *Studies in Psychiatric Art: Its Psychodynamics, Therapeutic Value and Relationship to Modern Art.* Springfield, IL: Charles C Thomas, 1967.

Pinney, E. L., & Slipp, S. Glossary of Group and Family Therapy. New York: Brunner/Mazel, 1982.

Plank, E. N., & Plank, R. Children and death: As seen through art and autobiographies. In R. S. eissler, et al. (Eds.), *Psychoanalytic Study of the Child,* Vol. 33. New Haven: Yale University Press, 1978.

Plokker, J. H. *Art from the Mentally Disturbed.* Boston: Little Brown, 1965.

Prinzhorn, H. *Artistry of the Mentally III: A Contribution to the Psychology and Psychopathology of Configuration.* New York: Springer-Verlag, 1972.

Progoff, I. *The Symbolic and Real.* New York: Julian Press, 1963.

Rabin, A. I., & Haworth, M. R. (Ed.). *Projective Techniques with Children.* New York: Grune & Stratton, 1960.

Rank, O. *Art and the Artist.* New York: Knopf, 1932.

Rees, H. E. *A Psychology of Artistic Creation.* New York: Bureau of Publications, Teachers College, Columbia University, 1942.

Reitman, F. *Psychotic Art.*. London: Routledge and Kegan Paul, 1950.

Reusch, J. *Therapeutic Communication.* New York: W. W. Norton, 1961.

Rhodes, S., & Wilson, J. *Surviving Family Life.* New York: G. P. Putnam's

Sons, 1981.

Rhyne, J. *The Gestalt Art Experience.* Palo Alto, CA: Science and Behavior Books, 1962.

Robson, B. *My Parents are Divorced Too. What Teenagers Experience and How They Cope.* Toronto: Dorset, 1979.

Roman, M., & Blackburn, S. *Family Secrets.* New York: Times Books, 1979.

Roman, M., & Haddad, W. *The Disposable Parent.* New York: Holt, Rinehart and Winston, 1978.

Rubin, J. A. *Child Art Therapy: Understanding and Helping Children Grow Through Art. (2nd ed.).* New York: Van Nostrand Reinhold, 1984.

Sachs, H. *The Creative Unconscious: studies in the Psychoanalysis of Art.* (2nd ed.). Cambridge, MA: Sci-Art Publishers, 1951.

Sager, C. J. *Marriage Contracts and Couple Therapy.* New York: Brunner/Mazel, 1976.

Sager, C. J., et al. *Treating the Remarried Family.* New York: Brunner/Mazel Inc., 1983.

Satir, V. *Peoplemaking.* Palo Alto, CA: Science & Behavior Books, 1972.

Schachtel, E. G. On color and affect, *Psychiatry, 6,* 393-409, 1943.

Schachtel, E. G. Projection and its relation to character attiudes and creativity in the kinesthetic response. *Psychiatry, 13,* 69-100, 1950.

Schaefer-Simmern, H. *The Unfolding of Artistic Activity.* Berkeley: University of California Press, 1948.

Schmidl-Washner, T. Formal criteria for the analysis of children's drawings. *American Journal of Orthopsychiatry, 2,* 95-103, 1942.

Schneider, D. E. *The Psychoanalyst and the Artist.* New York: Farrar, Straus & Co., 1950.

Sechehaye, M. A. *Symbolic Realization.* New York: International Universities Press, 1960.

Shore, M. F. (Ed.). *Red is the Color of Hurting.* Bethesda, MD: National Institute of Mental Health. 1967.

Silver, R. A. *Developing Cognitive Skills in Art.* Baltimore: University Park

Press, 1948.

Simos, B. G. *A Time to Grieve.* New York: Family Service Association, 1979.

Skynner, A. *Systems of Family and Marital Psychotherapy.* New York: Brunner/Mazel, 1976.

Smith, N. R., & Franklin, M. P. (Eds.). *Symbolic Functioning in Childhood.* Hills-dale, N. J.: Lawrence Erlbaum Associates, 1979.

Speck, R., & Attneave, C. *Family Networks.* New York: Phantom Books, 1973.

Spiegel, J. P. *Transactions: The Interplay Between Individual, Family and Society.* New York: Science House, 1971.

Steinhauer, P. D., & Rae-Grant, Q. (Eds.). *Psychological Problems of the Child in the Family.* New York: Basic books, 1983.

Stewart, R. H., Peters, T. C., March, S., & Peters, M. J. An object-relations approach to psychotherapy with marital couples, families and children. *Family Process, 14,* 161-178, 1975.

Stierlin, H. *Psychoanalysis and Family Therapy.* New York: Jason Aronson, 1977.

Stierlin, H., & Ravenscraft, K. J. Varieties of adolescent separation conflicts. *British Journal of Medical Psychology, 45,* 299-313, 1972.

Sugar, M. *The Adolescent in Group and Family Therapy.* New York: Brunner/Mazel, 1975.

Textor, M. *Helping Families with Special Problems.* New York: Jason Aronson, 1983.

Tymchuk, A. *Parent and Family Therapy.* New York: Sepctrum, 1979.

Ulman, E., & Dachinger, P. (Ed.). *Art Therapy in Theory and Practice.* New York: Science Books, 1975.

Ulman, E., & Levy, B. L. Judging Psychopathology from paintings. *Journal of Abnormal Psychology, 72,* 1967.

Van Krevelen, D. On the use of the family drawing test. In. J. G. Howells (Ed.), *Advances in Family Psychiatry, Vol. I.* New York: International Universities Press, 1979.

Wadeson, H. *Art Psychotherapy.* New York: Wiley, 1980.

Washner, T. S. Interpretations of spontaneous drawing and paintings. *Genetic Psychology Monographs, 33,* 70, 1946.

Waelder, R. *Psychoanalytic Avenues to Art.* New York: International Universities Press, 1965.

Walsh, F. (Ed.). *Normal Family Processes.* New York: Guilford Press, 1982.

Watzlawick, P., Weakland, J. H., & Fisch, R. *Change.* New York: Norton, 1974.

Weakland, J. The double bind hypothesis of schizophrenia and three-party interaction. In D. D. Jackson (Ed.). *Studies in Schizophrenia.* New York: Basic Books, 1960.

Williams, F. S. Family therapy: A critical assessment. *American Journal of Ortho-psychiatry, 37*(5), 912-191, 1967.

Williams, F. family therapy: Its Sole in adolescent psychiatry. In S. C. Feinstein & P. G. Giovacchini (Eds.), *Adolescent Psychiatry, Development and Clinical Studies.* New York: Basic Books, *2,* 1973.

Williams, G. H., & Wood, M. M. *Developmental Art Therapy.* Baltimore: University Park Press, 1977.

Willmuth, M., & Boedy, D. The verbal diagnostic and art therapy combined: An extended evaluation procedure with family groups. *Art Psychotherapy, 6*(1), 1979.

Winner, E. *Invested Worlds: The Psychology of the Arts.* Cambridge: Harvard University Press, 1982.

Winnicott, D. W. Why children play. In *The Child, the Family and the Outside World.* Middlesex, England: Penguin Books, 1964, pp.143-146.

Winnicott, D. W. *Therapeutic Consultations in Child Psychiatry.* New York: Basic Books, 1971.

Worden, W. J. *Grief Counseling and Grief Therapy.* New York: Springer, 1982.

Zeligs, R. *Children's Experience with Death..* Springfield, IL: Charles C Thomas, 1974.

Zuk, G. H. Family therapy. In J. Haley (Ed.), *Changing Families: A Family Therapy Reader.* New York: Grune & Stratton, 1971.

Zuk, G., & Boszormenyi-Nagy, I. *Family Therapy and Disturbed Families.* Palo Alto, CA: Science & Behavior Books, 1969.

찾아보기

저자약력

헬렌 B. 랜드가튼

로스앤젤레스
로욜라 메리마운트 대학원
임상미술치료학과장 및 교수
타리안스 정신보건센타와 세다-사이나이 의료원
아동-가족치료전공 정신과 교실 미술심리치료 코디네이터

역자약력

김 진 숙

뉴욕 프랫예술대학원 미술치료전공 석사
뉴욕대학원 연극치료전공 박사
명지대학교 예술치료학과 주임교수
명지예술심리치료 센터 소장
한국표현예술심리치료 협회장

가족미술심리치료

2004년 10월 5일 1판 1쇄 발행
2021년 4월 20일 1판 9쇄 발행

지은이 • 헬렌 B. 랜드가튼
옮긴이 • 김 진 숙
펴낸이 • 김 진 환
펴낸곳 • (주) 학지사

04031 서울특별시 마포구 양화로 15길 20 마인드월드빌딩 5층

대표전화 • 02) 330-5114   팩스 • 02) 324-2345

등록번호 • 제313-2006-000265호

홈페이지 • http://www.hakjisa.co.kr
페이스북 • https://www.facebook.com/hakjisabook

ISBN 978-89-5891-004-6 93180

정가 15,000원

역자와의 협약으로 인지는 생략합니다.
파본은 구입처에서 교환하여 드립니다.

이 책을 무단으로 전재하거나 복제할 경우 저작권법에 따라 처벌을 받게 됩니다.

출판 · 교육 · 미디어기업 학지사

간호보건의학출판 학지사메디컬 www.hakjisamd.co.kr
심리검사연구소 인싸이트 www.inpsyt.co.kr
학술논문서비스 뉴논문 www.newnonmun.com
원격교육연수원 카운피아 www.counpia.com